나라 사랑을 말하다

애국주의와 민족주의

For Love of Country

An Essay on Patriotism and Nationalism

나라 사랑을 말하다

애국주의와 민족주의

FOR LOVE OF COUNTRY

AN ESSAY ON PATRIOTISM AND NATIONALISM

마우리지오 비롤리(Maurizio Viroli) 저
박의경 역

전남대학교출판문화원

노베르토 보비오(Norberto Bobbio)를 위하여

존재하는 개인과 공동체의 관계 설정에서 핵심은 나, 너, 우리의 조합에 있다. 독립적이고 개별적 인간의 존재가 모든 것의 기본이지만, 그러한 인간 혼자 존재할 수 없는 것이 또한 당면한 현실이기에 공동체의 결속, 사회의 통합을 논하지 않을 수 없게 된다. 독립적 개별인간이라는 전제는 모래알같이 매우 건조한 인간관계를 상상하게 한다. 루소가 상상한 자연상태의 인간은 바로 이러한 관계 속에서 오랜 기간 자유롭고 평등하게 살아왔다. 인류 최적의 상태라고 루소가 생각했던 자연상태가 일단 그 자리에서 이탈하여 움직이기 시작하고, 사회상태로 이행되면서 문제는 발생한다. 역사와 시간을 되돌릴 수 없는 인간에게, 하나이되 하나가 아니어야 하는 삶, 독립적이되 통합적으로 살아가야 하는 현실, 단일하지만 다양해야 하는 여정이 시작된 것이다.

개인과 공동체의 관계를 분석하고 설명하는 과정에서 '나라 사랑' 즉 '애국심'은 인류 역사에서 '나라', '국가'라는 정치공동체의 형성과 함께 언급되는 개념으로 공동체의 지속가능성을 담보해왔다. '나라'나 '국가'는 인간이 자연상태를 통과하면서 살아나오기 위해 현실적으로 고안한 조직이라는 차원에서 그 실체적 존재에 대해서는 논란의 여지가 크게 많지 않다. 여기에 자신이 태어나 자란 곳에 대한 애정이라는 원초적 감정이 애국심으로, 애국주의로 자리잡았다는 것이 루소를 비롯한 근대 정치사상사들의 생각이다. 이에 비해 민족주의는 정치공동체 형성 이후 인위적 개념으로 자리잡았다는 주장이 최근에는 설득력을 얻고 있지만, 여전히 민족의 실체에 대한 논쟁은 매우 다양하고, 따라서 민족주의는 그 시작부터 논란이 많은 이념이다. '상상의 공동체'라는 주장에서 볼 수 있듯이 민족이 실제로 존재하는 것인가에 대한 질문부터, '민족은 거기에 소속된 사람들의 운명과 미래를 결정한다'는 확고한 결정론적 사고까지 극단의 주장과 설명이 민족주의를 둘러싸고 여전히 흐르고 있다.

통합하고 연합하여 다양한 삶을 연출해가는 과정에서 중심을 장악한 자아(the one)와 주변에 존재하는 타자(the other)가 형성되면서 주체(subject)와 객체(object)라는 역학관계가 드러나게 된다. 이러한 역학관계가 역사적 현실 속에서 고착되어가면서 계급이나 계층이 형성되고 이러한 양상은 민족을 기반으로 한 국가구조 속에도 그대로 반영되어 있는 것이 현실이다. 1990년대 냉전의 해체를 시작으로 한 세계화 과정을 통해서 민족이나 국가 단위의 분석이 무의미해졌다는 분석도 이제는 그 힘을 잃은지 오래되었다. 사라질 것 같았던 민족은 여전히 사회의 근저에 자리잡고 있으며, 경계와 파괴력이 소멸되거나 줄어들 것이라 예상되었던 국가도 여전히 강력하게 맹위를 떨치고 있다.

이스라엘이 팔레스타인 접경지역에 건설한 분리장벽, 미국의 트럼프 정부가 불법이민을 막겠다면서 멕시코와의 국경에 세운 장벽이 그 증거이고, 나아가서는 북한의 핵무기 폐기를 목표로 미국과 북한 간에 진행되었던 협상도 자칭 다문화 사회라고 하는 21세기 현대사회가 아직 국가와 민족을 넘어서지 못하고 있음을 대변하고 있다. 한 지역의 국내 갈등으로 시작된 난민에 대한 각

국의 수용태도 역시 국경과 민족 경계가 여전히 넘어서기에는 쉽지 않은 상황을 드러낸다. 특히 2019년 말 중국에서부터 시작되어 전세계로 전파되어 아직 진행 중인 코로나19 바이러스가 사라진 듯 보였던 경제적 국경을 다시 살려놓은 듯하다. 모든 대책과 방어막이 국가중심으로 움직이고, 사람들과 물자의 이동을 국경에서 막고 있다. 각 국가 내에서도 인종에 대한, 민족에 대한 차별구도가 노골적으로 작동하고 있는 곳도 있다. 21세기 세계화된 사회, 개방적 경제 구조 하에서 민족과 국가의 경계가 여전히 단단하게 자리잡고 있음을 웅변하고 있다.

이러한 상황에서 비롤리(Viroli)의 저서 『나라 사랑을 말하다 *For Love of Country*』는 21세기를 살아가는 우리들에게 공동체는 어떠한 의미를 가져야 하는지에 대한 중요한 울림을 제공한다. 그는 공화주의적 애국주의 개념을 통해 '민주주의의 얼굴을 하고 나타나는 민족주의'에 대해 역사적 분석과 사상적 근거를 들어 설명하고 있다. 그의 설명은 이렇다. "시민적 미덕의 재탄생을 돕는 최선의 방법은 우리가 받아들일 수 있고, 우리에게 접근 가능한 애국주의 개념을 그려내는 것이다. '공동의 자유에 대한 사랑'으로서의 애국주의 개념은 도덕적으로 지속 가능한 것이고, 우리 시대에 행해지는 관행의 반영이기도 하다. 우리 사회에서 부정의에 희생당한 다른 시민을 보호하는 시민들이 존재한다; 부패와 범죄에 대항해서 움직이는 시민들, 모든 사람을 위한 정의를 불러일으키는 다른 족속의 시민들이 그들이다. 그들은 우리를 위해 가능한 미덕과 애국주의의 형상을 최선의 양태로 보여준다. 그것을 가능하게 하는 것은 그 정치적 성격이다. 더 많은 그들이 우리에게는 필요하고, 좋은 사상이 좋은 것을 만들어낼 수 있다; "우리의 애국주의 이해가 바뀌면, 우리는 민주주의가 필요로 하는 종류의 미덕을 강화시킬 수 있고, 보다 중요한 것으로, 불가능하고 위험한 미덕을 찾으려고 정치적이고 지적인 에너지를 낭비하지 않을 수도 있다." (Viroli 1997, 186-187)

비롤리는 '조국(patria)'에서부터 '나라 사랑', '애국심' 개념과 나아가서는 공화주의 개념까지 이끌어 내고 있다. 그에게 조국은 단순히 '내가 태어난 땅'이 아니라 '법과 제도를 통해 나에게 자유와 행복을 주는 곳'을 의미한다, 그런데, 이는 곧 공화주의로 이어진다. 그 곳에 사는 사람들에게 '자유와 행복을 주는 곳'이 되기 위해서는 조국은 자유로운 삶의 대명사가 되어야 하는 것이다. "모든 사람의 이익을 지향하는 법이 없는 곳, 공동의 이익에 관심을 기울이는 정부가 없는 곳에 조국은 없다"는 것이 비롤리의 설명이다. 비롤리의 공화주의적 애국주의는 공동체의 구성원이 사회 공통의 이익에 관심을 가지고, 각 구성원의 자유를 사랑하기에, 법과 제도를 통해 잘 정비된 상태를 의미하는 '나라 사랑'인 것이다.

즉, 자유에 대한 사랑을 의미하는 고대로부터의 '나라 사랑'에 근거한 공화주의적 애국주의는 근대 이후 국가 중심의 대결구도가 강력하게 자리잡으면서 국가를 보위하고 방어하는 이데올로기로 자리잡은 민족주의로 전환되게 되는데, 그 과정에서 애국심의 본질인 '자유에 대한 사랑,' '법과 제도에 대한 사랑,' '공동의 이익에 대한 추구' 등이 사라져갔다는 것이 비롤리의 분석이다. 공화주의적 애국심의 요소가 상실된 민족주의는 자유로운 공동체의 이익이 아니라, '우리만의 이익'이라는 배타성만으로 무장하게 되면서 타인과 타 집단에 대한 공격성까지 띠게 되었다는 것이다.

여기서 비롤리는 공화주의가 민족주의의 독성을 해독하는 해독제 역할을 할 수 있다고 주장한다.

'법과 자유에 대한 사랑,' '공동의 이익'을 생각하는 공화주의에 기원을 둔 개방적 형태의 애국주의가 나만을, 내 것만을 생각하는 배타적 속성을 드러내는 파시즘과 동행하는 민족주의로 이행하게 된 상황에서, 21세기에 특히 북한이라는 대상과 경계를 맞대고 있는 대한민국 국민의 입장에서 공화주의와 민족주의는 사실상 대척점에 서 있는 것처럼 이해되고 있는 것도 사실이다. 그렇지만, 오히려 우리가 그러한 역설적인 상황에 서 있기에, 비롤리의 논증이 받아들여질 수 있는 이중적 전환이 드러나기도 한다.

누구도 통일을 대한민국의 목표로 설정하는데 주저하지 않고, 이를 부인하지도 않는다. 북한도 통일을 자신들의 최종 목표로 제시하고 있다. 따라서 한 민족이 한 국가를 이루어야 한다는 민족주의 감성을 기반으로 하더라도, 민족의 발전과 부흥을 위해서 그 구성원이 행복해야 하고, 그 안에서 자유를 누리고 사는 것이 행복이라는데 의견의 일치를 볼 수만 있다면, 사상적 통일은 이미 이루어진 것이나 다름없을 것이다. 즉, 공화주의적 체제에 대한 일치가 민족주의에 적대적인 것이 아니며, 오히려 민족주의가 가지는 배타성이나 공격성을 완화시키는데 절대적으로 필요한 백신일수도 있다는 생각이 바로 비롤리의 '민족주의 없는 애국주의(patriotism without nationalism)'에서 잘 드러난다.

사회과학없는 자연과학은 폭력이고, 자연과학없는 사회과학은 맹목이듯이, 지식없는 미덕은 맹목적 열정이고, 미덕없는 지식은 폭력적 사회악에 불과하다. 첨단 과학기술이 도덕이나 윤리의식으로부터 멀어질 때 발생하는 사례는 범죄에 사용되는 컴퓨터 해킹이나 최근의 n번방 사건에서도 잘 드러난다. 사회의 건전한 유지와 발전에 필요한 미덕이란 지식과 진리의 합일로 자리잡을 수 있는 바, 비롤리의 애국자는 "진리와 미덕을 키워야 하고, 자유를 열정의 최우선 목표로 설정해야 한다."(Viroli, 1997, 98-99) 따라서 공화주의적 애국주의가 애국심으로 타국을 공격하기도 하고, 전쟁을 수행하기도 하지만, 다른 나라를 정복하거나 지배하기 위해 공격하고 자신의 생명을 걸지는 않는다는 점에서, 20세기 이후 국가중심의 배타적 이데올로기로 자리잡은 민족주의와는 그 결이 다르다고 할 수 있다.

『나라 사랑을 말하다』의 마지막 문단에서 저자는 좋은 나라에서 행복하게 살아가기 위해서는 자유로운 시민의 미덕이 중요함을 역설한다. "시민적 미덕의 보다 강력한 추진력은 아마도 필요성일 것이다; 부패와 억압이 참을 수 없게 될 때, 시민은 때로 공적 의무감을 되살린다. 공공의 삶이 극도로 쇠퇴해가는 시기에, 민족적 또는 애국적 존엄성이나 명예가 미덕을 지켜내기도 한다."(Viroli, 1997, 186) 이 말 속에서 현대 우리사회에서 요구되는 민주주의를 지켜내기 위한 민주시민의 미덕이 연상된다.

비롤리 교수는 이어서 이렇게 마무리 한다: "시민적 미덕의 재탄생을 돕는 최선의 방법 - 정치철학자를 위한 최선의 길 -은 우리가 받아들일 수 있고, 우리에게 접근가능한 애국주의 개념을 그려내는 것이다. 공동의 자유에 대한 사랑으로서의 애국주의 개념은 도덕적으로 지속가능한 것이고, 우리 시대에 행해지는 관행의 반영이기도 하다. 우리 사회에, 부정의에 희생당한 다른 시민을 보호하는 시민들이 존재한다; 부패와 범죄에 대항해서 움직이는 시민들; 모든 사람을 위한 정의를 불러일으키는 다른 족속의 시민들이 그들이다. 그들은 우리를 위해 가능한 미덕과 애국주의의 형상을 최선의 양태로 보여준다."(Viroli, 1997, 186-7) 여기서 애국주의와 민족주의에 대한 이해가 제대로 된다면, 시민들에게서 민주주의가 필요로 하는 종류의 미덕이 드러나고, 정치지도자들에게서는 노블리스 오블리주가 발견될 것이다. 민주주의의 가치가 공화주의를 드러내는 애국주의의 양상 속에서 빛을 발하게 된다는 것이 저자가 말하고 싶은 실현가능한 이상일 것이다. 2020년 대한민국에서 코로나19가 극성을 부리는 와중에도 환자들에게로 향하던 대한민국의 의료진과 그들에게 쏟아진 시민들의 성원과 후원에서도 이를 찾아볼 수 있다.

민족주의가 '상상의 공동체'라는 허구적 민족에 근거한 집단중심의 사고체계로서 타에 대한 배타성과 공격성을 지니고 있다는 생각은 20세기말부터 각 분야의 세계화 현상과 함께, 민족주의는 과거 지향적이며, 퇴행적 사고로 인식되었다. 그런 상황에서 민족주의는 21세기 열린 사회를 향한 미래지향적 가치로 적절치 않다는 생각이 '민족은 상상의 공동체'이고 '민족주의는 허구'라는 주장의 요체라고 할 때, 민족주의의 이념적 토대에 대한 본질적 접근을 시도할 필요가 있다는 것이 필자의 생각이고, 그러한 생각에서 필자는 민족주의와 자유주의에 관한 박사학위 논문을 시작으로 지난 20여년간 민족주의가 자유주의, 민주주의로 이어질 수 있는 사상적 가능성을 개진해왔다.

비롤리 교수는 미국 프린스턴 대학교 정치학과 교수로서 재직하던 1993년에 필자의 박사논문인 "자유민족주의의 재검토: 루소와 헤르더를 중심으로"의 심사위원이기도 하였고, 당시 비롤리 교수는 논문의 주장에 자신도 동의한다면서 출판 의향을 타진하기도 한 바 있다. 이후 귀국하여 민족주의가 민주주의와 양립할 수 있는 가능성을 루소와 헤르더의 사상에서 추적하는 과정인 1997년 비롤리 교수의 저서 『*For Love of Country*』를 접하게 되었다. 이 책을 번역하고 싶은 생각을 하게 된 것은 이렇게 오래된 것이었지만, 지금에서야 실행에 옮기게 되었다. 사상의 역사에서 애국주의, 민족주의의 본질적 내용을 추적해내는 작업이기에, 시기가 그렇게 중요한 것은 아닐 수도 있지만, 실제로 2000년대 초중반까지의 상황은 각 분야 - 특히 경제 분야를 중심으로 - 에서 세계화, 탈국가화 현상이 압도적이어서, 대한민국에서도 '민족주의는 허구'라거나 '아직도 민족주의인가'라는 등의 냉소적 흐름에 묻혀 마음 속에 있는 번역 작업을 미루어두고 있었던 것 같다.

그러나 21세기가 진행되어도 해체될 것 같은 국가는 여전히 건재하고, 곧 스러질 것만 같았던 민족주의도 다시 살아나고 있는 상황에서, 민족주의가 무엇인가, 민족주의와 공화주의, 자유주의, 민주주의는 어떠한 관계에 있는지에 대한 사상적 위상이 다시 한 번 정리되어야 하겠다는 생각이 그동안 내 의식 어느 공간에 숨어 있던 비롤리의 공화주의적 애국주의에 대한 학문적 열정을 깨우게 되었다. 특히, 이 작업은 2018년 연구학기 기간 동안에 집중적으로 이루어져 마무리할 수 있었고, 이제야 출판하게 되었음을 밝힌다. 오랫동안 마음에 품어 왔고, 뇌리를 지배해 왔던 숙제 하나를 끝낸 느낌이다. 이러한 문제 의식을 가지게 해준 비롤리 교수에게 이 기회를 통해 감사드리며, 논문을 책으로 출판해 보지 않겠느냐는 20여년 전의 요청에 이제야 이렇게나마 답을 드리는 것이 죄송할 따름이다.

어떻게 보면 20여년이나 지연된 출판이지만, 또 달리 보면 가장 적절한 시기에 출판이 이루어진 것 같기도 하다. 세계화를 외치기 시작한 지 20여년이 지났음에도, 지구를 휩쓸고 있는 코로나 19 바이러스가 지구상에 여전한 국가와 민족의 근간을 뿌리채 드러내고 있기 때문이다. 세계화도 중요하지만, 국가의 보호와 관리가 당장은 시급하다는 생각들이 회자되는 이 시점에서, 인류에게, 개인에게, 시민에게 가장 중요한 것이 과연 무엇인지에 대한 질문이 뇌리를 스친다; '뭣이 중헌디?' 인간의 행복 이외에 더 중요한 것이 어디 있을까라는데 생각이 미치면서, '덕있는 사람이 행복하다'는 소크라테스와 '종심소욕불유구(從心所欲不踰矩)'를 말하는 공자의 사상이 2500여년을 지나 왜 아직도 살아있는지를 반추하게 된다.

2020년 이 책을 출판하면서, 대한민국에도 민주주의가 제도적, 절차적으로 확립되어 국민의 선택을 말하는 선거가 실시되었지만, 이러한 과정의 반복 속에서 정말 필요한 가치는 무엇인가에 대한 생각을 비롤리 교수가 설파하는 '나라 사랑'을 읽으면서 우리 모두가 파악해 낼 수 있었으면 하는 꿈을 가져 보기도 한다.

박사학위 받은 것을 그리도 좋아하셨지만 내색도 아니하시고는 '학위받은 지 3년이 지났는데 학자로서 왜 저서가 없느냐'며 책망하시더니, 1996년에 세상을 떠나신 아버님이 이 시간에 생각나는 것은 여전히 그 분이 내 안에서 연구의 추동력이 되는 이유가 아닐까 생각한다. 3년 전 돌아가시는 순간까지도 당신의 하나뿐인 딸의 연구에 지장이 되지 않을까 노심초사하셨던 어머님께 여전한 감사를 보내며, 번역 작업이 한창일 때 책상머리와 발치에서 눈을 반짝이며, 내 작업을 지키다 최근에 무지개다리를 건너간 어머님의 반려견 리치도 기억하고 싶다.

더불어 이 책이 나오기까지 많은 도움을 준 전남대학교와, 저작권 설정부터 편집까지의 전 과정에서 수고해주신 전남대학교 출판문화원 여러분들께도 감사드린다.

전남대학교 사회대 연구실에서

2020년 9월

박의경

■ 감사의 말

나는 우선적으로 나의 동료들인 프린스턴 대학의 정치사상가 조지 케이텝, 에이미 굿맨, 알란 라이언, 엘리자베스 키스와 올리버 에이브스에게 감사한다. 그들이 시작하고 수 년 동안 생동감있게 만들어준 우호적이고 놀라운 지적 환경에 깊은 감사를 드리는 바이다. 또한 에스라 술레이만 교수와 유럽연구 위원회의 지원에도 진정으로 감사를 드린다.

초고에 값진 코멘트와 비판을 해주고 나를 격려해 준 퀜틴 스키너와 중요한 사상적 소견을 제시해준 마이클 월쩌에게도 특별한 감사를 드린다. 또한 생생하고 도적전인 세미나에서 내 생각을 논의할 기회를 준 벤자민 바버, 다니엘 더드니와 가렛 스테드만 존스에게도 감사한다.

가장 중요한 감사는 처음부터 내 계획을 열정적으로 지지해준 팀 바튼과 원고작성과 편집 작업을 충실히 해준 도로시 맥카시와 로웨나 앤케텔에게 하지 않을 수 없다.

나의 마지막 감사는 제사(題詞)로 내가 선택한 존 스튜어트 밀의 인용문을 포함해 나라와 나라 사랑에 관해 수없이 토론하고 귀한 조언을 해준 나의 아내 나디아를 위한 것이다.

나는 이 책을 정치적 행동이란 도덕적 고결함과 지적 엄격함과 함께 해야 한다고 나에게 가르쳐 주신 스승 노베르토 보비오에게 헌정한다.

마우리지오 비롤리(Maurizio Viroli)

일러두기

Ⅰ. 용어와 내용 설명

1. 파트리아patria(이탈리어어)와 파트리patrie(프랑스어)는 대체로 '나라'로 번역하고, 일부에서는 문맥에 따라 '조국'으로 번역한 부분도 있다. 또한 역사성을 강조하는 일부 문맥에서는 그 의미를 살리기 위해, '파트리아' 또는 '파트리'로 원어 발음을 그대로 사용한다.
2. caritas(카리타스)는 기독교적 사랑을 의미하는 것으로 자비, 자선의 의미로 사용되기도 한다. 이 글에서는 '사랑(love)'과 구분하여 '그리스도교적 사랑' 또는 '자선', '자비'로 번역한다.
3. commonwealth(코먼웰스)는 라틴어에서 기원한 공화국(respublica)과 도시국가(civitas)와 동일한 의미의 단어로서 17세기 청교도 혁명 이후 영국에서 공동선을 목적으로 하고 법에 의한 지배에 기초한 국가를 지칭하는 것으로 사용되기 시작하였다. 이에 이 책에서는 '국가'로 번역한다.
4. nationality는 문맥에 따라 '민족', '민족성' 또는 '민족의식'으로 번역한다.
5. humanity는 문맥에 따라 '인본성', 또는 '인류'로 번역한다.
6. 본문에서 추가 설명이 필요한 경우 [ ] 형태로 역자 주를 삽입한다.

Ⅱ. 미주에 인용된 원전에 대하여

1. 영어를 비롯한 외국어는 한국어로 번역한다.
2. 영어 이외의 언어인 라틴어, 이탈리아어, 프랑스어, 독일어 원전 인용은 기본적으로 한국어로 번역하는 것을 원칙으로 하며, 본문에 그 내용이 이미 한국어로 번역되어 있을 경우에는 원전의 내용을 원어 그대로 두기로 한다.

■ 차 례

우리는 [민족성이란] 외국인에 대한 몰상식한 반감 또는 그들이 민족적이기 때문에 불합리한 특수성을 찬양하는 것 또는 다른 나라에서 좋다고 알려진 것을 인정하지 않으려 하는 것임을 의미하지 않는다고 말할 필요가 없다. 이 모든 의미에서, 가장 강력한 민족 정신을 가진 나라는 오히려 최소한의 민족성을 드러낸다. 우리는 적의의 원칙이 아니라 동정의 원칙을, 분리가 아니라 연합을 의미한다. 우리는 동일한 정부 치하에서 살아가는 사람들 사이에 공동의 이익이라는 감정을 의미하고, 동일한 자연과 역사적 경계 내에 위치하고 있다. 우리는 공동체의 한 부분이 다른 부분에 대하여 그들 자신을 외국인으로 간주하지 않는다는 것을, 그들을 하나로 묶어 주는 유대를 찬양할 것임을 의미한다. 우리는 그들이 하나라는 것, 그들의 운명은 함께 엮여있다는 것, 자신들의 동포에 대한 적은 자신에 대한 적이라는 것, 공동체에 봉사하면서 공통적인 불편에서 그들 자신만 이기적으로 자유로울 수 없다는 것을 느낄 것이다.

존 스튜어트 밀, 『논리체계론 *A System of Logic*』, VI. 10.5

서 론

서 론

학문적 문헌과 용어 사용에서, '나라 사랑'과 '민족에 대한 충성', 애국주의와 민족주의는 동의어로 사용되고 있다.[1] 그러나 내가 이 책에서 보여주고 싶은 바와 같이, 두 개념은 구분될 수 있고, 구별되어야 한다.[2] 애국주의라는 용어는 수세기동안 공동의 자유를 지지하는 정치제도와 삶의 방식에 대한 사랑 - 즉, 공화국에 대한 사랑 - 을 고취하고 강화시키기 위해 사용되어 왔다. 민족주의는 문화적, 언어적, 종족적 하나됨과 동질성을 옹호하고 강화시키기 위해 18세기 유럽에서 형성되었다. 공화주의적 애국주의의 적이 참주정, 전제정, 억압과 타락이라면, 민족주의의 적은 문화적 타락, 이질성, 인종적 불순과 사회적, 정치적, 지적인 불화이다.

그렇다고 해서, 민족주의 주창자들이 문화와 인종적 배경, 인민의 언어와 전통을 무시하거나 경멸했다는 것은 아니다. 공화국의 정치적 가치와 인종과 문화의 영역 간의 거리를 가능한 한 넓게 하려 했던 사상가들조차 공화국이란 특정 사람들이 특정 배경과 특정 문화에서 가지는 공동의 자유로 표현되는 것이라고 언제나 생각해 왔다. 결정적 차이는 우선성이나 강조에 있는 것이다. 애국자들에게 우선적 가치는 공화국이고 공화국이 허용하는 삶의 자유로운 길이다. 민족주의자에게, 우선적 가치는 사람들의 정신적 문화적 통합성이다. 근대 민족주의 창시자들의 글에서, 공화국은 부차적 중요성을 가지는 사안으로 간주되고 거부되었다. 애국자와 민족주의자는 우리의 애정의 대상으로 다른 이상을 제시한 것뿐이다; 애국자의 경우에는 공화국을, 민족주의자의 경우에는 문화적이고 정신적인 단일체로서의 민족을. 그들 모두 우리 안에 다른 방식의 사랑을 주입하고 강화시키려 노력해 왔다; 애국자의 경우에는 자비롭고 관대한 사랑을, 민족주의자의 경우에는 무조건적인 충성 또는 배타적 결속을.

물론 애국주의와 민족주의의 긴 역사는 이 보다 훨씬 더 복잡하다. 역사적으로, 애국주의는 군주에 대한 충성을 의미했고, 애국주의는 억압, 차별, 정복의 기제로 사용되어 왔다. 반면에 민족과 사람들의 문화적, 정신적 단일성이라는 이상은 자유를 위한 투쟁을 지지하게 되었다. 내가 제시하는 차이는 지역에서 형성된 지적이고 정치적인 역사와 나라를 사랑하는 것에 대해 수세기 동안 전해진 이야기의 지극히 일부에 지나지 않는다. 그러나 이러한 모든 유사성과 그 미묘한 차이에도 불구하고, 혹자는 '공동의 자유'의 언어였던 애국주의를 하나됨, 독특성, 단일성이라는 민족주의자의 언어와 본질적으로 다른 것으로 규정하기도 한다.

애국주의와 민족주의를 분리시키려는 노력이 시도되기는 했지만, 그 차이를 적절하게 표현하는 데는 실패했다. 여기 조지 오웰(Goerge Orwell)의 시도를 보자.

> 민족주의가 애국주의와 혼동되어서는 안 된다. 두 단어 모두 매우 모호하기에 어떤 정의도 문제가 있다. 그러나 두 가지 다르고 정반대되기도 하는 사상이 내포되어 있기 때문에, 우리는 이

> 들을 구별해야 한다. '애국주의'란 특정한 장소와 세상에서 최고라고 믿는 특정한 삶의 방식에 헌신하지만 타인에게 그것을 강요할 생각은 없는 것이라고 나는 규정한다. 애국주의는 본성상 군사적으로나 문화적으로 방어적이다. 반면에, 민족주의는 권력을 위한 욕망과 분리될 수 없다. 모든 민족주의자의 변하지 않는 목표는 보다 많은 권력을 확보하고 보다 많은 위신을 세우는 일이고, 이는 자신을 위해서가 아니라 그 일 개인이 개인적으로 몰입하기로 결정한 민족 또는 다른 단위를 위해서인 것이다.[3)]

오웰의 정의는 애국주의와 민족주의의 중요한 특징을 잘 드러내고 있지만, 그것 또한 잘못된 것이다. 애국주의는 주창자들이 헌신의 형태로 지목한 것이 아니다. 그들은 오히려 존경, 자선, 동정에 대해 언급한 바 있다. 차이는 순전히 용어가 아니라 애국주의의 핵심을 구성하는 열정에 대한 상이한 해석에서 발생한 것이다. 애국자의 연민과 사랑의 대상은 공화국과 특정한 장소에서 자유롭게 살 수 있는 능력이었다. 그것이 민족의 권력 추구 욕망이라는 정의는 다수 민족주의 사상가들에게는 사실일지 모르지만, 헤르더(Herder)와 같은 뛰어난 민족주의자에게는 부적절한 규정이었다.[4)]

칼 도이치(Karl Deutsch)도 양자의 차이에 대해 유사한 설명을 하고 있다.

> 애국주의는 같은 나라(patria), 즉, 한 나라에서 태어나고 살아가는 모든 사람의 이익을 진작시키려는 노력이나 준비이다. 반면에, 민족주의는 같은 민족(natio) 즉, 공통의 혈통과 말하자면 소통이라는 보완적 습관으로 공통된 교육을 받은 집단에 속한

> 모든 사람의 이익을 진작시키는 것을 목표로 한다. 애국주의는 종족적 배경에 관계 없이 종족 집단의 모든 거주민에게 호소한다. 민족주의는 거주하고 있는 나라에 관계 없이 종족 집단의 모든 구성원에게 호소한다. 주거에 근거한 애국주의는 때로 후기 중상주의 시대와 19세기 중반까지 유럽에서 발견된 것과 같은 경제사회적 동원의 초기적 단계에서 나타난다. 동원으로 인해 인구의 대부분이 보다 격정적인 경쟁과 보다 광범위한 정치적 불안정으로 빠져 들어갈 때, 애국주의는 보다 본질적이고 완만히 변호하는 각 개인의 개인적 특성과 소통 습관에 근거하는 민족주의로 대체된다.[5)]

애국주의를 후기 중상주의 시대와 19세기 중반의 사이 기간에 놓고, 민족주의를 보다 격렬한 경쟁과 정치적 불안정으로 특징 지워 지는 시기와 연결된 것으로 보는 것은 역사적인 실수이다. 왜냐하면 애국주의를 옹호하고 촉구하는 자료도 정치적 불안정이 심화되었던 시기에 작성되었으며, 내가 말하겠지만 19세기 후반보다 훨씬 늦은 시기였다.

자신의 모습을 마음대로 변화시킬 수 있었던 그리스 신화 속 뛰어난 예언능력을 가진 바다의 신 프로테우스와 같이, 민족주의와 애국주의는 학자들이 고집스럽게 만들어보려 했던 개념적 도구를 피하는 특별한 능력이 있는 것처럼 보인다.[6)] 불만이나 절망의 논조는 문학에서 쉽게 찾아볼 수 있다; 프로테우스 같이, 애국주의와 민족주의는 우리의 과거, 현재, 미래에 대하여 많은 것을 알고 있다. 그러나 우리는 그 비밀을 알려주도록 그들을 설득하는 방법을 찾을 수가 없는 것이다.

애국주의와 민족주의의 성격에 대해 과학적으로 정의하려는 대신에, 우리는 학자, 선동가, 시인, 예언자가 나라에 대한 사랑을 언급할 때, 그것이 무슨 의미인지 이해하려는 것을 목표로 해야 한다. 우리는 애국주의의 언어가 수세기 동안 풍부하고 화려한 열정의 세계를 유지하거나 철회하거나, 트집 잡거나, 선도하거나, 재점화해 왔던 주제, 은유, 인유, 권고, 악담의 의미를 밝히고 이해하기 위해서 과학 이론 보다는 역사적 해석을 필요로 한다. 역사적 접근은 물론 지엽적 의미만을 밝혀줄 수도 있다. 기껏해야, 동일한 의미를 가진 되풀이되는 표현에 근거한 전통의 개요를 알려줄 뿐이다. 분절적이고 불완전하기는 하지만, 도덕적이고 정치적 망명의 경험을 설파하는 애국자나, 민족의 문화적 정체성을 재형성하기 위해 과거를 다시 구성하려는 역사가나, 사랑과 자부심, 존경, 동정, 자선, 저주, 공포와 분노등 감정의 가능한 화학적 변화를 시도하는 철학자의 나라에 대한 사랑, 자유에 대한 사랑, 단일성에 대한 사랑은 우리에게 모범, 이론, 정의 그 이상을 말해준다.

애국주의와 민족주의에 대한 역사적으로 정확한 구별이 없다는 것은 근대 민족주의의 대한 최고의 연구에도 부정적인 영향을 준다. 베네딕트 앤더슨(Benedict Anderson)의 『상상의 공동체 *Imagined Communities*』가 그 예로서, 그는 여기서 민족에 대한 과학적이고 객관적인 정의를 시도하지 않고 민족과 민족주의를 '어떤 방식으로 그 의미가 시간에 따라 변화해 왔는지, 왜 오늘날 그들은 그러한 깊은 감정적 정통성을 가지게 되었는지'를 이해하기 위해서는 역사적 맥락에서부터 연구되었어야 하는 '특별한 종류의 문화적 작품'으로 해석한다.[7)]

민족주의를 근대 발전적 역사의 병리현상으로 다루는 대신에,

그는 인류학적 정신으로 접근하고 자유주의나 파시즘이라기보다는 혈통과 종교에 소속된 것으로 다루고 있다. 앤더슨은 민족주의가 "타자에 대한 공포와 저주"에 뿌리를 두고 있다는 생각을 거부한다. 그는 민족주의를 인종주의의 한 형태로 보기를 거부한다. 대신에 그는 민족주의를 사랑과 결부시킨다, 민족이 사랑, 때로는 매우 자기희생적인 사랑을 고취시킨다는 점을 우리로 하여금 생각하게 하는데 유용하다고 그는 강조한다.[8)] 민족주의적 시가, 산문, 소설, 음악, 조형 예술 등은 사랑을 표현하고, 공포와 혐오를 그려내지는 않는다. 그 예로, 그는 필리핀 민족주의의 아버지 호세 리잘(José Rizal)의 시 "마지막 작별 *Ultimo adios*"을 인용한다.

> 잘 있거라 내 사랑하는 조국이여,
> 태양이 감싸주는 동방의 진주여
> 잃어버린 낙원이여
> 나의 슬프고 눈물진 이 생명을
> 너를 위해 바치리니
> 이제 내 생명이 더 밝아지고 새로워지리니
> 나의 생명 마지막 순간까지
> 너 위해 즐겁게 바치리....
>
> 네가 나를 잊은들 무엇이 상관이랴
> 나는 너의 고귀한 손길을 기억하리니
> 고동치는 순수한 징표로서
> 그때 냄새와 빛으로, 노래와 흔적이 되어
> 이 모든 것을 통해 나의 신념은 반복되리니

영원히 사랑하고 그리운 나라
고통스러운 나의 사랑, 필리핀이여
나의 마지막 작별의 말을 들어다오
내가 사랑하는 모두들 두고 나는 가노라
저기 노예도 폭군도 없는 곳으로
누구도 나의 믿음을 사멸할 수 없는 곳
하늘나라로 나는 가노라

잘 있거라, 내 영혼이여
쫓겨난 내 일가 친척들이여
나의 억압의 날이 끝남에 감사하노라
잘 있거라, 다정했던 나그네여
즐거움 함께했던 친구들이여
잘 있거라 내 사랑하는 이들이여
죽음은 곧 안식이니.[9)]

호세 리잘의 시는 관대하고 포용적인 애국주의를 표현하고 있다. 그러나 다른 민족주의자 문헌은 증오와 적을 말한다.[10)] '조국'이란 동료애의 결속, 지유의 이상과 공동 기억이 스며들어있는 태어난 땅을 의미할 수 있다. 그러나 그것은 또한 언어와 혈연으로 엮인 공동체를 의미하기도 한다. 나라에 대한 사랑은 관대하고, 온정적이며, 지적이지만, 또한 배타적이고, 무관심하고 맹목적일 수도 있다. 이러한 차이가 명시되어야 한다. '나라 사랑'이나 '민족주의'에 대해 말하는 것은 일반적으로 활력있는 특색을 무미건조한 혼합으로 녹이는 것과 같다.

애국주의와 민족주의의 혼동은 민족주의라는 단어에 대한 기원의 역사적 의미에 대한 오해로 이어진다. 예를 들어, 리아 그린펠드(Liah Greenfeld)는 자신의 글에서 민족주의의 특성이란 "민족주의가 주권의 소유자이며, 충성의 중심 대상이자 집단적 연대의 기본인 '인민(people 사람들)' 내에 개인의 정체성을 둔다는 사실로부터 나온다"라고 주장한다.[11] 통상적 지혜와 대조적으로, "민족주의는 필연적으로 개별주의의 한 형태는 아니라"고 그녀는 역설한다. 이는 그것이 역사적으로 자신만의 개별적인 언어, 문화, 종족적 배경에 대한 애착의 중요성에 대한 18세기 후반의 옹호가 아니라, 16세기 초 주권자 인민이라는 개념의 형성에 기원하는 것이기 때문이다.

> 그러므로 독특한 근대적 의미로, 민족적 정체성은 '민족'으로 규정되는 근본적 요소인 '인민'의 구성원으로부터 나오는 정체성이다. 그렇게 해석된 인민의 모든 구성원은 그 우월하고 우수한 특성을 공유한다. 이는 계층화된 민족 구성원이 본질적으로는 동질적으로, 지위나 계급은 피상적인 것으로 인식되는 결과로 이어진다. 이 원칙은 모든 민족주의의 기본이 되는 것이며, 그것들을 동일한 일반적 현상의 표현으로 보는 것을 합리화한다.[12]

그린펠드가 통찰력 있게 언급한 바와 같이, 16세기 영국의 '공공의 것 *publike weale*'과 '나라 *country*'와 같은 용어는 - 각각 레스푸블리카 *respublica*와 파트리아 *patria*라는 라틴어로부터 나온 것 - '민족'에 해당하는 것으로 사용되었다. 이는 정치사상가들이 독립적인 정치공동체로 연합되어 있는 주권자 인민으로 이해되는 '민족'에 대해 말할 때, 그들은 '공화국' 또는 고전적 의미로 '나라'를 의미했다는 점을 시사한다. 그러나 이러한 의미에서 사용된 '민족'이라는 단어의 등장이 근대 민족주의 역사의 시작을 말해주는 것은 아니다. 오히려 그것은 애국주의의 긴 역사에서 존재하는 또 다른 장이다. 영국뿐만 아니라, 공화국의 의미로 민족이라는 이상을 사용한 프랑스, 이탈리아, 스페인과 미국은 자신들을 민족주의자가 아니라 애국자로 지칭하고, 또 그렇게 불리었다. 대부분의 학자들과 마찬가지로, 그린펠드도 민족성을 시민권과 동일시하는 시민적 민족주의(civic nationalism)와 민족성을 유전적이고 문화적 특성으로 취급하는 인종적 민족주의로 구분하고 있다. 그녀는 또한 개인주의적 자유주의적 (시민적) 민족주의를 집단적 권위주의적 (시민적 또는 인종적) 민족주의와 분리하여 생각한다. 이러한 모든 구별과 세부적 구분은 유용하지만, 이들은 또한 민족주의를 16세기 영국 (또는 우리가 한스 콘의 주장을 받아들인다면, 순수한 고대)에서 시작되고 다른 시간과 공간에서 다른 모습으로 나타난 단순한 지적 흐름으로 접근하는 경향이 있다. 내가 이 책에서 알려주고자 하는, 역사적 상황은 매우 다르다. 공화주의적 애국주의가 전혀 표현하지 못하거나 공통의 자유라는 핵심적 질문에 비해 사소한 문제로 취급되었던 문화적, 인종적 단일성과 순수성 같은 수많은 주제가 중심적 역할을 하게 된 반면에, 근대 민족주의라는 언어는 '나라'와 같은 단어와 '나라 사랑'과 같은 표현이 새로운 의미를 얻게 되는 애국주의 용어의 변형이나 적응으로 나타난다. 민족주의를 이해하기 위해서, 우리는 애국주의로 시작해야 하며, 수세기동안 드러나고 변화해온 한 가지 언어가 아니라 두 가지 언어로 사고를 전개해야 한다.

역사적으로도 잘못되었지만, 애국주의와 민족주의를 혼동한 실제적 결과는 매우 치명적이다. 적절하게 이해되었다면, 공화주의적 애국주의는 민족주의에 대한 강력한 해독제로 작동할 수 있을 것이다. 민족주의라는 언어와 마찬가지로, 그것은 현저하게 수사적이고, 비인격적 합리적 행위자에 대한 이성적 승인을 얻어내는 것보다 특정 문화와 역사적 정체성을 가진 특정 인민의 열정을 부활시키고, 강화하며 지향하는 것을 목적으로 하고 있다. 그것은 또한 인민의 문화적 전통이나 공유하는 정체성에 대한 사랑 또는 자부심이라는 특징를 드러내는 인민의 '공동의 지유에 대한 사랑'과 같은 유대감을 강화시키려 노력한다. 분명히 그것은 열정과 특수성이라는 동일한 영역에서 민족주의와 경쟁하고 순수하게 합리적 논의보다는 수사적 주장을 사용하기 때문에, 애국주의는 민족주의의 강력한 적인 것이다. 애국주의는 배제와 적의를 조장하는 대신에 자유를 지지하는 힘으로 그들을 변형시키는 것과 같은 감정을 가지는 연대와 동료애의 결속 위에서 작동한다. 그것은 이탈리아인이나 독일인으로 남아있기를 원하는 그들에게 세계의 시민이라는 익명의 자유와 정의를 사랑하는 자로서 생각하거나 행동해야 한다고 말하지 않는다. 애국주의는 그들에게 그들은 그들만의 공화국을 방어하고 향상시키고, 그들의 방식대로 자유롭게 살아가는 이탈리아나 독일의 시민이 되라고 말한다. 이는 또한 공유된 기억에 관련된 예민한 이미지를 사용하고 공화국의 이상에 풍요와 따스함을 부여하는 의미 있는 이야기를 통해서 그렇게 진행한다.

애국주의 담론은 도덕을 말하지만, 왜 우리가 우리 인민들이 공동의 자유에 헌신해야 할 의무를 가지는지에 대한 도덕적 근거를 제공하지는 않는다. 이 문제에 대한 공화주의 사상가의 답은 이미 알려져 있다; 우리는 거기에 빚지고 있는 바가 있어, 우리는 나라에 도덕적 의무를 가지고 있다. 우리는 우리의 생명, 교육, 그리고 대부분의 경우에, 자유를 나라에 빚지고 있다. 우리가 도덕적 인간이 되기 원한다면, 우리는 공동선에 봉사함으로써 최소한 부분적으로나마 우리가 받은 것을 되돌려 줘야 한다.

은혜와 의무를 나열하자면 매우 많지만, 그 모두는 의심의 여지가 있다. 어떤 것도 일반적 동의를 얻었거나 얻을 가능성이 있는 것은 아니다. 이 말이 자신의 나라에 대한 개인의 도덕적 의무에 대한 논의가 부적절하다는 것을 의미하지는 않는다. 우리는 의무의 경계를 결정할 필요가 있는 것이다; 공적담론에서 우리는 나라가 우리에게 하는 요구가 어떤 것은 거부되어야 하고, 어떤 것은 받아들어야 하는지에 대해 말할 수 있어야 한다. 우리의 나라에 대한 의무가 공동의 자유를 보호하는 것이라면, 의무의 경계는 도덕적 논의에서 가능한 정도로 충분히 정밀하게 규정된 것이라고 할 수 있다. 이러한 의미에서 우리가 애국자라면, 우리는 공동선에 개별 이익을 앞세우려는 자에 대항해서 싸워야 한다; 우리는 차별과 배제를 반대해야 하지만, 우리가 문화적, 인종적, 종교적 단일성을 강제하거나, 다른 사람의 자유를 희생해서 자기를 확대 강화시키거나 동료 애국자의 시민적, 정치적 권리를 부정할 어떤 의무도 없다.

우리 인민의 공동의 자유를 약속한다는 것은 우리나라가 자유롭지 않을 때 우리는 다른 곳의 자유를 찾아 떠나는 대신에 자유를 위해 투쟁해야 한다는 것과, 우리가 떠나야 한다면 우리는 우리 동포와 함께 자유롭게 살기위해 돌아오기 위한 작업을 계속해야 한다는 것을 의미한다. 내가 '왜 다른 곳에서 나만의 자유를 추구하는 대신에 동포들의 자유를 위해 고통 받아야 하는지 혹자가 물어볼지도 모른다. 내 나라가 나를 부당하게 대우한다면, 나는 빚진 게 없고 의무도 없다.' 우리가 다른 나라에서 향유하는 자유는 내 나라에서 동포들과 누리는 자유보다 값지지도 않고 완전하지도 않다는 것이 가능한 답변일 것이다. 다른 나라에서, 우리는 시민적이고 정치적 자유도 누릴 수 있지만, 우리의 문화에 따라 자유롭게 살아갈 수는 없을 것이다. 우리끼리의 자유는 더 달콤하다; 우리는 그것을 특성상 우리 것인 우리만의 자유로 즐기게 될 것이다.

이 논의에도 약점이 있다; 보상이 너무도 불확실하고 가능성이 떨어진다. 혹자는 다른 나라의 자유를 보다 매력적으로 볼 수도 있다. 우리의 동포들이 사람들의 공통적 자유에 대한 의무를 가지도록하기 위해서, 우리는 언어, 문화, 역사의 결속에 뿌리박은 연민과 연대 감정에 호소해야 한다. 작업이 완결되면 이러한 결속은 공동의 자유에 대한 사랑으로 변형될 것이다. 이러한 열정의 화학작용을 가능하게 하기 위해서, 우리는 분명히 이성과 이익에 호소하는 도덕적 담론을 필요로 하지만, 우리는 또한 유능한 수사학자들이 하듯이, 이야기와 이미지와 상상력의 힘을 빌릴 수 있어야 한다.

어렵기는 하지만, 우리는 애국주의를 고취하는 작업이라는 과제를 경시할 수는 없다. 생존하고 번영하기 위해서, 정치적 자유는 시민으로 하여금 공동선에 헌신하게 하고, 공동의 자유와 권리를 방어하기 위해 일어서게 하는 시민적 미덕을 필요로 한다. 그러나 현재 정치철학자들은 (아무리 작아도 다수이다) 시민적 덕성을 쓸모없어진 고대의 흔적 또는 무책임한 향수가 불러일으키려는 위험한 정치적 신화로 간주한다. 현대 민주적 다문화 사회에서 우리가 합리적으로 기대할 수 있는 것은 '시민성의 균형과 시민적 미덕'(여기서 시민성이 가장 중요한 요소이다)이라고 마이클 월쩌는 설명한다. 우리가 시민적 미덕, 애국주의와 정치적 행동주의 측면에서 불균형을 시정하기 원한다면, 이것이 시민성과 관용의 희생 하에 이루어지는 것임을 우리는 알아야 한다. 애국주의와 정치적 행동주의는 질서, 평안, 관용의 위험한 적인 열정과 흥분상태를 불러일으킨다.[13] 정치에 종사하지 않고, 개인적 삶의 기쁨에 전적으로 함몰되어 있는 별로 특이하지 않는 인종적, 종교적, 민족적 대중들로서, 근대 시민에게 시민적 미덕이라는 이상은 매력적이지도 않고, 그럴 수도 없다. 그들이 진정으로 관심을 가지는 것은 시민적 미덕이 아니라 자유이다. 벤자민 콩스탕의 유명한 구분을 사용하지면, 그들은 고대가 아니라 근대의 자유를 원한다. 고대인들이 시민적 미덕의 최고의 표현이자 시민의 삶에서 가장 고귀한 부분이라고 생각했던 완전한 주권의 여러 부분에 대한 집단적이고 직접적 행사에 대해 근대인은 거의 흥미를 느끼지 않는다.[14]

한편으로, '시민적 미덕의 정치'를 주장하는 현대 사상가는 시민적 미덕이란 '좋음에 대한 생각'을 통해서 그리고 특정 공동체, 특정 문화에 대한 연결을 통해서만 유지될 수 있음을 강조한다. 공공선에의 헌신은 언어, 인종적 배경, 역사와 같이 각 나라를 독특하게 만드는 것들에 대한 사랑인 나라 사랑에 뿌리박고 있다고 그들은 주장한다.[15] 그러나 여기에 동조하는 애국주의는 시민적 미덕의 운동에 도움이 되기보다는 오히려 해가 된다. 나라를 사랑하는 것이 공통의 인종적이고 언어학적 특성이나, 좋은 삶이나 공통적 민족운명에 대한 상상을 공유하는 개념을 사랑하는 것이라면, 그러한 사랑은 틀림없이 공동선에 대한 의무를 지켜나갈 것이다. 그러나 그것은 또한 국내에서나 해외에서, 문화적, 인종적, 정치적 다양성에 대한 경멸과 불관용을 조장하기도 한다. 또한 자신의 피를 조국을 위해 흘릴 각오가 되어있지만, 종교적 자유나, 소수자의 권리 그리고 문화적 다원주의를 부인할 준비도 되어있는 마음을 가진 시민의 사례는 수없이 많다. 그 애국주의의 편협성은 그들이 가진 나라에 대한 사랑의 배타적 특성을 그대로 반영하고 있다.

그렇게 볼 때, 시민적 미덕은 불가능하거나 위험한 것처럼 보인다; 그렇다면, 그것은 우리의 정치 현장에서 중요한 개념이나 현대 시민들 간에 공유할만한 가치로 될 수도 없고, 되어서도 안 된다. 그러나 훌륭한 공화국은 사랑과 애착에 흥미만 있는 것이 아니라 그것을 실행할 수 있는 시민을 필요로 한다. 사랑과 애착은 특정한 사람과 삶의 방식과 조화되는 것이다. 우리는 올바른 열정과 사람을 가지고 유지할 수 있는 방법을 찾아야 한다. 우리는 위험한 특수성의 세계로 들어가서 배타적이고 불관용적 사랑의 위험에 대항해야 하는 것이다. 시민적 미덕이란 특수한 형태로 존재하지만, 우리는 그것이 위험하고 해로운 것이 되기를 원하지 않는다.

이 딜레마에 대한 해결책을 찾기 위해, 우리는 시민적이거나 정치적 덕성을, 사람들의 문화적, 인종적 종교적 통합성이 아니라 공동의 자유와 그것을 유지시키는 제도에 대한 사랑으로 이해되는, 나라에 대한 사랑으로 규정하고 있는 공화주의 정치사상가의 저작을 재검토해야 한다. 그것은, 특정한 사람들의 공동의 자유에 대한 사랑이기에, 그 사람들에게 특별한 의미 (특정한 삶과 문화의 방식으로 다시 유지되고 고취되는 의미)를 가진 특정한 역사를 가진 제도로 유지되는 특수한 사랑이다. 그것은 특정한 사람들의 사랑이기에 가능하지만, 특정한 자유에 대한 사랑이기에 배타적이지 않은 것이다. 사람들의 공동의 자유에 대한 사랑은 국가 경계를 넘어 쉽게 확장될 수 있는 것이고, 연대로도 변형이 용이하다.16)

역사적으로, 나라와 나라 사랑이라는 담론은 목표로서 마음 속의 자유 또는 통일과 함께 형성되었다. 나의 유일한 관심사는 자유, 보다 정확하게 말하자면 평등한 자유로서, 공화국의 모든 구성원이 정치적, 시민적, 사회적 권리가 부정당하는 억압 없이 시민으로서 그들의 삶을 유지할 수 있는 가능성을 의미한다. 나는 문화적, 인종적, 종교적 단일성과 동질성을 악으로 간주한다. 그들은 공화국을 강하게 만들지 못하고, 자유에 헌신하는 시민을 형성하지도 못한다. 반대로, 그들은 공화국을 질식할 정도로 무기력하고, 지루하며 억압적으로 만들고, 시민들을 불관용적이고 지루하며 편협한 고집쟁이로 만든다. 진정으로 모든 사람의 도시가 되기를 원하는 좋은 공화국이 되기 위해서, 문화적, 도덕적 종교적 통일성이 필요한 것은 아니다. 오히려 공화국의 이상과 연결되어 있는 정치적 통일성과 같은 다른 종류의 통일성이 필요하다. 여기서 내가 일반적인 공화국에 대한 사랑이나 자유와 정의라는 보편적 가치에 근거하는 비인격적 공화국에 대한 애착을 의미하는 것이 아니라는 점을 강조하고 싶다. 내가 의미하는 바는 자유 속에 살아가는 특정한 공화국에 대한 애착이다. 순수하게 정치적인 공화국은 철학자의 동의를 요구할 수 있겠지만, 애착이나, 사랑, 책임을 요구할 수는 없다. 이러한 종류의 열정을 발생, 유지시키기 위해서 필요한 것은 공동의 문화와 공유하는 기억에 대한 호소이다. 그러나 그 호소가 자유를 목표로 한다면, 시민권의 행사로부터 성장하고 자유에 대한 책임, 사회적 비판과 억압과 타락에 대한 저항이라는 공유된 기억으로 유지되는 문화의 힘이 더해져야 한다. 도덕적이거나 종교적 통일성, 인종적 동질성, 언어적 순수성을 강화시킬 필요는 없는 것이다.

공화국의 이상으로 고취되는 사회 정치적 개혁에는 책임, 연대 그리고 오랜 기간 함께 일해 온 사람들이 필요하다. 일정부분 소속감과 멤버십도 필요하다; 자신이 맡은 바를 수행하기 위해 자신이 분명한 일부임을 느껴야 하기 때문이다. 이 모든 것은 수사적 문제이다; 옳은 말을 할 수 있어야 하고, 적절한 시기에 말을 해야 한다. 공화주의적 애국주의는 모든 이의 도시라는 이상으로 고취된 사회, 정치적 개혁이 요구하는 종류의 책임감을 형성하고 강화하기 위해 필요한 수사를 제공한다. 그 효율성은 그것이, 억압, 정치적 타락과 차별에 대항하여 일반적 책임감을 가지도록 변화시키기 위해 이미 동일한 사람들의 구성원을 연결시켜주는, 존재하는 인종적 문화적 유대 위에서 작동한다는 사실로부터 나온다. 그것은 모든 사람에게 공통적인 그러나 각 개인에게도 중요한 목적을 위해 함께 일하기 위한 공유된 감정 (이는 때로 잠복해있기도 하다)에 호소한다. 나라에 대해 말하면서, 공화국은 시민의 가슴과 마음에 더 가까이 다가서고 공화국의 개념에서 행동과 책임을 자극하는 특성과 열정을 구체화하는 평등한 자유와 정의의 이상을 가져다준다.

역사가 때로 보여주는 바와 같이, 민족이 도덕적이고 정치적 위기에 봉착할 때, 애국주의나 민족주의가 지적인 주도권을 장악하게 된다. 그들 언어는 다른 개념들에는 부족한 통합적이고 동원적 힘을 가지고 있는 것 같다. 무엇보다도 자신들을 정부나 다른 시민의 개입에 저항하는 다수의 권리를 가진 개인으로 간주해야 한다고 시민들에게 말하는 방식은 많은 개인들이 민족을 혁신하기 위해 함께 작업해야 할 필요성이 있는 책임과 연대감을 형성하게 하지는 않는다. 아마도 특정 집단에 대한 충성을 넘어서, 합리적이고 도덕적인 개인으로 자유와 정의라는 공통적 가치에 대한 의무를 공유해야 하는 다문화적이고 자유주의적인 사회의 시민들에게 말하는 것이 보다 효과적일 것이다. 공통적인 보편적 원칙과 가치에 호소할 때, 주장은 힘을 가진다. 그러나 공유된 보편적 가치에 기반을 둔 시민은 너무나 냉담하고 너무나 막연하다. 이러한 종류의 자유주의가 보다 덜 합리적이지만 종교, 인종, 언어, 문화, 기억과 같은 공통적 가치에 더 가까운 민족주의에 반대되는 것이라면, 수사학적인 경쟁에서 승리할 가능성은 그리 높지 않다. 정치 언어는 절대적 표현으로 평가될 수는 없으며, 그것이 다르거나 대안적인 정치 계획을 의미하는 다른 계열에 대항해서 할 수 있는 것이 무엇인가에 따라 평가되어야 한다. 필요한 것은 문화적 순수성과 독특성 추구에 우선 순위를 부여하는 민족주의적이고 공동체주의적 언어에 대항할 수 있는 언어인 것이다. 공화주의적 애국주의 언어가, 민족주의와 공동체주의 언어만큼 특수하지만, 공화국을 특별하게 만든다는 의미에서 특수하기 때문에, 아마도 옳은 대책인 것 같다. 이는 민족주의가 번성하는 근거로서의 특정한 충성의 영역에 덤벼들지 않고, 시민권을 성장하게 하기 위해 그 위에서 작동한다.

진지하게, 지적으로 정치적으로 민족주의에 대처할 필요성은 특히 민주 좌파에게는 매우 절박하다. 민족주의 수사는 가난한자, 실업 상태의 좌절한 지식인과 쇠퇴하는 중산 계층에게 매우 강력하게 작동해 왔고, 여전히 그렇다. 사회적으로 좌절되고 불만에 가득찬 사람들은 민족의 구성원 자격에서 새로운 자부심, 새로운 긍지를 발견한다; "나는 가난하지만, 최소한 미국인 (또는 독일인 또는 이탈리아인)이다." 결과적으로 민주사회주의 좌파의 지지 기반이 되어야 하는 중요한 사회적 힘이 우파 진영으로 넘어가 버리는 셈이다.

그리고 정치적 비용이 매우 높은데도 불구하고, 좌파는 우파가 애국주의 언어를 독점하도록 허용해 왔다. 역사적으로, 사회주의자는 국제주의자이거나 노조나 정당 내 연대의 주창자였다.[17] 몇 가지 좋은 예외가 있지만, 사회주의 지식인들은 민족주의에 대항할 수 있는 좌파 애국주의 형성에 거의 또는 전혀 노력하지 않았다.[18] 민주 좌파는 자신만의 근거 위에서 민족주의와 싸워야만 했다. 민족적 정체성의 필요성에 대한 답변이 필요했지만, 그 답은 민족주의의 답과는 달라야 했다. 전장을 피해서도 안 되고 적의 진영으로 합병되어서도 안 된다. 지적인 과제는 쉽지 않다. 많은 연구와 진지한 토론이 요구되는 것이다. 첫 번째 발걸음은 애국주의의 전통을 비판적으로 다시 보는 일일 것이다.

수세기 동안 다른 정치적, 지적 맥락에서, 정치적 애국주의는 자신들의 공동체를 모든 개인이 자유롭고 평등한 시민이 되기 원하는 그러한 종류의 삶을 살아가는 공화국과 유사하게 만들기 위해 개인들이 함께 작업해 나가도록 동원해왔다. 때로, 애국주의는 시민적이고 정치적 평등을 참을 수 없다고 생각한 사람들에 대항해서 시민으로 살아가기를 원하는 모든 사람을 통합하기 위한 소명으로 사용되기도 하였다. 다른 환경에서, 그것은 배제된 자들이 완전한 승인을 요구하고 정치적 사회적 박해를 탄핵하는 근거가 되기도 하였다. 적절하게 사용된다면, 공화주의적 이상을 가진 애국주의는 해방을 위한 집단 행동의 다른 형태를 지지할 수도 있는 것이다. 과거에 그랬던 것처럼, 그것은 다시 최선의 정치를 재발견하고 그것을 배울 수 있는 강력한 지적인 도구로 작동할 수 있을 것이다.

자유의 애국주의는 공평하고, 문화적으로 중립적이며 냉철한 개인의 관점에서 형성된 과정을 통해서 정치적 갈등을 해결하려는 윤리적 근거를 가지고 정치를 넘어서려는 목표를 가진 이론에 대한 대안이 될 수 있을 것이다. 그리고 그것은 문화 인종, 종교라는 전 정치적 영역 내로 정치 행위를 제한하는 이론에 대한 대안이 될 수도 있다. 전자에 대항하여, 애국주의 언어는 개인을 문화적으로 규정되고, 그에 관심을 가진 열정적인 상태로 존재하도록 하고, 그들 안에 자유의 문화, 공화국에 대한 관심, 공동선에 대한 사랑이 스며들도록 시도한다. 민족주의자 또는 공동체주의자 입장으로 규정될 수 있는 후자에 대항하여, 애국주의는 문화적으로 유사한 사람들 간의 특정한 의무를 좋은 것 - 공화국 (아무리 문화적 다양성을 포용한다고 해도, 특정한 사람들의 공화국이기에 여전히 특수한) - 에 대한 의무로 바꾸도록 시도한다. 정치의 철학적 기초를 생각해볼 때, 해야 하는 일은 쓸모없는 약탈을 회피하고 감성의 세계에 연결된 채 잘 남아있어야 하는 합리성으로 움직이게 하는 것이고, 수사적이고 정치적 행위를 통해서 그들을 다듬어가야 한다는 것이다. 민족주의와 공동체주의의 경우에, 우리는 야비하고 천박한 감성을 매우 고상하고 관대한 것으로 변화시키는 것과 억압의 희생과 함께 연대로 변화하는 것을 목적으로 하는 감성과 이익의 차원에서 - 다시 말하지만, 수사적이고 정치적 행위를 통해서 - 지적이고 정치적인 투쟁을 여전히 수행해야 한다. 합리적인 도덕적 행위자들, 불편부당한 관찰자 그리고 이상적인 사상가들의 이상 세계와 배타적이고 편협한 열정의 현실 세계 사이에, 공화국을 위한 정치가 가능한 공간이 존재한다. 애국주의의 과제는 이 공간이 개방되어 있도록 하는 것이다.

이론적인 방어에도 불구하고, 정치적 애국주의는 그 자체로 부족하다고 나는 생각한다. 자신의 소리가 다르게 들릴 수 있게 하지 못하고, 나라를 사랑하라는 민족주의의 권유만큼 강력하지도 못하다. 나라는 공화국과 공동의 자유를 의미하는 것이라고, 공화국과 공동의 자유를 사랑하는 것은 광적인 열정도 아니고 뭔가를 가지려는 탐욕스러운 욕망도 아니며 연민과 관대함이라고 자신있게 말하는 것도 아주 어렵다. 이러한 나라와 이러한 사랑의 독특한 조합이 어떻게 표현될 수 있을까? 내가 그 답을 알고 있는 것은 아니지만, 과거에서 돌아볼 가치가 있는 유일한 애국주의는 연민과 공화국을 언급하는 것임에 틀림없다; 분명 그것은 자유의 애국주의일 것이다.

제1장

공화주의적 애국주의의 유산

1

공화주의적 애국주의의 유산

근대 민족주의는 고대의 유산 위에 형성된 것이다. 근대 철학자, 역사가와 시인은 애국주의의 종교적, 정치적 내용의 근원을 그리스와 로마에서 찾는다. 퓌스텔 드 쿨랑쥬(Fustel de Coulanges)가 말한 바와 같이, 고대 애국주의는 종교적 감성이었다. '조국/나라(patria/country)'라는 단어는 아버지의 땅(terra patria)을 의미했다. 모든 인간의 조국은 국내적이고 민족적인 종교가 성화되었던 땅의 부분이었고, 그의 조상들의 유해가 묻혀있는 곳이고, 그들의 영혼이 차지하고 있는 곳이었다. 그의 작은 조국은 무덤과 화로가 있는 가족 울타리였다. 그의 커다란 조국은 프뤼타네이엄(prytaneum; 그리스 도시국가의 공관(公館))과 영웅들이 있고, 종교로 구획된 성역과 영토가 있는 도시였다. 조국은 신과 선조들이 거주했던 성스러운 땅이었고, 성스러운 숭배의 대상이었다. 이러한 이유로, 고대의 애국주의는 강력한 감정이자 모든 덕성이 지향하는 최고의 덕이었다. 인간이 가장 귀하게 여기는 것이 무엇이든 나라의 개념과 연계되어 있었다. 그 안에 그의 재산, 안전,

법, 신념, 그리고 신이 있었다, 그것을 잃는다는 것은 모든 것을 잃는다는 것을 의미했다.[1)]

종교적 애국주의는 신성한 결속으로 인간을 자신의 나라와 연결시킨다. 종교를 사랑하기 때문에 나라를 사랑하고, 신에 복종하는 것처럼 나라에도 복종한다. 전적으로 자신을 바친다. 어떤 차별도 조건도 없는 벅찬 사랑이다. 나라가 영광스럽거나 잘 알려져 있지 않거나, 잘 살거나 아니거나 간에, 그는 나라를 사랑해야 한다. 관대해도 사랑해야 하고, 가혹해도 사랑해야 한다.

그러나 거기에 더하여, 종교적 애국주의와 완전히 얽혀 있는 것으로, 고대인들은 나라(patria)를 공화국, 공동의 자유, 공동선과 동일시한 정치적 애국주의를 근대에 전달해주었다. 가장 자주 인용되는 자료인 『투스쿨룸 대화(*Tusculanae disputationes*)』에서, 키케로는 나라를 자유와 법에 연결한다.[2)] 살루스티우스(Sallust)는 『카틸리나의 음모 *De coniuratione Catilinae*』에서 나라(patria)와 자유를 과두 정부에 대항하는 것으로 설정한다.[3)] 가상적인 연설을 전하면서 『로마사 *Ab urbe condita*』에서, 리비우스(Livy)는 신성한 군대, 나라, 자유와 정결한 신들에 관해 말한다.[4)] 퀸틸리아누스(Quintilian)는 『수사학 교육 *Institutio Oratoria*』에서 인민의 관습을 의미하는 것으로 생각한 민족(natio)과 도시의 법과 제도로 이해한 나라(patria)를 구분한다.[5)] 마지막으로 『하나님의 도성 *De civitate Dei*』에서 아우구스티누스는 나라, 공화국과 공동선 사이에 공존하는 공화주의를 요약하고 중세로 전달한다; "국가, 즉 인민, 나라, 그리고 공동체인 것"[6)]

공화국(respublica)으로 이해되는 나라(patria)는 존경과 연민으로 번역될 수 있는 경애(*pietas*) 또는 자비(*caritas:* 기독교적 사랑으로 이하에서는 사랑 또는 자비로 표현한다)과 같은 특별한 형태의 사랑을 제시해야 했다. 이는 로마 공화주의적 애국주의가 가지는 또 다른 주요한 특징이다. 시민은 조국에 감사하고, 그들이 부모와 친척에 대해 느끼는 애정과 유사한 자비로운 사랑, 봉사와 돌봄을 통해 표현하는 사랑과 같은 전형적인 권유를 받게 되었다.[7] 경애와 자비에는 욕심이 없고, 우리 사랑이나 욕망의 대상을 배타적으로 가지려는 욕심도 없다. 이들은 대조적으로 가족을 넘어서 공화국과 동료 시민을 포함하도록 확장되는 관대한 애정이다.[8] 덕있는 시민들에게, 경애는 정의가 그들에게 부과한 의무의 일부이다. 그것은 자기 나라에 대해 정당하게 행동하는 특별한 방법이기도 하다.[9] 그리고 그것은 또한 시민들이 자신의 부모나 친척을 위해서가 아니라 공화국을 위해서 자선과 봉사의 행동을 하도록 하는 특별한 열정이다.[10] 리비우스가 타르퀴니우스 수페르부스(Tarquinius Superbus) 추방 이후 로마의 자유가 공고화되어가는 초기 과정을 설명한 자신의 『로마사 *History*』[11]에서 언급하듯이, 그것은 브루투스에게 주저함을 극복할 수 있는 도덕적 힘을 주고, 로마 사람들 앞에서 타르퀴니우스 수페르부스와 싸워야 했던 루시우스 타르퀴니우스(Lucius Tarquinius)에 대항해서 말해야 하는 유쾌하지는 않지만 필요한 일을 수행하게 한 공화국을 향한 사랑이었다.

로마의 공화주의적 애국주의를 규정하는 두 가지 핵심적인 용어인 공화국과 연민은 중세 애국주의에서는 더 이상 함께 발견되지 않는다. 조국(patria)이라는 단어는 교부들과 고전학자들의 자료에서 고대적 의미를 가지는 것으로 보인다.[12] 그러나 그것은 고대의 세속 공화국이 훌륭한 시민의 영웅적 금욕을 칭송했던 것처럼, 순교자의 희생을 찬양하는 천국의 정치체제인 천상의 조국을 의미했다. 중세 법률가들도 파트리아라는 단어를 계속 사용하고 파트리아를 최고의 의무의 원천으로 강조했다. 그러나 그들은 군주의 공적 인격에 체화된 파트리아를 의미했다. 자신의 주군을 위해 싸우고 죽어간 봉신과 기사들은 자신들이 조국이 아니라 주인을 위해, 시민적 의무를 수행하는 것이 아니라 충성과 신뢰의 서약을 지키기 위해서 희생하는 것이라고 생각했다.[13] 그것이 형제애의 모범적 형태로 그려지고 찬양받을 때조차, 나라 사랑은 동료 시민을 위한 자비로운 사랑이라는 의미를 결코 다시 얻어내지 못했다.[14]

로마의 공화주의적 애국주의 언어는 스콜라 철학자들의 작품에 어느 정도 살아 있다. 『신학대전 *Summa Theologiae*』에서 키케로를 권위있게 다루면서, 아퀴나스(Aquinas)는 많은 사례를 들어, 나라 사랑이란 "동료 시민과 나라의 친구들을 위한 자애로운 돌봄과 자비로운 봉사로" 이루어진 신앙심의 형태임을 강조하기 위해 키케로를 언급한다.[15] 그것은 '사랑에서 오는' 것이고 시민으로 하여금 공동선에 봉사하게 만드는 애정이다. 이러한 이유로, 자기 나라에 대한 경애(*pietas*)는 정의와 같은 것이라고 말할 수 있다.[16] 그것이 하나님에 대한 보다 높은 의무에 종속된 채 남아있는 하나로서, 나라 사랑은 정당하고 고귀한 것이다. 그것은 공화국이 아니라 "우리가 태어나고 자란" 장소로 이해되는 우리의 나라가 합법적으로 요구할 수 있는 의무인 셈이다.

나라 사랑을 연민으로 해석하는 것은 또한 『군주 통치론 *De regimine principum*』에도 나타난다. 실제로는 루카의 톨레미(Ptolemy)가 쓴 것이지만 토마스 아퀴나스의 것으로 잘못 알려져 그 권위를 인정받은 것이기도 하다. 톨레미의 논리가 드러나는 핵심 부분은 그대로 인용될 가치가 있다고 생각된다;

> 조국에 대한 사랑은 자비(charity)라는 뿌리 위에 서 있다. 그것은 사적인 것을 공통적인 것 앞에 세우지 않는다는 것이고, 사랑에 대한 사도들의 말을 명확히 해설하면서 성 아우구스티누스가 말한 바와 같이 모든 것들은 사적인 것들 앞에 공통적으로 존재하게 된다. 모든 미덕의 장점이 자비의 미덕에 따른 것이기에, 당연히 사랑의 미덕은 모든 다른 미덕에 앞선다. 따라서 나라 사랑은 모든 다른 미덕 위에서 영광을 받을만한 것이다.[17)]

톨레미는 아우구스티누스가 사랑이란 개별적인 편의나 이익이 아니라 강력한 열정인 공동선을 추구하는 것이라고 언급했던 시편 121편 12절을 인용하였다. "사랑은 죽음만큼 강력하다"; 아우구스티누스의 이 말은 우리가 그리스도 교인의 사랑이라 부르는 특별한 사랑의 힘을 가장 잘 표현하고 있다. 죽음은 왕, 불, 물, 철보다 더 강력하지만, 사랑도 죽음처럼 우리가 하려는 것을 파괴하여 우리가 그렇게 되지 않으려는 것이 되게 하기 때문에 마찬가지로 강력하다.[18)] 사랑의 형태로 이해되기에, 나라 사랑은 변화시키는 힘과 강력한 효과를 지닌다. 사적인 것들과 연결되어있던 영혼의 죽음을 통해서, 그것은 사적인 것 앞에 공적인 것을 놓고 공유와 단합을 갈망하는 다른 영혼을 형성하게 되는 것이다. 새로운 영혼은 이전 것보다 더 넓고 강력하다. 개인을 자신보다 넓은 단일체의 일부로 만들기 때문에, 그것은 죽음을 이길 정도로 강력하다.

톨레미는 사랑이라는 신학적 미덕이 공동선에의 의무라는 공화주의적 원칙과 융합되어 있는 나라 사랑 개념을 설명하기 위해, 기독교 원리를 아리스토텔레스의 『니코마코스 윤리학 *Nichomachean Ethics*』과 무엇보다도 키케로의 『의무론 *De officis*』과 살루스티우스의 『카틸리나의 음모』에서 차용한 본질적 내용들과 통합한다. 아우구스티누스가 언급하였듯이, 진정한 하나님을 경배하지 않았을지라도 로마인들에게 하나님의 은혜를 허락하고 제국을 확장시킬 수 있게 한 미덕은 나라 사랑, 정의에 대한 갈망과 시민적 자비를 위한 열정이었다. 그들의 나라 사랑은, 그것이 아리스토텔레스가 『니코마코스 윤리학』에서 말한 신성한 것 곧, 공동선에 대한 사랑이기에, 지배를 충분히 정당화 하게 된다. 톨레미가 보기에 하나님은 미덕에 따라 보상하기 때문에, 로마인들이 하나님으로부터 받은 은혜는 그들의 미덕의 탁월성에 따른 것이었다.

나라 사랑이 우리로 하여금 공화국이라는 보다 큰 사랑 내에 존재하는 우리 가족에 대한 사랑을 이해하게 하는 연민의 형태라는 아우구스티누스의 논점을 확인하기 위해서, 톨레미는 공화주의적 애국주의 개념을 요약 표현한 키케로 『의무론』의 일부를 인용한다.

> 그러나 합리적 정신으로 전 영역을 개괄해볼 때, 거기에는 우리를 각각의 나라[res publica]와 연결시켜주는 것보다 더 가깝고 더 귀중한 그 어떤 사회적 관계도 존재하지 않는다. 부모도 귀중하고 자녀, 친척, 친구도 소중하지만, 하나의 조국[patria]은 우리의 모든 사랑[catitates]을 포괄한다; 죽음으로 나라에 봉사할 수 있다면, 조국을 위해 삶을 바치기를 누가 진실로 두려워하랴?[19)]

보다 복잡하고 보다 고상하기는 하지만, 톨레미가 보기에 나라 사랑은 연민의 본질적 특성을 가지고 있는 것이다. 부모, 친척, 친구에 대한 사랑보다 그것은 보다 넓고 높다. 그러나 그것은 여전히 우리가 소중하게 여기는 구체적인 사람들에 대한 사랑이다. 우리에게 소중한 사람들에 우리의 동료 시민들을 포함한다는 차이만 있을 뿐이다. 덜 자연스럽고 더 정치적이지만, 나라 사랑은 여전히 비인격적 실체가 아니라 특별한 사람들에 대한 사랑이다. 우리는 우리 동료 시민을 개별적으로 다 알지는 못하지만, 그들이 누구이건 우리와 같은 시민이라는 사실을 알고 있다. 그들은 같은 공화국의 동료 구성원인 것이다. 그것이 공동선을 포함하고 있을 때, 덜 자연스럽고 더 정치적이 된다. 보다 정확히 말하자면, 대상이 공화국 (즉, 유일하게 순전한 정치공동체) 이기에 그것은 확실한 정치적 미덕이 되는 것이다. 미묘한 결합을 통해서, 톨레미는 그리스도교적 사랑이라는 신학적 미덕과 공화국의 이교적 사랑 사이에 지적인 관련성을 형성하였다. 나라 사랑은 이제 교부와 로마 공화주의의 권위 모두의 축복을 받게 된 것이다.

그러나 조국(patria)의 고대 로마적 의미가 애국주의에서 독특한 공화주의적 언어의 기본을 형성하기 위해 충분히 재구성된 것은 이탈리아 도시 국가의 지적인 분위기 속에서 가능했다. 공동체적 자치 정부와 시민적 인도주의 사상가의 작품은 애국주의에 대한 다른 논거를 제시한다. 혹자는 공화국에 대한 사랑은 합리적 사랑이라고 강조한다. 다른 이는 자유로운 도시의 삶이 행복하기 때문에 시민들은 자신의 공화국을 소중하게 여겨야 한다고 주장하고, 어떤 이는 시민이 국가에 도저히 되갚을 수 없는 빚을 지고 있기 때문에, 시민은 나라에 봉사할 의무가 있다고 여전히 역설한다. 애국주의를 옹호하는 첫 번째 유형의 사례는 1304년에 작성된 레미지오 데 지롤라미(Remigio de Girolami)의 『좋은 공동체를 위한 계약 *Tractatus de bono communi*』에서 잘 드러난다. 여기서 레미지오는 조국이라는 용어를 공동선에 상응하는 것으로 사용한다. 카틸리네에 대항하는 첫 번째 연설에서 그는 "나의 생명보다 나에게 더 소중한 나의 나라"라는 키케로의 유명한 말[20]을 인용하면서, 나라 사랑은 공화국을 통치하는 사람들에게 전체 공동체의 좋음을 관리할 의무를 부과하는 것이라고 강조한다. 공동선이 적절하게 현실화된 자유로운 도시의 시민이 되는 것보다 더 고귀하고 영광스러운 것은 없기 때문에, 공동선은 시민의 모든 명예와 영광의 근원이다. 게다가, 공동선은 또한 정당한 법의 보호 아래 평화롭게 함께 살아가는데 필요한, 시민의 삶에서 가장 가치있는 선의 근본이다. 공동선에 대한 사랑은 그러므로 덕스러운 것이고 합리적인 것이다. 이교도의 정치적 덕성도 우리가 그렇게 하기를 원하는 것처럼, 우리는 거기에 헌신해야 한다.[21]

정치적 미덕의 기본이 되는 조국에 대한 사랑은, 각 시민이 보존하는 것이 합리적이라는 선(자유로운 도시)에 대한 사랑이기에, 합리적인 사랑이다. 공동체가 타락했다면, 개인의 삶도 곤궁하게 된다. 도시가 일단 파괴되면, 시민은 더 이상 그들을 진정한 시민으로 만들어 줄 미덕을 더 이상 키워낼 수가 없다. 거기에는 진실하고 살아있는 시민은 더 이상 존재하지 않고, 오직 외부적 형상인, 동상이나 그림만 남아있을 뿐이다.[22] 인간은 시민이 되지 않고는 적절한 인간의 삶을 영위할 수 없기 때문에, 시민의 속성을 상실하게 되면, 인간의 자질도 상실하게 된다.[23] 이러한 이유 때문에, 레미지오는 도시의 타락에서 시민이 결코 수동적으로 남아

있을 수 없으며 있는 힘을 다해서 싸워야 한다고 강조한다.

자유도시에 대한 도덕적이고 존재론적 가치에 대한 강조의 사례는 라포 카스티글리온치오(Lapo da Castiglionchio)가 1438년에 행한 강연이다. 여기서 그는 '우리의 조국은 그것이 공화국 또는 도시라면 더욱 특별하게 소중하다'고 말한다. 『다이제스트 *Digest*』의 용어를 빌리면, 조국은 가장 거룩하고 아름다운 이름이다. 특히 조국이 인간이 자유롭게 살아가는 도시라면, 더욱 그렇다. 자유로운 공화국에서 시민은 많은 것을 공유하기 때문이다; 법과 광장, 상원, 공공의 명예, 집정관, 적, 그리고 희망까지.[24] 그러한 귀중한 것들을 계속 향유하고 싶다면, 그들은 그것을 보존하는데 최선을 다해 헌신해야 한다.

조국을 향한 도덕적 의무로 인해, 우리의 조국에 봉사해야 한다는 가장 정확한 지적은 1435년에서 1440년 사이에 완성된 마테오 팔미에리(Matteo Palmieri)의 『시민의 삶 *Vita civile*』에서 발견된다. 『의무론 *De officiis*』을 인용하면서, 그는 우리의 조국에 대한 의무가 부모에 대한 의무에 앞선다고 강조한다. 사실상 우리나라의 안전보다 더 귀중한 것은 없기 때문에, 모든 시민은 전적으로 자신의 조국에 헌신해야 한다. 우리가 죽을 때, 우리는 언제나 우리의 자손과 나라를 마지막까지 생각해야 하는 것이다. 우리가 죽은 이후에도 그들이 살아가고 번성할 것을 확신하려 한다. 우리의 나라와 자손이 살아가는 한, 우리에 대한 기억도 그들과 함께 살아남을 것이다.[25] 시민적 인간의 미덕이 영원한 선을 보존하는 것이기에, 그 보상은 따라서 지속적인 영광이고 영원한 지복(至福)이다. 플라톤과 키케로가 설명하듯이, 모든 선한 통치자와 훌륭한 시민의 영혼은 죽은 이후에 즉각적으로 천국으로 돌아가고,

그 보상은 실로 그들이 삶에서 행한 선에 비례하는 것이다.

그들은 인간에게 나라에 봉사하라고 권유하면서 사용하는 수사적 차이에도 불구하고, 모든 시민적 인도주의자들에게, 조국은 과거에 획득되었지만 시민의 시민적 정신을 통해서만 보존될 수 있는 도시의 공동의 자유를 의미한다. 알라마노 리누치니(Alamano Rinuccini)가 1479년에 작성한 『자유에 관한 대화 *Dialogue on Liberty*』에 따르면, 자유란 '그의 명령이 정당하고 합법적이며 유용한 목적에 맞는 것이 아닌한' 다른 이에게 복종하기를 거부하는 강한 정신의 자산이기 때문에, 불굴의 정신을 가진 자만이 공화국을 위해서 자신을 위험에 내놓을 수도 있는 것이다.[26] 반면에, 그 정신의 부족과 독재자와 자신의 일당들 앞에 당당히 서지 못하는 시민의 비열한 상태는 도시를 예속에 빠지게 하는 주요 이유가 된다.

15세기 인문주의자들에게, 공동의 자유에 봉사하는 애국자의 반대는 자신 또는 자기 집단만의 이익을 추구하는 부패한 시민들이다. 정치인들이 공적 제도를 자신의 사적 소유물로 사용하는 반면에, 훌륭한 시민은 자신이나 당파적 이익보다 공동선을 우선적으로 고려한다. 레온 바티스타 알베르티(Leon Battista Alberti)가 『가족에 관하여 *The Book of the Family*』에서 제시한 것처럼, '시민적 인간'은 가족의 화합, 평화, 평온에 관심을 가지지만, 공화국의 화합과 평화에 보다 더 많은 관심을 기울여야 한다. 현명한 시민은 시민이 그들만의 국내 문제만 고려한다면 공화국의 좋은 질서가 지켜질 수 없다는 것을 알고 있다.[27] 그러므로 그는 우리가 공적, 사적인 삶을 모두 타락시키기 위해 권력을 사용하는 야심적인 시민들의 손에 그것이 떨어지지 않도록 하기 위해 공화국에 봉사하도록 해야 한다는 오래된 충고를 가슴 깊이 새긴다. 우리 자신의 공화국에 봉사하는 것이 예속상태를 의미하지는 않는다. 그것은 시민으로서의 우리 의무의 이행이고, 가장 고귀한 행위로 칭송받아야 마땅하다.[28] 좋은 시민은 그러므로 자신의 개인적 삶과 일을 게을리하지 않으면서도 공화국에 봉사한다. 오히려 그것은 사적 자유의 장점을 향유하기 위해 짊어져야 할 추가적 부담인 셈이다.[29]

그러나 15세기 플로렌스(florence)*의 애국주의는 공화국과 공동의 자유에 대한 의무 뿐만 아니라 도시의 군사적 문화적 우월성, 선조들의 고귀함, 언어의 순수함에 대한 축전이었다. 그리스 로마의 수사적 방식은 시민에게 자부심과 오만함이 뒤섞인 사랑을 주입하도록 기술적으로 고안되었다.[30] 가장 명백한 사례는 레오나르도 브루니(Leonardo Bruni)의 『플로렌스의 건설에 대한 찬사 *Laudatio florentinae urbis;* 이하 '찬사'』로 1403-4년에 작성되었다. 그는 그 『찬사』의 결론에서 이렇게 말한다: 정의 없이 도시도 있을 수 없고 플로렌스는 도시라고 불릴 가치조차 없으며, 자유 없이 위대한 사람들은 삶이 살만한 가치가 있다고 생각하지도 않기 때문에, 플로렌스는 정의와 자유에 헌신된 공화국이다.[31] 체제를 공화국이 되게 하는 정의와 평등 원칙은 또한 관용과 인본성의 습관을 고취시키면서 시민의 삶의 양식에도 영향을 준다. 모두가 시민으로 평등하기 때문에, 누구도 '오만하거나 다른 사람을 얕볼 수' 없다.[32] 시민들에게 공정한 플로렌스는 또한 거기서 살기로 한 외국인들에게도 공정하다. 선동적 음모나

---

* 이탈리아의 피렌체를 부르는 영어 지명.

동포의 질시로 자기 나라로부터 망명한 모든 사람들은 플로렌스에서 또 다른 모국을 찾을 수 있게 된다. "플로렌스가 존재하는 한, 누구도 모국이 없는 사람은 없을 것이다."[33] 그러므로 플로렌스는 플로렌스 사람들의 진정한 조국일 뿐만 아니라 불행과 부정의의 희생자 모두에게도 조국인 것이다.

공화주의적 정치 원칙에 대한 찬사와 함께, 『찬사』는 언어의 순수성과 유일한 탁월함에 근거한 플로렌스의 우수함을 찬양한다: "플로렌스는 전 지구에서 보다 뛰어나고 보다 탁월한 도시를 찾을 수 없을 정도로 훌륭한 도시이다."[34] 도시의 엄청난 탁월성은 지배를 부른다. 플로렌스는 '지배력을 가질만한 가치가 있고 전세계를 통치할만' 하다는 것을 모든 사람이 인정해야 한다고 브루니는 강조한다.[35] 게다가 플로렌스는 로마가 여전히 공화국이었을 때 로마인들에 의해 건설되었기 때문에, 그 기원에서도 다른 도시보다 더 훌륭하다.

> 플로렌스는 그 건설자로서 모든 사람에게 어디서나 복종하고 그들의 기술과 군사력의 지배를 받았기 때문에, 그리고 자유롭고 정복받지 않은 로마인들이 권력과 고귀함, 미덕과 천재성에서 번성했을 때에 건설되었기 때문에, 이 도시는 그 아름다움, 건축물과 장소(우리가 보았던)의 적절성에서 뛰어날 뿐만 아니라, 그 기원의 존엄과 고귀함에서 다른 어떤 도시보다 엄청나게 탁월하다는 것을 전혀 의심할 수 없었다.[36]

브루니 애국주의의 특징인 공화주의 가치와 시민적 자부심의 결합은 또한 『난니 스트로찌의 장례 연설 (이하 '장례연설') *Oration for the Funeral of Nanni Strozzi*』에서 볼 수 있다. 스트로찌는

1427년 밀라노 공작의 군대와 있었던 전투에서 사망한 플로렌스의 시민이었다. 우리의 조국은, 인간 행복의 첫 번째이자 선결 조건이기 때문에[37], 우리의 부모보다 훨씬 더 영광을 받을 가치가 있다. 그리고 그의 조국은 - 다시 로마 공화주의에 완전히 동의하면서 - 자유로운 공화국이다. 플로렌스는 모든 시민의 자유와 평등을 보호하기 위해 고안된 대중 헌법을 가지고 있었다고 브루니는 말한다. 플로렌스는 그들 모두 각각이 '인간의 공포로부터 자유롭게' 살아갈 수 있도록, 그리고 최고의 공적 명예를 추구할 수 있도록 허용하기 때문에, 시민의 헌신을 받을만한 도시이다.[38]

난니 스트로찌의 장례식에 모인 플로렌스 사람들에게, 자유롭게 살게 해주기 때문에 공화국을 사랑해야 할 뿐만 아니라, 자유로운 지배를 유지하고 보편적 존경을 받을만한 모든 가장 고귀한 도시에 속하는데 대한 자부심을 가져야 한다고 브루니는 말한다. 그들은 고대에서 가장 영예로운 두 종족인, 에트루리아인과 로마인의 후손이다. 어떤 도시도 더 귀하다 할 수 없고, 어떤 사람들도 그렇게 빛나는 조상을 가진 적이 없었다. 자유롭게 사는 것만이 아니라, 투스카니 지방의 다른 도시를 지배할 자격도 충분했다. 브루니의 『장례연설』은 플로렌스인들에게 공동의 자유에 대한 사랑을 심어줄 뿐만 아니라, 이 신성한 의식에서 공화국에 대한 정치적 사랑보다 더 배타적인 사랑, 유일하고 특별한 공화국의 시민이 되는데 대한 자부심과 결부된 사랑을 그들의 가슴 속에 회복시켰다.

브루니의 수사에서 공화주의적 애국주의는 여전히 모호한 방법으로 사용된다. 그것은 국내의 참주정과 외국의 정복에 대항하는 정치적이고 시민적인 자유의 언어이자, 국외에 있는 배제와 공격의 언어이기도 했다. 미덕의 언어이지만 자부심과 독특한 도시에 있다는 감정과 결합된 미덕의 언어; 공화국의 언어이지만, 그 특권에 강하게 연결된 사회정치적 엘리트가 지배하는 공화국의 언어였던 것이다.

공화주의적 애국주의의 또 다른 견해를 설명하기 위해서, 플로렌스의 엘리트 집단에 속하지 않았던 니콜로 마키아벨리(Niccolò Machiavelli)를 살펴보자. 브루니와 달리, 그는 플로렌스의 우월성과 역사적 임무에 대한 찬사에 관심이 없었다.

브루니가 『찬사』에서 도시의 영광의 상징으로 언급한 위대한 궁전은 마키아벨리에게는 권력과 지체높은 가문의 부를 과시하는 '거만한 제왕의 상징'에 불과했다. 저서 『플로렌스의 역사 *Istorie florentine*』에서, 그 위대한 궁전을 건설하기 위해, 루카 피티(Lucca Pitti)는 불법적 수단을 자제하지 않았고, 일단 완공되자, 그것은 공화국의 적들이 선동을 위해 모이는 중심지가 되었다.[39] 플로렌스 역사가들의 주의를 끌었던 도시의 기원이라는 주제에 그는 별 관심을 보이지 않았다. 자신의 『플로렌스의 역사』에서 그는 몇마디로 이를 정리한다; "그것은 로마 제국 치하에서 형성되었고, 초기 황제들의 시기에 역사가의 기록이 시작되었다."[40] 그러므로 그 기원에서 자주성은 보이지 않았고, 이는 이후의 도시 역사에 영향을 주었다. 플로렌스가 영토 확장을 위해서 수행했던 모든 전쟁은 플로렌스인들이 로마의 후손이었고 로마 공화국에 속한 영토의 상속자였기 때문에 정당화되었다고 브루니는 주장한 바 있다. 그러나 플로렌스가 라디슬라오(Ladislao) 왕과 필립 공을 상대로 한 전쟁은 '필요가 아니라 시민들[특히, 부유하고 권력있는 자들]'을 만족시키기 위한 것이었다고 마키아벨리는 역설한다: 그러므로 그것은 정당하지 못한 전쟁이었다는 것이다.[41] 정치 경력 시작 초기부터, 그는 플로렌스 공화국의 옹호자라기보다는 비판자였다. 그는 거기에 헌신했고, 전력을 다하고 완벽한 정직성을 가지고 봉사했지만, 그 부정의와 무분별함을 지적하는데도 실패하지 않았다. 그의 정적들이 지적했던 바와 같이, 그는 플로렌스의 잘못을 탄핵하는데 주저함이 없었다. "내가, 다른 많은 것들에서와 마찬가지로, [플로렌스] 시민들의 견해와 반대편에 있는 것이 사실"임은 그도 인정했다.[42] 그의 나라 사랑에는 지역주의와 시민적 자부심이 보이지 않는다. 그는 거기에 넘어가지 않았다. 오히려 그것을 통해 그는 이탈리아와 유럽 정치의 보다 넓은 지평을 이해하게 되었고, 이탈리아의 가능한 부흥의 기원을 찾기 위해 과거로 파고들어가게 되었다; "시와 회화, 조각에서 보듯이, 이 땅은 이미 죽은 것을 소생시기키 위해 태어난 것 같다."[43]

그가 깊이 사랑한 것은 나라만이 아니었다. 그가 자신의 동포들의 가슴 속에 번성하기를 바라는 종류의 사랑이 있었다. 제 2권 머리말에서 명확하게 제시한 『로마사 논고 *Discourse*』의 목표중 하나는 도시의 청년들이 로마의 미덕을 따르도록 하는 것이었다. 그리고 『플로렌스의 역사』에서, 연구의 중심 주제는 부패이고 그의 목표는 미덕의 부족으로 자유의 상실과 플로렌스의 쇠퇴가 초래되었음을 설명하는 것이라고 그는 밝히고 있다.[44] 그래서 그가 비르투(virtù; 미덕)에 대해 말할 때 그가 의미하는 것은 애국주의이다. 즉, 공동의 자유(common liberty)에 대한 사랑이라는 공화주의적 해석에서, 그것은 인간으로 하여금 자신의 사적이고 특수한 이익을 공동선의 일부로 볼 수 있도록 관대하게 만들고, 그들의 공화국을 위해서 강력하게 투쟁할 수 있게 하는 것이다. 『로마사 논고』의 맨 처음에, 그는 "나라를 위해 지도자들에 의해 이루어진 행동을 가장 고결한" 것이라고 부른다. 다른 데서도, 그는 공동의 조국(patria comune)과 함께 공동선(bene comune)을 고결한 건국자들의 분명한 목적이라고 언급한다.[45] 자신의 고결한 목적을 실현하기 위하여, 로물루스는 자신에 대한 완전한 권위를 취득할 필요가 있었다. 그러므로 마키아벨리의 해석에 따르면, 형제 레무스와 타티우스 사비누스를 살해한 행동은, 그들이 공동선과 공동의 조국에 해를 끼쳤기 때문이었고, 그래서 용서받을 수 있는 것이라고 마키아벨리는 설명한다.[46]

로마 건국자들의 애국주의는 400년동안 '왕의 명성에 대한 적이었고, 나라의 영광과 공동선을 사랑했던' 로마인들의 애국주의로 흘러 들어갔다.[47] 마키아벨리가 시민적 미덕의 핵심으로 묘사했던 공동선에 대한 사랑과 나라 사랑은 사실상 그것을 보호하는 자유와 법에 대한 사랑이다. 만리오 카피톨리노(Manlio Capitolino)는 '원로원과 국가의 법에 대항해서'[48] 폭동을 일으켰다는 이유로 로마 사람들에 의해 사형을 선고받았다고 마키아벨리는 기록하고 있다. 만리오 카피톨리노가 원로원의 적이었고, 로마인들은 '귀족계급을 반대하는 계획에 호의적이었기' 때문에, 로마 사람들에게 그 행동은 매우 놀라운 것이었다. 그러나 원로원에 대한 적대감에도 불구하고, 로마 사람들은 '그들 모두를 위하여 나라 사랑은 다른 어떤 고려보다 중요하다'는 이유로 만리오를 사형에 처했다는 것이 마키아벨리의 설명이다.[49] 로마 사람들의 평결에 영향을 주었던 나라 사랑은 법을 타락시키고 도시를 자신이 장악해서 공동의 자유를 위협하려는 야심가 시민을 막아야 한다는 바람이었다. 리비우스의 주장에 대한 마키아벨리의 해석에서, '나라(patria)'는 다시 법과 공동의 자유를 의미하는 것이었다. 그래서 로마 사람들의 시민적 미덕은 그들에게 공화국에 독재를 시도하는 권력자에 대항할 용기와 힘을 주는 자유에 대한 사랑이었다.

로마인들이 수세기동안 자유롭게 남아있을 수 있었던 것은 우선적으로 그들의 나라 사랑 때문이었다. 공화국 시기에 통과되었던 공공의 자유를 위한 좋은 법들은 억압당하지 않으려는 평민의 욕망이고, 집정관의 오만에 저항하겠다는 그들의 결정의 결과였다.[50] 마키아벨리가 강조하다시피, 고대인들이 그렇게도 깊이 헌신했던 공동선(또는 나라)은 그들만의 개인적 자유로, 이를 통해서 그들은 방해받지 않고 자신의 이익을 추구했고, 힘있고 오만한 자의 침해를 받지 않고 권리를 보유했다. 『로마사 논고』에서 마키아벨리가 격찬한 덕있는 시민은, 공동선이 각자의 개인적 이익과 같은 것임을 알고 있기 때문에, 공동선 - 도시의 자유와 법 - 에 봉사한다.[51]

인문주의자들과 같이, 마키아벨리는 나라에 봉사하는 것이 훌륭한 인간의 가장 도덕적인 의무라는 키케로의 논제를 반복한다. "번거롭고 위험할 때조차, 우리에게 나라에 대한 것보다 더 큰 의무는 없기 때문에," "나는 언제나 내 나라에 즐겁게 봉사해왔다"는 말은 『우리 언어를 둘러싼 담론과 대화 *Discorso o dialogo intorno alla nostra lingua*』 처음에 그가 제시한 문장이다. 나라가 시민을 화나게 한다고 해서 그가 나라의 적이 된다면 그것은 그에게 가장 불명예스러운 일이 되는 것이다.[52] 나라에 대한 그의 의무가 그가 받은 고난으로 없어질 수 있는 것이 아니기 때문에, 그는 용서하고 잊어야 한다. 의무의 목소리가 충분히 강력하지 않아도, 나라에 대한 사랑은 그에게 용서하고 잊을 수 있는 힘을 줄 것이다.

그러나 도덕적 의무와 나라에 대한 사랑은 의무의 특성과 사랑의 본성으로 규정된 한계가 있다. 시민은, 자신의 삶의 모든 좋은 것이 조국 덕분이기에, 자신의 조국에 의무를 진다. 또한 그는 나라가 자신이 달콤한 자유를 향유할 수 있는 곳이기 때문에 자기 조국을 사랑한다. 조국이 오만한 인간의 참주정으로 와해된다면, 의무는 멈추고 사랑은 증오로 변한다. 용서하거나 잊어야 할 이유도 동기도 존재하지 않는다. 밀라노 공작의 편에 선 코시모 데 메디치(Cosimo de' Medici)의 적이었던 리날도 데글리 알비찌(Rinaldo degli Albizzi)가 다음과 같이 말했다고 마키아벨리는 『플로렌스의 역사』에서 기술하고 있다.

> 법이 인간보다 할 수 있는 일이 적은 도시에 산다는 것을 나는 언제나 하찮게 평가할 것이다. 왜냐하면 조국은 소유와 친구가 안전하게 있어야 하는 곳이기 때문이다. 소유를 빼앗기는 곳도 아니고, 친구가 두려움으로 당신이 정말 필요로 하는 시기에 당신을 포기해서도 안된다.53)

애국자 마키아벨리는 더 이상 추가하지 않는다; 그리고 메디치가 출신 교황 클레멘트 7세가 의뢰한 『플로렌스의 역사』에서, 그는 메디치가의 적들의 입을 통해 자신이 하고 싶었던 말을 하고 있다는 사실을 우리는 알고 있다.

마키아벨리에게, 나라 사랑은 예외적인 시기에 위대하고 고결한 일을 할 수 있는 힘을 주는 것이었지만, 통상적인 환경에서는 시민성을 교육시키기도 하는 것이었다. 그것은 영혼을 발전시켜서 좋은 공화국에 필요한 바른 질서와 기준을 형성해주기도 한다. 덕있는 시민의 사례로, 그는 '시민성에 대한 존중이 없는' 젊은 귀족에 대항했던 로마 사람들과[54], 시민의 삶에 적대적이었기 때문에 귀족들을 증오했던 게르만 자유 공화국의 시민들[55]을 언급한다. 공화국이 부패하지 않는 한, 로마 사람들은 덕스럽고 시민적 삶의 규칙을 존중하였다고 그는 또한 강조한다. 그들이 공동의 자유에 대한 적에 대항해서 싸웠을 때에도, 그들은 준법의 경계를 넘지 않았다. 코리올라누스(Coriolanus)는 인민의 권위를 축소하고 유순하게 만들기 위해 기근을 사용하려 하였다. 그의 비도덕적인 날조가 발각되자, 평민들은 그를 때려죽이려 하였지만, 결국에는 정식 재판에 회부하자는 호민관의 제안을 받아들였다. 이 사건은 로마 공화주의 제도의 장점을 다시 한번 드러내는 것이라고 마키아벨리는 평가한다. 평민들이 만약 코리올라누스를 때려 죽였다면, 그들은 사적 개인으로 행동한 것이고, 정의를 수행하지 않고 오히려 범죄를 저지르게 되고 말았을 것이다. 공화국의 행정장관이 코리올라누스의 즉결 처형을 인정했다면, 시민도 불안을 느끼기 시작했을 것이고 공화국에는 재앙이 되어버릴 분파와 파벌을 형성해 자신을 보호하려 했을 것이다. 자유를 보존하기 원하는 지혜로운 사람들은 언제나 법과, 질서 속에서 살고 나라에 대한 사랑이 보다 쉽게 만드는 시민적 삶의 규칙을 존중해야 한다.

나라 사랑이 사라져가도, 미덕은 남아있지만, 그것은 폭력, 용기 그리고 과단성으로 변한다; 그것은 더 이상 자유를 지지하지 않고 파괴하는 미덕이 된다. 마키아벨리는 농지법(Agrarian Law)*에 대한 평민과 원로원의 갈등을 그 예로 든다. 300여년 이상의 기간 동안에, 평민과 원로원의 갈등은 현저하게 세련되어졌다; 8명에서 10명 정도의 시민들이 추방되었고, 죽거나 과태료 처분을 받은 사람도 거의 없었다. 도시는 대혼란 - 대중은 거리에서 어찌 줄 모르고 돌아다녔고, 상점은 문을 닫았으며, 평민들은 대규모로 로마를 떠났을 것이다 - 을 기억하고 있지만, 이것은 결코 자유에 대한 위협이 되지 않았다. 그러나 농지법에 대한 갈등은 시민성의 경계를 넘어서까지 가게 되었다. 이러한 이유 때문에 그것은 로마의 자유가 종식되는 이유의 하나가 되었다.

로마 사람들은 덕성스럽고 문명화되어 있었기에 근대인의 모범으로 칭찬받을 만하다는 것이 마키아벨리의 설명이다. 그들은 자신들의 공동의 자유를 사랑했고 선동가와 무례한 사람을 격퇴할 수 있었다. 그러나 그들은 또한 행정관에 복종하고, 도덕과 종교를 존중하면서, 법률을 준수하는 인민이었다. 그들은 노예상태를 증오했지만, 억압할 생각은 가지고 있지 않았다.[56] 마키아벨리 시대에 시민적 삶이 살아있는 몇 안되는 사례 중 하나인 게르만의 자유도시에서도 시민적 덕성과 시민성은 서로 협력하고 있었다. 시민들은 부패와 부정의 원천으로 간주된 게으른 귀족을 죽일 준비도 하고 있었지만, 그들은 놀라울 만큼 순종적으로 세금을 납부하고 행정관에게 복종했다.[57]

『로마사 논고』에서 마키아벨리가 재삼재사 강조하는 점은 나라 사랑이 자유를 보호할 뿐만 아니라 질서있고 고귀한 관습을 유지시킨다는 것이다. 그들의 애국주의 때문에, 로마 인민은 좋은

---

* 기원전 2세기 로마에서 소규모 자작농을 살리기 위해 귀족의 토지 소유를 제한하는 법안으로, 이를 추진했던 그라쿠스 형제는 이에 반대했던 원로원이 부추긴 폭동에서 암살당하고, 개혁은 실패하게 된다.

관습을 형성하게 해주는 공동의 자유를 위해 좋은 법을 제정하는 데 성공했다. 그러나 공화국이 부패하게 되고 시민이 더 이상 덕스럽지 않게 되었을 때, 사악한 시민들은 공동의 자유를 보호하려는 의도가 없는 법들을 통과시켜 자신의 권력을 증대시키려 했다. 나쁜 법은 다시 공적 삶과 사적 삶을 모두 타락시켰고, 공화국의 쇠퇴를 불러왔다. 애국주의의 약화는 자유 상실과 도덕성 쇠퇴의 원인이 되었다.[58]

마키아벨리가 로마 공화주의에서 그 기원을 찾아내고, 플로렌스 동료 시민들에게 추천했던 시민의 미덕이라는 이상은 주권적 권위가 전체로서의 시민, 귀족과 인민에 맡겨져야 하고, 인민이 권력을 독점하지는 못할지라도 공화국의 제도에서 자신의 자리를 반드시 차지하고 있어야 한다는 점을 강조한다. 그러나 그는 결코 전적인 정치 참여를 주장하지는 않았다.[59] 그가 번성하기를 원했던 미덕은 시민들에게 도시에 대한 지배권을 장악하려는 야심가와 분파에 대항할 수 있는 의지와 힘을 부여하는 자유에 대한 사랑이었다. 다른 말로 해서, 그것은 공화국에 대한 사랑이었다.

나라(patria)가 중심 단어지만, '민족'도 마키아벨리 저작에서 무시할 수 없는 용어이다. 페데리코 샤보드(Federico Chabod)가 학술 논문에서 확신하고 있는 바와 같이, 마키아벨리는 '민족'이라는 용어를 전혀 사용하지 않고 있다.[60] 『로마사 논고』에서 그는 공동의 관습과 특히 타락한 것들을 지적하기 위해 프랑스, 스페인, 이탈리아에 관한 민족에 대해 언급한다.[61] 같은 장에서 그는 민족(nazione)의 동의어로 고대 로마 용어인, 어원상 제국의 행정 하부 단위를 의미하는 지방(provincia)을 사용한다. 그 직전의 구절에서, 그는 프랑스, 스페인, 이탈리아의 부패에 관해, '민족' 대

신에 '지방'을 사용하면서, 같은 점을 강조한다.[62)]

마키아벨리에게, 지방과 민족의 분명한 특징은 관습과 삶의 형식이다. 『로마사 논고』 제3권 43장의 제목을 예로 들어보자: '같은 지방에 태어난 사람은 시대를 통해서 같은 특징을 보여준다.' 같은 장에서 그가 밝히고 있는 것처럼, 각 지방은 자신만의 생활양식을 가지고 있다.[63)] 관습과 삶의 양식에 추가하여, 지방이나 민족의 다른 특징은 마키아벨리가 『군주론』에서 지적하고 있는 특수한 언어이고 정치적 질서이다.

> 정복자가 합병하고 자신의 안정된 국가[stato]에 결합시킨 영토는 같은 언어를 사용하는 같은 지방에 있거나 또는 그렇지 않을 수도 있다고 말할 수 있다. 만약 그렇다면, 특히 그 지역이 자치에 익숙하지 않을 경우, 그 지역을 장악하기는 아주 쉬운 일일 것이다... 그러나 영토가 언어, 관습, 제도에서 모두 다른 지방으로 합병될 경우에는 심각한 문제가 발생한다.[64)]

관습이 근본적인 정치적 중요성을 가지고 있기 때문에, 민족의 관습은 연구되어야 하고 이해되어야 한다; 물론 그것이 사랑받을 대상은 아니다. 사랑은 정치적 제도이자 공화국의 특별한 삶의 양식으로 이해되는 조국을 대상으로 해야 하는 것이다. 그는 공화국의 문화적 동질성의 보호에 전혀 관심을 두지 않고, 언어의 순수성 보호에는 더 관심을 보이지 않는다. 단테가 『신곡 *Divina commedia*』을 플로렌스어가 아니라 이탈리아어로 썼다고 주장하는 사람에 대항하여 플로렌스의 영광을 옹호하기 위해 그가 저술한 『우리 언어를 둘러싼 담론과 대화 *Discorso o dialogo intorno alla nostra lingua*』에서, 그는 이방 단어의 융합을 언어의 타락이 아니라 풍

부함으로 간주한다.[65]

마키아벨리에게, 정치 제도와 정치적 가치는 관습이나 삶의 양식과 분리될 수 없는 것이었다. 그는 사실상 자유로운 삶을 노예적 삶에 반대되는 삶의 특정한 양식이자 문화라고 설명한다. 민족과 마찬가지로 나라도 삶의 양식이고 문화인 것이다; 그것은 자유가 있는 삶의 특정한 양식이다. 마키아벨리가 친구 베토리에게 보낸 마지막 편지에 썼던 유명한 문구 - "나는 내 영혼보다 나의 나라를 더 사랑한다." - 에서, 어떤 이는 문장의 의미를 변경하지 않은 채 '나라'를 '자유로운 삶'으로 대체하기도 한다. 여기서 나라를 민족으로 대체하는 것은 말이 되지 않는다.

나라 사랑이란 참여의 유인이 되는 사랑이다. 그것은 인간으로 하여금 자신만의 것에 대한 애착을 다른 이와 공유하는 것에 대한 애착에 종속시키도록 한다. 한 사람의 영혼보다 더 개인적인 것은 없다. 그러나 나라 사랑은 우리로 하여금 그것을 우리의 것이자 동시에 다른 이들의 것이기도 한 자유로서 공동의 자유보다 하위에 두도록 하는 것이다. 그것은 『전쟁의 기술 *Arte della guerra*』을 헌정받은 코시모 루첼라이(Cosimo Rucellai)와 같은 고결한 영혼만이 경험하는 사랑이다: "나는 어떤 것이 친구를 위해 자기 마음대로 사용하지 못하는 자신만의 것(영혼도 예외는 아니다)일 수 있는지 알지 못하고, 어떤 일이 나라를 위해 좋은 일이라는 것을 일단 알게 된 그를 낙담시킬 수 있는지도 알지 못한다."[66] 또는 교황의 파문에 도전하고 플로렌스의 자유를 옹호한 용감한 시민을 좋아한다: "그들이 교회에서 물건을 약탈하고 교역자들로 하여금 관리를 떠받들도록 강요 - 그래서 그 시민들을 자신들의 영혼보다 나라를 더 훨씬 더 소중하게 여겼다 - 할 때, 그들은 비난에는 거의 관심이 없었음에도 불구하고 성인(聖人)으로 불리었다."[67]

자신의 영혼보다 나라를 더 사랑한다는 것은 도시의 삶과 자유를 위해 자신의 영혼을 희생할 준비가 되어있어야 함을 의미한다.

> 나라의 안전이 전적으로 어떤 결정에 달려있을 때에, 정의나 부정의, 친절함이나 잔인함, 또는 명예스럽거나 수치스럽거나에 주의를 기울여서는 안 된다. 반대로, 모든 다른 고려는 차치하고, 나라의 삶을 구하고 자유를 보전할 대안이 전적으로 채택되어야 한다.[68]

한 사람의 영혼 대(對) 한 나라. 그러나 나라는 영혼과 같은 의미로 그 한사람의 것이 아니다. 나라는 모든 사람의 것이면서 한 사람의 것이다. 영혼이 아무리 중요해도, 공동의 자유를 위한 그의 희생은 여전히 공동의 것을 위한 개인적인 것의 희생이다. 하나님은 공동의 자산을 대단히 귀중하게 여긴다고 교부들은 말한다; 그때 그는 나라를 위해 영혼을 희생할 수 있었던 그 위대한 사람들을 호의적으로 보아야 한다.[69] 나라의 구원자와 대속자는 하나님의 자비에 의지할 수 있다. 다른 사람들과 같이 심판받는다면, 그들은 파멸되고 말 것이다. 그러나 하나님은 그들을 심판에서 면제할 수 있다. 자기 나라를 구한 사람은 보답으로 구원받을 가치가 있다. 그의 행동이 놀라운 일이었기에, 그 보답도 따라서 놀라운 것이어야 한다. 지구상에서 살아가는 동안, 나라의 개척자와 대속자들은 가장 행복했고, '나라를 행복하고 고결하게 만들었다.' 그들이 죽을 때, 그들은 하나님의 특별한 개입을 통해 영원한 복락(福樂)을 누리게 될 것이다.

나라 사랑은 일반 시민이 도시의 기억 속에 기록될 만한 참주정과 부패에 대항하는 위대한 일을 하게 하는 도덕적 힘이다. 『플로렌스의 역사』에 언급된 플로렌스의 시민들이 그러했듯이. 그들은 알비찌(Albizzi)와 리치(Ricci)의 파당에 대항하여 법의 지배를 회복하도록 공화국의 집정관에게 그들의 힘을 더해 주었던 것이다. "그들의 나라 사랑으로 마음이 움직였고," 그들은 애국자로 나섰다; "존경하는 집정관님, 우리가 우리 조국을 위해 품고 있는 사랑은 우선 우리를 모이게 했고, 지금 우리로 하여금 악에 대해 논하도록 당신 앞으로 나서게 하였다. 우리는 이미 그것이 큰 문제이자 우리 공화국을 위협하고 있음을 알아차리고, 이제 우리는 그것을 제거하는데 도움을 줄 준비가 되어있다."[70] 로렌조 데 메디치(Lorenzo de' Medici)가 자신의 집에 모인 최고의 훌륭한 시민들에게 말했던 것처럼, 야심과 탐욕이 시민의 삶을 파괴하려할 때, 나라 사랑이야말로 정치 지도자들이 호소할 수 있는 유일한 희망이자 열정이다; "모든 이탈리아에서 이 도시에 있는 것과 같은 정도의 폭력과 탐욕이 존재한다고 나는 믿지 않는다. 우리의 이 조국이, 우리더러 조국의 생명을 취하라고, 우리에게 생명을 주었는가? 조국을 파괴하고서 우리는 승리하게 되는 것인가? 조국을 모욕해서 우리는 명예를 얻을 수 있겠는가?"[71]

마키아벨리에게, 나라를 사랑하는 시민은 나라에 깊은 동정심을 가지고, 고통을 공유하며 나라를 돌보는 사람이다. 그는 자신의 동료 시민이 그에게 귀중하기 때문에, 그들이 자유롭게 살아가는 것을 보기 원한다. 『군주론』 마지막에 그가 쓴 것처럼, 이탈리아는 "상처받고 유리되고, 갈갈이 찢겼다"; 이탈리아는 "상처를 치유해줄" 누군가를 기대하고 있다. 오직 위대하고 자비로운 영혼만이 이 부름에 답할 수 있으며, 사랑으로부터 해방자가 되고, '외국인의 잔인하고 오만한 지배로부터 이탈리아를 구원'[72]할 수 있을 것이다. 마키아벨리의 애국주의가 "삶과 사람에 대한 사랑, 언어와 여성에 대한 사랑, 하나님과 영웅에 대한 사랑으로 고취된"[73] "모호한 감정"이라는 것은 정확한 말이다. 그러나 그 핵심은, 로마의 지도자들과 그리스도교가 역시 가르쳐왔던 것처럼, 자유에 대한 사랑이고 존중이었다.[74]

제2장

쇠퇴와 부흥

2

쇠퇴와 부흥

16세기 중반에 시작된 공화주의적 애국주의는 쇠퇴와 부흥의 시기를 경험한다. 16세기 후반과 17세기에, 그것은 군주정과 원수정의 유럽에서 여전히 살아남은 몇몇 공화국에서 싹이 트고, 외침에 대한 폭동이라는 중요한 경험을 했던 나라에서 재탄생했다. 정치적 자유가 여전히 존재했던 곳에서 그것은 살아남아 있었고, 정치적 자유가 회복되어야 했던 과거로부터 부활되었다. 그 역사는 자유의 역사와 함께 하는 것이었다.

공화주의적 애국주의 언어가 남아있는 사례는 정치에서 애국주의와 공화주의 개념에 대한 마지막 찬사 중 하나였던 파올로 파루타(Paolo Paruta)의 『정치적 삶의 완전성에 관하여 *Della perfezione della vita politica libri*』 제3권에서 찾아볼 수 있다. 고전의 가르침을 따라, 파루타는 나라 사랑이란 시민적 삶의 근본이라고 강조한다.[1] 덕있는 삶을 갈망하는 그는 자신만 생각할 수 없고, 나라에 대한 책무가 우리의 최고의 의무이기 때문에 자신의 조국에 봉사해야만 했다.[2] 공화국의 공정한 질서와 자유의 보전은 우리 재산과 관계의 안정한 향유를 위해서 뿐만 아니라 모든 선 중에서 가장 귀중한 덕의 추구를 위해서도 필요한 것이다. 우리는 본성적으로든, 선택에 의해서든, 시민적 삶에 엮여 있다. 우리를 나라에 연결하고 있는 유대를 폐기하라는 것은 우리 인간 조건의 타락에 다름 아니라고 파루타는 경고한다.[3]

공화주의적 애국주의가 살아있다는 또 다른 사례는 스페인의 왕에 대항하여 '네덜란드 공화국 Dutch Republic of the Seven United Provinces'[4]*을 선포한 네덜란드의 사상가와 이론가들에게서 발견된다. 제이콥 헤인드릭스(Jacob Heyndrix)가 1582년 자신의 글 『정치 교육 *Political Education*』에서 기술하듯이 "좋은 애국자가 되기 바라는" 모든 사람은 어떤 경우에도 '스페인 왕과 그의 추종자들'과의 관계를 끊겠다는 거룩한 서약을 하고, '현 정부와 국가에 대한 존경과 충성'을 약속해야 한다.[5] 키케로의 『의무론』을 인용하면서, 우리는 부모와 친지에 대한 사랑을 포함하는 사랑은 조국의 덕분이라고 그는 강조한다.[6] 따라서 네덜란드 젊은이들은 '강력한 적 앞에서 불안해'하지도 않고, 자신의 생명을 조국의 생명보다 더 소중히 여기지도 않는다. 왜냐하면, 키케로의 말처럼, "인간은 그 어떤 것보다도 조국에 대한 의무가 있다... 그리고 인간은 (필요하다면) 아버지의 행복보다 조국의 행복을 선호해야 하기" 때문이다.[7]

네덜란드 혁명은 나라(patria)의 고전적 개념이 정치적 독립 주장을 유지하기 위해 사용되었던 유일한 경우는 아니다. 1647년

* 1579년 당시 네덜란드 17개주 가운데 북부 7개주가 스페인의 펠리페 2세의 통치에 대항하여 위트레흐트 동맹을 맺고 네덜란드 공화국을 선포하였으며 1648년 베스트팔렌 조약으로 국가로 인정받음.

나폴리 반란도 자신들의 혁명이 사실상 충성스러운 사람들의 혁명이라는 점을 주장하기 위해 파트리아(patria 나라/조국) 개념에 호소했다. 당연히 그래야 하는 것처럼, 사실상 그들은 주권자 개인이 아니라 파트리아에 충성스러웠기 때문이다. 최고의 도덕적 의무의 대상으로 파트리아를 내세우면서, 나폴리 폭동의 지적 지도자들은 인민 또는 민족의 이익과 왕의 이익과 권리를 분리하려 하였다. 그들은 법적, 정치적 정통성을 가진 운동으로 규정했고 오래된 애국주의 사상에서 강력한 자유의 메시지를 발견했다.[8)]

역사적으로나 정치적으로 중요하지만, 베니스, 네덜란드, 나폴리의 경우도 16,7세기 유럽 대륙의 상황에서 공화주의적 애국주의 쇠퇴를 저지하지는 못했다. 그 명성의 실추는 우선적으로 비우호적인 정치적 상황 때문이었다. 절대왕정과 원수정에서는 공동의 자유와 공동선에 대한 의무와 같은 언어가 크게 강조되지 않았다. 그러나 이는 또한 인간의 최고의 의무가 조국이 아니라 주권자에 의해 인격화된 국가에 있다면서 공화주의의 주요 개념에 대항해서 제시된 정치 언어의 이념적 주장 - 즉, 국가이성 개념 - 에도 기인한다.

공화주의에 대한 비판은 조국에 대한 충성을 왕에 대한 충성과 동일시하고, 조국이 필연적으로 공화국과 같을 필요가 없음을 강조했다. 이는 공화국과 자유의 분리를 의미했다. 이러한 이념적 경향을 반영하는 중요한 자료는 프란체스코 구치아르디니(Francesco Guicciardini)가 나라에 대한 사랑이, 정부의 공화주의적 형태에 대한 사랑이라는 의미에서, 필연적으로 자유에 대한 사랑이 아니라고 주장한 『피렌체 정부의 대화 *Dialogo del reggimento di Firenze*』이다. 그러므로 '나라'는 공화주의적 제도와 공동의 자유 그 이상을 의미한다는 것이다. 사실상 나라에 대한 사랑을 위하여 군주의 신민들이 수행한 고결한 행동의 사례는 많다.[9)]

애국주의의 공화주의적 개념에 대항하는 또 다른 유력한 논쟁은 근대인들이란 덕있는 행동을 할 수 없고 따라서 공화주의적 자치 정부에 적합하지 않다는 것이다. 예를 들어, 메디치에게 보낸 비망록에서, 구치아르디니는, 로마나 아테네와 달리 플로렌스는 더 이상 공동의 자유를 옹호하는 시민들이 보상으로 생각하는 영광을 추구하는 고결한 영혼을 가진 주민들이 존재하지 않기 때문에, 자신들의 체제는 오래 지속될 수 있는 가능성이 있다고 강조한다.[10)] 자유에 대한 사랑과 참주에 대한 증오는, 당시 플로렌스인들이 자신들의 이익에만 관심이 있었기 때문에, 당시에 매우 약했다고 구치아르디니는 분석한다.[11)]

17세기 유럽대륙에서, 애국주의는 점차 공화주의적 색채를 상실하였다. 나라에 대한 사랑은 더 이상 공화국과 공동의 자유에 대한 사랑을 의미하지 않게 되었고, 국가나 군주에 대한 충성을 의미하게 된 것이다. 트라야노 보카리니(Trajano Boccalini)는 『파르나소스로부터의 통지 *Advertisement from Parnassus*』에서 애국주의 언어의 의미가 변화한데 대한 생각해볼만한 근거를 제시한다. 전형적 풍자로 그는 공화주의적 애국주의의 상징이자 그가 즉석에서 파르나소스에 있는 자신의 집 문위에 황금 글씨로 새겨 놓았다는 유명한 구절 "나라를 위해 싸우다(pro patria pugna)"의 작자로 추정되는 마르쿠스 카토의 교훈적 이야기를 전한다. 며칠 후 그는 그 구절이 원래 "나라를 위해 싸우다"가 아니라 "지유로운 나라를 위해 싸우다(pro patria libera pugna)"임을 알아차리고 즉시 비문이 변경된 것을 알게 된다. 제명(題銘)을 알게 되자, 파르나소스의 군주는 이 말이 모든 세상을 불태워버릴 것이라며 아폴로 신에게 격렬하게 항의한다. 그래서 카토는 천박한 평민들에게 진리를 사랑하는 사람으로 알려지기 원하고 그들에게 '방종(오만한 자유 impertinent liberty)'을 가르치려 했던 선동적인 사람으로 심각한 처벌을 받아야 했다.[12] 아폴로는 카토를 소환해 그가 군주의 정당한 분노를 촉발시켰다고 맹렬히 비난한다. 아폴로의 비난에, 카토는 훌륭한 인간이란 자신들의 양심이 말하는 대로 행하고 군주의 위협은 고려하지 않는 자들이라면서 격렬하게 반응한다. 그는 문장의 충분한 의미를 드러내는데 필요하기 때문에 '리베라(libera; 자유)'라는 단어를 추가했다고 말한다. 자유 없이도 그 구절은 보통 사람들이 자신의 나라를 지키기 위해 '자신들의 것인' 생명과 재능을 나라에 바쳐야 한다는 것을 이해하도록 활용될 수 있었다. 사실상 그들은 그러한 나라에는 거의 관심이 없는데도 불구하고. 거기에, 아폴로는 좋은 군주란 신민들로 하여금 군주의 국가[13]를 위해 싸울 수 있게 하는 힘을 가지고 있어야 한다고 답변한다. 여기서 시민들은, 나라 사랑이 자유에 대한 사랑이 아니라 주권자에 대한 사랑이기 때문에, 마치 자신들의 개인적 세습 재산을 지키는 것과 같은 불굴의 용기를 가지고 싸우게 된다. 나라(patria)와 자유가 결별하게 된 것이다.

일반적으로 애국주의에 관한 또 다른 비판은 신스토아 철학자들에 의해 동시에 발생하였다. 애국주의는 공화주의적 버전에서 쓸데없다거나 군주국의 안정에 위험한 것이 아니라, 무엇보다도 비합리적이라는 것이 그들의 주장이다. 이러한 사상의 주요 지지자는 유스투스 립시우스(Justus Lipsius)이다. 1584년에 작성된 『불변성에 관하여 *De Constantia*』라는 저서에서, 나라 사랑은 이성의 규칙에 상반되는 열정이며, 따라서 현자의 최고의 목표인 영혼의 안정과 완전한 자기 통제를 달성하기 위한 확고한 정신으로 투쟁해야 한다고 그는 강조한다.[14]

립시우스가 외부적이거나 인과적 사건으로 올라가지도 내려가지도 않는 '올바르고 확고한 정신의 힘'이라고 규정한 불변성은 잘못된 선과 악, 즉, '우리 안에 있지 않으나 우리에 관한' 그러므로 '인간의 내면'에 상처를 줄 수 없는 - 보통사람들은 그들이 그렇게 하리라고 믿을지라도 - 그러한 선과 악의 위협을 받게 된다.[15] 애국주의는 잘못된 악의 반열에 속한 것이다. 정당한 이성을 통해 검증된다면, 그것은 명확히 잘못된 견해에 근거하고 있고, 정신의 비합리적인 고통의 근원임이 드러날 것이다.

나라 사랑의 비합리성이라는 립시우스의 논의는 우리의 공화국을 사랑하고 거기에 봉사하는 것이 정당한 이성에 의한 의무일 뿐만 아니라 우리로 하여금 이성적으로 살아가게 허용하는 자유를 유지하는 최적의 수단이기에, 그것이 가장 합리적인 인간의 행위라고 언제나 주장해왔던 공화주의적 애국주의의 철학적 근거에 대한 급진적 비판이다. 공화주의 정치사상가들이 수세기동안 반복해왔던 것처럼, 공공 봉사에 대한 의무 실행을 거부하는 시민은 비도덕적일 뿐만 아니라 어리석은 사람이기도 하다. 반대로, 립시우스에게, 현명한 사람은 자신의 영혼에서 애국주의의 열정을 지워버릴 수 있도록 이성을 사용해야 한다. 왜냐하면, 사실상 그것[애국주의의 열정]은 정신을 제자리에서 벗어나게 하는 '무절제의 징표인 악'이기 때문이다.[16]

문답의 수사학적 기술을 통해서, 립시우스는 자연발생적 개념의 애국주의와 정치적 개념의 애국주의를 대비시킨다. 우리는 태어난 땅에 대한 애정과 같은 '비밀스러운 자연의 끈'으로 우리의 나라에 연결되어 있다는 것이 자연적 애국주의(natural patriotism)의 주장이다.

> 우리의 몸이 처음으로 닿았고, 우리의 발로 딛었던 곳, 우리가 처음으로 숨을 쉬었던 곳: 유년시절에 울고, 어린 시절에 놀았고, 성인 되어서는 운동을 했던 곳; 우리의 눈이 창공, 구름, 들판에 익숙한 곳: 긴 가계 혈통으로 우리의 친족, 친구, 동료와 세상의 다른 곳에서는 기대할 수 없는 많은 기쁜 일들이 있었던 곳.17)

자연적 애국주의는 기억의 장소로 이해되는 태어난 땅에 대한 애착이다. 다른 어떤 곳도 동일한 의미를 가질 수 없다. 우리는 우리를 세계의 시민으로 생각할 수는 있지만, 세상에서 그 특별한 지역은 우리가 다른 곳에서는 경험할 수 없는 흥분된 감정을 불러 일으킨다. 스토아 사상의 고착된 지혜는 이것을 세속적 의견으로 취급했지만, 여전히 인간은 자신이 태어난 지역에 연결되어 있어 '인간의 얼굴을 가진 모든 자는 그것[그 장소]을 위해 죽거나 그 안에서 죽는 것을 결코 거부할 수 없다'는 것도 사실이다. 에우리피데스의 다음 말은 매우 정확하다;

> 필연성은 모든 인간을 몰아 부친다.
> 모든 힘을 다해 자신의 나라를 사랑하도록.18)

자연적 애국주의 주장에 대해, 립시우스는 정치공동체와 삶의 양식으로서의 공화주의적 조국(patria) 개념에 반대한다. 이 단계에서, 그는 단순히 공화주의적 언어의 규칙을 전한다. 인간은 자신을 보호하고 적을 공격하기 위해 그들의 야만적이고 미개한 삶의 방식을 포기하기로 결정했다고 스토아사상의 주창자들은 설명한다. 이를 위해, 그들은 성벽으로 둘러싸인 도시에 모였고, 같은 지역을 공유했다. 그는 이어서 시민적 인문주의자들이 반복해서 인용해왔던 『의무론』의 유명한 문구를 재해석하고 반복한다. "시간을 넘어서 어떤 공동체는 필연적으로 시작되었고, 여러 가지 것들의 사회적 참여도 시작되었다. 그들은 지구를 어떤 한계와 경계로 분할하였다; 거기에는 공동의 사원이 있었고, 시장, 금융기관, 재판소도 있었다. 그리고 중요한 것으로 의식, 의례, 법도 있었다."[19]

조국은 자연발생적 현실이 아니라 제도이다; 그것은 우리가 지금은 국가(commonwealth) 또는 나라(country)라고 부르는 '새로이 세워진 국가'이다. 선장의 지휘 아래 있는 공동의 배 한척과 같이, 우리의 나라는 '한 군주 또는 법 아래 있는 공동의 국가'인 것이다.[20] 우리나라를 위한 우리의 사랑과 자선행위[amor et caritas]는 그러므로 우리의 안전과 우리 재산의 안전이 우리나라의 안전에 의존하고 있다는 확신으로부터 나온다. 이러한 이유로, 우리는 국가의 경사를 기뻐할 수 있고, 그 불행에 고통을 느끼게 되는 것이다. 나라에 대한 사랑은 본질적으로 하나님의 숨겨진 계획으로 우리 안에 있고 우리 선조들의 말과 행동으로 성장해온 공동선에 대한 사랑이다.[21]

그러나 정치적 애국주의는 또한 현명한 사람들에게는 매력적인 것이 아니다. 시민으로서, 우리는 충분히 나라를 사랑하고, 지키고, 위해서 죽을 수도 있다. 그러나 인간으로서, 우리는 어린아이와 여자 같이 그것 때문에 울고, 슬퍼하고 절망해서는 안 된다. 모든 형태의 애국주의는 인간으로서의 우리의 의무를 허용해야 한다. 영토국가는 육체에만 의미가 있을 뿐, 그 진정한 나라는 하늘에 있는 인간의 영혼에는 영향을 주지 않는다. 이어지는 예는 아낙사고라스(Anaxagoras)의 사례로, 그는 자기 나라에 대한 애정이 왜 없는지를 질문받았을 때, 그는 손가락으로 하늘을 가리키며 다음과 같이 말했다; "나의 나라는 저기에 있다."[22)]

스토아 사상의 주장은 특정한 장소에 대한 애착이 육체에만 영향을 주고 정신의 삶보다 덜 중요한 열정과 감정으로 구성되어 있다는 것을 우리가 인정할 준비가 되어있는지에 대한 것이다. 어쨌거나 번거로운 일이다. 특정한 장소에 대한 애착이란 우리가 감각을 통해 경험하고 경험했던 영상, 색감, 맛에서 나오는 것이다. 그것들[우리의 감각들]은 기억을 통해 우리와 같이 살고, 상상력을 통해 의미를 가지게 되는 것이다. 기억과 상상 모두 정신적 삶의 부분으로, 장소에 연결된 우리의 유대를 폐기하게 되면 우리는 정신적인 고통을 느끼게 된다. 어떤 이유로든 우리가 그렇게 해야 하거나, 그렇게 하기로 결정한다면, 우리는 확실히 특정한 장소에 대한 애착에서 형성되는 감정과 열정 없이 살아가게 되는 것이고, 삶은 정신적으로 황폐하게 될 것이다.

우리가 애국주의를 이성적으로 분석하게 된다면, 나라 사랑이라는 엄숙한 선언 아래에 자부심 강한 위선, 빗나간 연민, 동정과 같이 지속하기 어려운 세가지 감정만이 존재한다는 것을 알 수 밖에 없다는 것이 립시우스의 생각이었다. 그들은 나라를 성가시게 하는 재난으로 괴로워하지만, 자신들의 사적인 불운만 생각하기 때문에 그들의 말은 진실되지 못하다는 주장이다. 세상은 연극 무대라고 마르쿠스 아우렐리우스는 말한다. 인간이 애국자처럼 말할 때 그는 배우로서 대사를 읊조리고 있는 것이다.[23] 전제정, 전쟁, 부패와 같은 공적 재난은 불가피하게 사적인 것이기도 하다. 립시우스의 결론에 따르면, 애국주의는 수사적으로 미덕을 요구하기는 하지만, 간단히 말해 분별있는 행동을 말한다.

> 이 도시에서 화재가 우연히 발생한다면, 우리는 일반적인 고함소리를 듣게 될 것이다. 절름발이도 맹인도 불을 끄는데 도움을 주려 서두를 것이다. 당신은 어떤가? 그들의 나라를 위해서? 그들에게 묻는다면, 당신은 그렇다는 것을 알게 될 것이다. 왜냐하면 소실되면 모두에게 해가 돌아가거나 최소한 공포라도 생기기 때문이다. 이 경우에 그러한 일이 발생한다. 공적인 재난은 돌아다니면서 많은 사람들을 동요시킨다. 손해의 규모가 커서가 아니라, 그들 자신이 그[손해보는 자들] 안에 속해 있기 때문이다.[24]

애국주의가 미덕이 아니라 영리한 이기적 행태라고 말하면서, 립시우스는 공화주의적 애국주의에 대한 강력한 비판을 제기한다. 나라 사랑이라는 전형적인 공화주의적 주제를 연민(compassion/caritas)의 형태로 보는 시각에 대한 그의 공격도 마찬가지로 강력하다. 연민은 하나님과 부모에 대한 적절하고 당연한 사랑과 명예로 구성된 훌륭한 미덕이라고 그는 말한다. 나라가 때로 가장 오래되고 숭고한 공동의 어머니로 인식되는 경우도 있지만, 분별있는 사람이라면 이것을 '대중적 견해'로 받아들일 수는 없을 것이다. 우리의 나라가 우리를 받아들인 것은 여인숙이 손님받는 그 이상도 아니고, 우리를 귀하게 여기는 것도 하녀나 유모의 돌봄 그 이상도 아니다. 나라가 우리를 살지게 하는 것이 아니라, 소와 나무와 옥수수가 우리를 살지게 한다. 우리나라를 '공동의 어머니'라고 부를 이유가 없고, 나라에 대한 '연민'을 위해 우리가 느끼는 애착에도 이유가 없다.[25] 그들이 나라와 동포들의 재난에 감동받고 고통받을 때 사람들이 느끼는 것이 연민이다. 즉, '또 다른 잘못된 행동의 징후로 던져진 야비하고 비열한 정신이라는 결함 말이다.'[26] 우리의 동포들을 구제하려는 자비와 달리, 연민은 공약이나 행동으로 옮겨지지 않는다.

그러나 연민의 형태로서 애국적 감정을 보는 립시우스의 해석은 잘못되고 거짓된 애국주의에만 적용이 되는 것이다. 공화주의 사상가들이 묘사하고 추천하는 진정한 애국주의와는 전적으로 무관하다. 그들에게 있어서, 나라에 대한 사랑은 부정의와 억압의 희생자를 단순히 불쌍히 여기기만 하는 것이 아니라, 영혼에 힘을 주고 인간으로 하여금 매우 위험한 상황에서도 행동하게 하는 열정이다.

애국주의에 대한 립시우스의 비판은 대 재난의 시대에 정신적 위안을 제공하는 의미도 있다. 애국자들에게 나라의 재난 때문에 슬픔과 고통 속에 빠지지 말라고 하는 그의 권유는 애국적 비탄, 보다 정확하게는, 아무 일도 할 수 없다는 것이 명백할 때 나라의 재난 때문에 슬픔과 고통에 빠지는 일에 대한 것이다. 애국자의 슬픔은, 그것이 나라를 도울 수도 없고 도덕적 가치도 전혀 없는 것이기에, 무의미하다. 또한 그것은 우주를 관할하는 하나님의 영원한 지성에 도전하려는 것이기에 경건하지도 못하다. 공적 재난은 '하나님 자신'이 직접 우리에게 내린 것이기에 필연적이고, 최종적인 것이고, '슬퍼할 것도 이상하게 여길 것도 없다'는 것을 지혜로운 사람들은 알고 있다.[27] 올바른 이성을 가진 모든 인간이 그래야 하는 것처럼, 우리가 필연성이 '공적 해악과 함께 자연스럽게 태어난' 것임을 믿는다면, 우리는 슬픔 속에서도 위안을 찾을 수 있을 것이다.[28]

립시우스는 스토아 사상의 필연성 이론을 이성이 고통받는 영혼에 주는 구원의 손길로 제시한다. 공적 재난을 피할 수도 없고 저항할 수도 없는 것일 때, 마지막 수단은 그것이 우리 안에 초래할 슬픔에 대항하여 영혼을 강력하게 무장시키는 것이다. '위로부터 내려왔고, 아무리해도 당신의 의지나 욕구와는 관련이 없는 전쟁, 참주정, 살육과 죽음이 당신 바로 앞에 서 있다. 대부분 당신은 두렵지만 막을 수 없고, 부서져 흩어지지만 피할 수 없다. 무장을 하고 치명적 무기를 손에 들어라. 그것은 당신을 찌를 수도 있지만, 전적으로 짐을 덜 수도 있을 것이다.'[29]

마키아벨리의 포르투나(fortuna)와 달리, 스토아 사상의 필연성은 복종으로 지배되거나 길들여질 수 없다. 하나님의 필연적 계획은 이해될 수 있지만, 바뀌는 것은 아니다. 우리 자신이 운명의 계획을 실행하는 수단임을 이해한다면, 우리는 재난의 시기에 우리의 영혼을 보다 잘 치료할 수 있다.

> 자녀가 있어야 한다는 것은 운명이다; 그러나 우선 아내의 정원에 씨를 뿌려야 한다. 질병을 치료받기 위해; 그렇다면 의사의 진료를 받아야 하고 섭생을 잘해야 한다. 마찬가지로, 고통에 시달리는 당신의 나라가 침몰에서 구제받을 운명이라면, 모든 힘을 다해 나라는 도움을 받고 지켜질 것이라는 것도 운명이다. 안식처에 이르기를 원한다면, 당신은 하늘에서 불어오는

> 바람만 기다리지 말고, 노를 젓고 항해를 해야 한다. 반대로, 당신의 나라가 혼란에 빠질 운명이라면, 그러한 것들은 지나가버릴 운명이며, 인간의 손에 의해 유린되어 버릴 것이다.[30)]

아파도 살아있는 한, 현자는 희망을 가진다. 그러나 나라의 해체를 막을 수 있는 방법이 전혀 없다는 것을 그가 알고 있다면, 그는 '하나님과 싸우지' 않을 것이다. 당신이 훌륭한 시민이라면, 대화의 첫 번째 부분의 마지막에 있는 "보다 좋고 행복한 결과로 당신을 보존하라는 권유의 글을 읽어라. 지금은 잃어버린 자유라도 여기서 다시 회복될지도 모른다. 그리고 당신의 멸망한 나라도 다른 시대에 다시 번성할지도 모른다. 왜 용기를 잃고 절망에 빠지는가?"[31)]

애국주의가 다시 중심이 되는 시기는 영국 청교도혁명 시기에 『불변성에 대하여』 출판 이후 40여년이 지난 후이다. 다시 한번 자유를 생각하고, 애국주의 언어가 힘있는 사상과 쟁점으로 부상했다. 특히 수평파(Leveller)*의 문헌에서, '나라 사랑'은 다시 국가(commonwealth)에 대한 사랑, 즉, 자연법, 만민법과 종교의 자유에 대한 존중이 조합된 사람들의 공동의 자유에 대한 사랑을 의미하게 되었다. 키케로가 『창의성에 관하여 *De inventione*』에서 강조했듯이, 이것은 정의의 한 부분 또는 한 양상으로 이해되었다.

17세기 영국의 애국주의 언어에서 키케로적 특성이 드러난 사례는 1649년 4월 14일에 수평파 지도자들인 존 릴번(John Lilburn), 윌리엄 왈윈(William Walwyn), 토마스 프린스(Thomas Prince)와

---

* 수평파(Levellers)는 청교도의 한 분파로 17세기 영국 내전시기에 법 앞에서의 평등, 종교적 관용, 참정권등을 주장하면서 진보적인 정치적 운동을 전개했다.

리차드 오버톤(Richatd Overton)이 서명한 선언문이다. '지역사회에 속해있는 행복의 진작을 위한 우리의 노력에 헌신하고' 자유와 민족의 선을 추구하는 의무는 자연법, 기독교의 법과 공공 사회와 정부의 법으로 우리에게 부과되는 것으로 '혼자 태어난 사람은 없다'는 원칙에 의거한다.[32)]

수평파에게, 애국자는 공동의 권리와 자유를 위해 싸우는 전사[33)] 또는 공동선에 헌신한 의회의 구성원[34)]이다. 영연방의 구성원들이 공동의 자유를 보존하기 원한다면, 그들은 그 동료들에게 가해지는 부당행위에 민감해야 한다는 것이 『존 릴번의 정당한 옹호 *The Just Defence of John Lilburn*』에 잘 나타나 있다.

> 누군가에게 일어나는 일은 모두에게 일어날 수 있다. 게다가 한 집단, 즉, 영연방의 모든 구성원이기에, 한 사람이 잘못 고통받아서는 안되지만, 모든 사람은 분별 있어야 하고, 보존을 위해 노력해야 한다. 그렇지 않으면, 그들은 참주정과 억압을 막기위한 한계인 그들의 모든 법과 자유 위에서 의지와 권력의 바다로 휩쓸려 들어가게 된다. 그러한 경우에 돕지 않는 사람은 자신의 권리를 저버리는 것이고, 권리는 침탈될 것이다. 그가 그것에 대해 생각하지도 않고, 주의하지도 않을 때, 자유인은 노예가 되는 것이고, 소란에 대한 비난을 회피하게 되면 현재와 미래 세대에 대한 반역의 죄에 빠지게 되는 것이다.[35)]

유사한 특징으로 1660년 작품에서, 존 밀턴(John Milton)은 '예로부터의 애국자를 우리의 종교와 시민권을 최초로 주장한 자', 즉, '오랜 경험으로 왕권을 번거롭고, 사치스럽고, 소용없으며 위험한 정부로 판단하고서, 그것을 당당하고 대범하게 폐지해버린'

잔부의회(殘部議會)* 구성원으로 칭한다.[36] 국가(commonwealth)의 기초를 형성해야 하는 최고 평의회에서, '우리 자유의 진정한 지킴이라 불리게 될 선택된 애국자들'이 자리하고 있었다고, 그는 『자유 국가 형성을 위한 즉각적이고 용이한 길 *The Readie and Easie way to Establish a Free Commonwealth*』 제2판에서 기술한다.[37] 애국자가 사랑하고, 그가 속해 있는 나라가 국가(Commonwealth)이다. 즉, 공화주의 사상가들이 공화국 『레스푸블리카(respublica)』 또는 『키비타스(civitas; 도시공동체)』라고 불렀던 법의 지배에 근거한 자유로운 정치공동체인 것이다. 그것은 자연법과 만민법에 기초한 정치적 가치이다. 나라 또는 국가는 후손들에게 최고의 에너지와 생명까지도 바칠 것을 요구할 수 있다. 그러나 그들에게 도덕적 근거가 되는 자연법과 만민법을 위반하라고 요구할 수는 없다. 대리인을 통해서 나라는 그들에게 부정의를 행하라고 요구하는 순간, 그것은 이미 나라가 아니고 악인들의 집단이 되어버려 더 이상 복종을 명령할 수도 없고 시민의 애정을 받지도 못한다. 1671년 왕정복고(Restoration) 시기에 출판된 "삼손의 고뇌 Samson's Agonistes"라는 시에서, 아내 데릴라에게 한 삼손의 말은 자기 나라에 대한 헌신은 자연법으로 결정된 경계를 넘어설 수 없다는 밀턴의 생각을 강력하게 드러낸다.

---

* 1642년 1월 찰스 1세의 전횡으로 청교도혁명이 발생했다. 혁명이 일어나자 왕당파의원은 탈락하고, 의회는 의회파의 거점이 되었다. 의회파는 장로파(長老派)와 독립파(獨立派)로 분열되어 처음에는 장로파가 지배적이었으나, 점차 군대를 장악한 독립파가 주도권을 장악했다. 1648년 12월 프라이드 대령은 장로파를 추방하여 이후 독립파만으로 의회가 구성되었다. 이것을 '잔부의회(殘部議會: Rump parliament)'라 한다. 1649년에는 왕을 처형하고 공화제(共和制)를 선언했으나 1653년 4월 임기연장을 꾀하다가 군대의 비판을 초래, 크롬웰이 무력으로 해산했다.

내 생명을 걸어야 한다면,
그대의 나라가 그대에게 말하기를, 나라가 요구하네 부당하게
자연법에도, 국가의 법에도 어긋나게
더 이상 그대의 나라가 아니네, 사악한 무리들이네
국가를 장악할 음모를 꾸미는 자들이 모인
사악하고 적대적인 행동으로, 목표를 파괴하고
나의 나라는 그렇게 고귀한 이름이기에
이제 복종할 필요가 없도다.[38]

밀턴의 언어에서, '나라 사랑'은 자유에 대한 자비로운 사랑이다. 그는 자신의 『1651년의 영국인에 대한 옹호 *Defence of the People of England of 1651*』에서, 왕을 처형한 것은 당쟁도, 타인의 권리를 찬탈하려는 욕망도, 단순한 투쟁도, 왜곡된 욕망도, 분노나 광기에 의한 것이 아니고, 라틴어로 '파트리아에 카리타스 *patriae caritas*'인 '나라 사랑'에 의한 것이었다고 설명한다. 즉, '나라 사랑'은 '당신의 자유와 종교에 대한 사랑, 정의와 명예에 대한 사랑'의 총화인 것이다.[39] 인간은 당연히 자기 나라의 명예로운 업적을 자신의 것으로 생각한다고 밀턴은 1654년 작 『영국인에 대한 두 번째 옹호 *Second Defence of the People of England*』에서 기술하고 있다; 그러나 우리나라의 명예와 영광은 시민적 삶과 신성한 경배 뿐만 아니라 자유로부터 오는 것이다.[40] 기독교인에게, 나라 사랑은 '맹목적이고 세속적인 사랑'일 수 없다. 그것은 동정심, 우리의 동료를 위한 애정, 나아가 그들과 우리의 자유를 위한 애정, 권력, 부, 그들과 우리의 권리의 형태라야 한다. 그 모습은 확장으로부터 발생하는 그릇된 영광을 위한 욕망과는 전혀 다른 것이다.[41]

그러나 나라 사랑은 아무리 격렬했을지라도 사라져간다. 나라가 멀어지고 낯설어진다. 나라는 이전의 연인에게 냉담하고 무관심하다. 밀턴은 인생의 말년에 사라져가는 나라에 대한 사랑을 노래했다. 왕정복고시기에 "긴장되고 어려운 환경"에서 살면서 정치에서 은퇴한, 그는 1666년 편지에서 "그는 자신의 가슴에 오래 담아두었던 나라에 대한 연민(Pietatem in Patriam)을 잃었다"고 쓴다. 그러나 다른 미덕은 남아 있었고, 그는 거기에 만족한다: "그와 함께 잘 있는 곳이면 어디든지 조국은 있다."[42] 낙심한 애국자는 스토아 사상의 지혜로부터 위안을 찾아야 한다. 왕정복고시기의 영국은 그가 그렸던 국가(commonwealth)가 아니었다. 나라에 대한 그의 사랑은 사랑의 대상이 그가 애착을 가졌던 이상과 다르다는 것을 알았기 때문에 사라지게 되었다. 그가 말한 바와 같이, 나라 사랑은 정의, 자유, 명예에 대한 사랑을 압축해 놓은 도덕적이고 정치적인 사랑이다. 본성상, 도덕적이고 정치적인 사랑은 맹목적이 아니다. 그것은 우리로 하여금 우리가 사랑하는 대상의 특징을 살피게 한다. 실로, 그것은 우리로 하여금 빈틈없이 보도록 요구한다. 그가 억압과 부정의를 보았다고 해서, 애국자는 다른 곳을 보아서는 안된다. 동료들에 대한 연민은 그로 하여금 공포를 인내하도록 해야 하지만, 다른 곳을 기웃거리기 보다는 더 좋은 나라를 만들기 위한 힘을 찾아내야 한다. 자유의 애국주의는 심각한 부담을 떠맡긴다. 밀턴의 편지는 순수한 애국자의 딜레마를 증언한다; 그것은 도덕적이고 정치적인 사랑의 번민과 고통에 관한 감동적인 증언이다.

후일 민주국민 세대에게, 밀턴은 모범적인 애국자였다. 그의 애국주의를 모범으로 만든 것은 정치적, 종교적, 시민적 자유에 대한 책무와 문화적 개방성의 조합이었다. 존 톨란드(John Toland)가 『밀턴의 생애 *Life of Milton*』라는 자신의 저작에서 밀턴은 문화의식을 풍부하게 하고 자기 나라를 더 잘 알기 위해 해외 여행을 했다고 강조한다. 이는 그(밀턴)가 자기 나라의 장단점을 이해하는 가장 좋은 방법은 다른 나라 사람들의 제도와 관습을 연구하는 것이라고 믿었기 때문이다.[43] 공동의 자유를 위한 운동이 그의 지지를 필요로 했을 때, 그는 나라로 돌아왔다. 멀리서 자신의 나라를 보게 한 - 다른 나라 사람들의 제도를 도덕적 정치적 표준으로 고려하면서 - 바로 그 나라에 대한 사랑이 그를 돌아오게 했던 것이다. 라틴어 '파트리아에 카리타스 *patriae caritas*'와 같이, 그의 나라 사랑은 그로 하여금 가족의 영역을 넘어서 다른 사람들을 위한 애정을 품고 확장하게 하고 존경과 이해를 자신의 나라의 경계를 넘어서 다른 사람들에게로 확대하게 한 열정이었다.

톨란드에게, 애국주의는 문화적 개방성을 요구하는 것이었다. 밀턴에서 그가 칭송했던 바로 그 특징은 교육을 통해서 로마 청년들에게 주입되었다고 그는 믿었다. 그들은 이렇게 배웠다.

> 나라의 관습, 법, 종교를 위해하기 위해서. 그들은 이방인, 지인들과 동료 시민들에 대한 일상적 관찰을 고대의 역사와 비교하면서 그들과 인류의 지식(위대한 예술과 기술)을 전달했다. 다른 곳의 관습과 제도를 읽으면서, 그들은 자신들에게서 잘못된 점과 잘된 점이 무엇인지, 수정하고, 추가하고, 폐지하기 위해 필요한 것이 무엇인지를 그들에게 알려주었다.

교육의 목표는 나라 사랑을 고취시키는 것이었고, 그들에게 나라는 자유를 의미했다. 그들이 키워내고자 했던 자유는 그들을 맹목적으로 만들지 않았다. 오히려 좋은 정부와 나쁜 정부의 차이를 잘 볼 수 있는 힘을 주었다.

> 그들은 자유를 위한 격렬한 열정, 전제정과 무정부에 대한 혐오라는 사상을 그들에게 불어넣었다; 노예상태보다는 죽음을 선호하고, 방어를 위해 삶과 재산을 즉각적으로 헌납(무차별적으로는 아니다)하도록 설득하면서, 그러나 자기 나라 사람들을 보호하고 재산을 보존하고 산업을 발전시키며, 잘하면 상주고, 자신들의 감정을 자유에 맡기는 정부의 방어를 위한 것으로. 그러한 정부를 그들은 자신들의 나라라고 불렀고, 이를 위해서 죽는 것은 명예로운 일이라고 그들은 생각했다.[44]

라틴어 격언인 '나라가 있는 곳에, 좋음이 있다 *ubi patria ibi bene*'를 인용하면서, 밀턴은 "인간의 조국은 그것이 어디에 있든지 그에게는 좋은 것"이라고 말했다. 로마인들에 대해 말하면서, 톨란드는 "자유를 향유하는 곳이면 어디든지, 거기서 그들은 고향에 있는 것처럼 편안"하다고 말한다. 밀턴과 마찬가지로, 그도 우리의 고향이 반드시 우리가 태어난 장소일 필요는 없으며, 우리가 잘 살 수 있는 곳이면 된다고 생각한다. 그리고 그 장소는 우리가 자유 속에서 살아가는 바로 그곳이라는 것이다; 즉, 국가 또는 공화국, 자유는 다른 곳에서도 누릴 수 있다. 사람은 하나의 땅에만 연결되어 있다. 사람은 이 나라 저 나라의 시민일 뿐만 아니라 세계의 시민일 수도 있지만, 자기 나라의 땅처럼, 세계의 땅이나 다른 나라의 땅에 연결되어 있을 수는 없는 일이다. 나라 사랑을 불러일으키는 근본적 가치가 자유인 한, 사람들은 어디에서나 자신의 나라를 발견할 수 있다. 자신이 태어난 어떤 지역을 좋아하는 것은 '우리나라에 대한 잘못된 개념일 뿐만 아니라, 내 견해로는 수백마일을 넘어 시체를 가져와 돌아가신 선조, 자신의 아내와 친척들 옆에 누워야 한다는 노인들의 생각처럼 매우 유치한 편견'이라고 그는 설명한다.[45]

톨란드는 나라 사랑을 문화적 뿌리와 분리시키고자 하였다. 그는 그것을 정치적 자유가 있는 곳이면 어디에서든지 성장하는 순수한 정치적 사랑으로 만들고자 하였다. 그러나 그는 다른 나라에서 발견되는 자유는 자신의 나라에서 자신이 향유하던 자유와 같은 맛을 가질 수 없다는 것을 인정하지 않았다. 순수한 나라 사랑은 확실히 '유치한 편견'으로 오염된 것보다는 합리적이다. 그러나 그것은 다른 사랑인 것이다. 순수하게 정치적인 사랑이 여전히 '나라 사랑'으로 불릴 수 있는지는 매우 의문이다.

17세기 영국에서, 공화주의적 애국주의는 자유에 대한 사랑이 아니라 왕에 대한 충성에 기반을 둔 또 다른 애국주의와 대조를 이루었다. 군주제적 애국주의의 좋은 사례는 1680년 출간된 로버트 필머(Robert Filmer)의 『가부장권론 *Patriarca*』에서 발견된다. 진정한 애국자는 왕당파라야 한다고 그는 주장한다: "많은 무지한 시민들이 인간은 군주를 배반하여 자기 나라의 순교자가 되어야 한다는 신념에 우롱당해 왔다; 왕당파와 애국자를 구분하는 새로운 기준은 너무나 부자연스럽지만, 왕과 신민의 관계는 너무나 중요해서 그들의 복지는 상호적이기 때문이다."[46] 필머의 해석에 따르면, 조국은 공화국이 아니라, 아버지의 권위 위에 세워진 공동체를 의미하는 것이다; 그것은 문자적으로 '레스 파트룸 *res patrum*,' 즉, '아버지의 것'이다. 신민에 대한 군주의 권력은 자녀에 대한 아버지의 권력으로부터 나오는 것이다; 따라서 왕은 합법적으로 '나라의 아버지'[47]의 자격을 가질 수 있고, 나라의 아버지로서, 그는 신민들에게 절대적 충성을 명령할 수 있다. 필머가 보기에, 불복종은 반역과 불경스러움을 의미한다.

왕에 대한 충성에 근거한 왕당파 애국주의는 18세기 영국에서 공화주의 애국주의의 지적, 이념적 존재를 약화시킨 것은 아니었다. 애국주의의 자산을 지키기 위한 가장 중요한 노력은 아마도 1711년 출간된 그의 저서 『인간, 풍습, 의견, 시간의 특징 *Characteristics of Men, Manners, Opinions, Times*』에 나타난 샤프츠베리(Shaftesbury)의 사상일 것이다. 거기서, 그는 공화국에 대한 사랑과 장소에 대한 사랑 사이에 발생하는 혼동을 비난하고, 그 차이를 명확히 표현할 수 없는 영어의 문제를 지적한다.

> 나는 고백해야만 하겠다. 나는 때로 나라라는 단어를 사용하지 못하게 하고, 다른 나라의 공동체보다 우리의 토착 공동체를 표현하기 위한 다른 이름을 알려주지 않았던 우리의 언어에 차라리 화가 난다. 그 말은 이미 인류(mankind) 또는 사회(society) [공국(rus)과 왕국(regio) / 불어로는 시골(campagne)과 지역(pays)]에서 나오는 두 가지 다른 의미를 배태하고 있었다. 당대의 단어는 우리가 사물을 이해하는데 영향을 주기 위한 그러한 힘을 여러 번 반복해서 형성되는 것이다. 그것이 그러한 이유로 시작되었는지 내가 알지는 못하지만, 확실한 것은 시민국가 또는 민족개념에서, 우리 영국인들은 통상적인 전체와 세속적인 것 이상의 어떤 것을 혼합해 버리는 경향이 있다는 것이다.[48]

애국주의는 사람들이 태어난 땅으로서가 아니라 공동선을 위해 자유로운 사람들이 함께 살아가는 공동체로서의 자기 나라에 대해 느끼는 애정이다.

> 하나이고 동일한 지도부 아래 있기는 하지만, 힘으로 함께 묶여 있는 다수는 정당하게 연합되어 있는 것이 아니다. 그런 집단은 인민을 형성하지 못한다. 공동체의 구성원을 결속시키고 사람들을 하나로 만드는 것은 공동선이나 공동의 이익에 근거한 사회 연맹, 동맹과 상호적 동의인 것이다. 절대적 권력은 공중(the public)을 무력화시킨다. 그리고 공중이나 헌법이 없는 곳에는 모국도 민족도 존재하지 않는다.[49)]

진정한 '나라 사랑'은 '자유롭고 독립적 개인이 존재하는 헌정이고 정체'에 대한 사랑이다.[50)] 샤프츠베리가 잘 설명한 것처럼, 그것은 '고결한 열정'이다. 그 대상이 인간의 삶 - 즉, 인간 행복의 근거가 되는 바로 그 시민적 삶 - 에서 가장 고상한 목표이기 때문이고 그것이 공동선과 공공선을 중요하게 여기기 때문이다.

사랑은 필연적으로 특수하다. 언제나 특정한 사람, 대상, 장소에 대한 사랑인 것이다. 그것은 다소간 일반적일 수도 있다. 우리에게 배타적으로 속한 것 또는 우리가 극소수, 소수, 때로는 많은 다른 사람들과 공유하는 것에 대한 배타적 애착이기도 하다. 샤프츠베리의 설명에서 애국주의는 포용적 사랑이다. 그 우선적 목표는 브리튼(영국) 사람들과 다른 사람들의 차이와 독특성을 강화시키는 것이 아니라 공동의 자유를 지키기 위해 그들을 연합하는 것이다. 여기서 공동의 자유는 그 가치가 오직 특정 사람들만이 향유하는 배타적 선에 의존하지 않은 공유된 선을 의미한다. 다른 사람의 자유가 애국자를 불행하게 하는 것을 결코 아니다.

진정한 애국자(true patriots)와 '땅의 애국자'(patriots of the soil)

의 차이는 그 강도에 있지 않고 애착의 성격에 있다. 그것이 우리만의 것이고, 그것을 가짐으로 해서 우리가 다른 모든 사람들보다 더 나아질 것이라고 믿기 때문에 우리나라를 사랑하는 것이 하나이다. 다른 하나는 우리만의 것인지 여부에 관계 없이 다른 개인들과 공통으로 가지고 있는 어떤 것을 사랑하는 것이다. 전자는 '마치 본래부터 있는 것이고 이 세상의 것이라고 여겨질 자격이 있는 것처럼, 우리의 견해만 중시한다. 또한 그것은 우리의 시각을 가장 좁은 범위로 축소하고 고향에서 시작되지 않은 모든 지식, 학문, 풍습을 경멸한다.' 후자는 다른 사람들의 문화를 향한 개방을 장려하고 자연스럽게 인종의 차이에 관계 없이 인본성, 환대, 자비를 향한 의무를 포함하게 된다. 자유에의 요구로 이해되는 애국주의는 포용적이고 연합적 힘으로 작동한다. 함께 일하고, 밀어내거나 배제하지 않는다.

동료 시민에 대한 애국자의 사랑은 '도덕적이고 사회적' 관계이다. 실제로 어떤 사랑이나 우정도 공통적인 것이 없는 개인들 사이에서는 발생할 수 없기 때문에, 유사성은 어느 정도 필요하다. 그러나 그것은 동일한 시민 사회의 구성원이라는 유사성이면 족하다. 문화나 인종적 유사성과 같은 다른 것들을 필요로 하지는 않는다. 이러한 이유 때문에, 애국자는 자신의 동료 시민이 아니고, 먼 나라에서 왔거나 다른 인종에 속한 사람들에게도 인자하고 친절하다. 같은 인종에 속한다는 사실은 동료시민들에게 사랑이나 우정을 느끼게 하는 이유도, 미워하거나 배제하는 이유도 되지 않는다. 땅의 애국자들에게 그렇게도 중요하게 보이는 것은, 동포들이거나 외국인에 관계되거나 상관없이, 자유의 애국자들을 냉담하게 한다.

이것이 애국주의를 비인격적 애착으로 만드는 것은 아니다. 오히려 그것은 자기 확신적 사랑으로 규정된다. 그것이 이렇게도 놀라운 것이라고 샤프츠베리는 기술한다;

> 그 진실로, 고대의 현명하고 재치 넘치는 사람들 [그리스인들]에서, 그들이 소유했던 비옥한 영토와 고결한 나라로서, 모든 과학, 재능, 예의와 풍습에서 그러했던 명백한 장인과 뛰어난 사람들로서, 그들은 다른 사람에 대한 기만적이고, 이기적이고 어리석은 경멸과는 여전히 거리가 멀다. 매우 대조적으로 '그들은 외국에 독창적이고 호기심을 끄는 것이 조금이라도 있으면 그것이 무엇이든지 칭찬하기'까지 한다.[51]

주인을 바꾸고 인종을 여러 번 혼합했던 영국인들을 대조적으로 '다른 사람들에게 어리석은 경멸'을 드러낸다.[52] 인종적이고 역사적 뿌리에 대한 두려움과 불안이 자신의 땅에 대한 배타적 애착과 자신만의 문화적 독특성과 우월성을 격찬하는 경향을 형성하게 한 것으로 보인다. 자유의 애국주의는 사람들의 인종적 배경과 역사에 관한 두려움과 공포와는 관계가 없다.

샤프츠베리는 애국주의를 땅에 대한 저급하고 천박하며 제한된 애착을 경멸하는 고결한 열정으로 그린다. 그는 공화주의적인 정치적 애국주의의 핵심을 재천명하지만, 땅의 애국주의와 정치적 애국주의의 간격을 너무나 크게 벌여놓았다. 그는 장소에 대한 태생적 애착을 도덕적이고 일반적인 정치적 애국주의로 통합할 방법에 대해서는 논의할 생각조차 하지 않는다. 땅의 애국주의를 도덕적 애국주의로 화학적 변화를 일으킬 수 있는 열쇠는 공포의 감소 또는 제거라고 우리는 추정할 수 있다. 문화적인 실존적 의미로, 땅에 대한 애착은 그렇게 심하게 비판받을 일이 아니다. 공동의 자유와 함께 잘 살 수도 있다. 우리가 만약 일반적 자유가 아니라 같은 영토에서 세대를 이어 살아가고 있는 사람들의 공동의 자유에 대해 말한다면, 그것은 자유에 대한 의무의 강력한 지지 세력으로 변할 수도 있다.

18세기 영국에서, 모든 정당은 '애국자'로 불리고 싶어했다. 퀜틴 스키너(Quentin Skinner)가 말했듯이, 휘그당이나 토리당 모두 '헌법 아래, 그 덕분에 그들의 동료 주민들이 향유하는 정치적 자유를 옹호하고 보존하기 위한 방법으로 행동하는 이상'을 의미하는 것으로 애국주의 개념을 사용하고 있다.[53] 월폴(Walpole)의 최대의 적이었던 볼링브로크 경(Lord Bolingbroke)의 애국주의에 관한 저서조차 공화주의 언어로 가득차 있다. 저서『애국주의 정신 *The Spirit of Patriotism*』에서 그는 이렇게 말한다; 나라에 봉사하는 것은 각 사람이 나라가 필요로 하는 한 '그 수행을 위해 자신이 가지고 있는 수단과 기회에 따라' 이행해야 하는 '도덕적 의무'이다. 공동선에 대한 봉사로부터 면제된다면, 그것은 전혀 위안이 아니며 나태와 게으른 삶으로의 전락인 것이다.[54]

그러나 정치적 개입은 단순히 의무가 아니라 매우 즐거운 행위이다. 몽테뉴(Montaigne), 데카르트(Descartes), 뉴턴(Newton)의 지적인 기쁨조차 자신의 오성(悟性)의 모든 힘을 굽히고 모든 사상과 행동을 나라의 선으로 향하게 하는 진정한 애국자의 그것과 비교될 수 없다고 볼링브로크는 설명한다.[55] 자유를 보호하는데 필요한 것에 추가하여, 정치적 행위 또한 그 자체로 보상적이다. 철학자의 기쁨은 사색으로 끝나지만, 정치적 인간의 즐거움은 자신이 정치적 계획을 실행하려 노력하는 동안 계속된다. 그는 믿을 수 없는 친구와 사악한 적을 다루어야 하지만, 또한 다른 이의 충실함과 유순함을 발견하는 기회도 얻게 된다. 그는 인간의 최선과 최악을 모두 보게 된다. 애국적 의무에서 면제되어 있는 철학자와 달리, 그의 정신은 공포과 희망으로 요동치지만, 그 고뇌는 즐거운 것이다. 그가 추구하는 위대한 사건이 성공으로 결정된다면, 그의 즐거움은 '절대적 존재에게 속한' 그것과도 비견될 수 있을 것이다. 만약 실패한다면, 그의 양심이 그를 위로할 것이다.[56]

볼링브로크에게, 애국자의 근본적 요건은 자유로운 헌법과 사람들의 공동선에 대한 책임이다.[57] 결과적으로, 애국자가 되기 위해, 우리는 자유 공화국의 시민이 될 필요는 없지만 군주국의 신민과 군주 그 자신이 될 수는 있다. 사실상, 왕은 가장 영광스러운 애국적 행위 - 즉, 자유 헌정을 세우고 사람들을 부패로부터 구원하는 일 - 를 수행할 기회를 가진다.[58] 그러나 '애국자 왕'은 현실적이거나 도덕적 세계에서 발생하는 모든 현상 중에서 가장 보기 드문 일이라는 점을 그는 인정한다.[59]

볼링브로크는 '나를 반대할 것 같은 사람과 함께 위대한 권력을 가져야 한다'고 말한 마키아벨리의 권위를 빌려 애국자 왕이라는 자신의 이상을 지지한다.[60] 그는 좋은 군주가 되고 법의 지배 없이 참주처럼 통치하는 것보다 자신의 권력에 대한 한계를 용인하는 것이 군주에게 최고의 이익이 된다는 주장을『로마사 논고』에서 빌려온다.[61] 그는 또한 공화주의 정부에 대한 군주정의 우월성에 대한 논의를 위해, 부패한 사람들은 '왕의 권력'에 의해서만 교정될 수 있다는 마키아벨리의 말을 사용한다.[62] 공화국은 광범위한 부패에 대한 대책이 없지만, '자유로운 군주 정부'는 용이하게 '자유의 정신을 갱신'할 수 있다는 것이다.[63] 그가 설정한 대로, 애국자 왕은 그러므로 '가장 강력한 개혁가'인 셈이다. 그 치하에서, 사람들은 악행을 멈출 뿐만 아니라, 선행을 배우기도 한다. 새로운 애국자 왕은 새로운 인민을 창조한다.

그러나 세기가 지남에 따라, 애국주의는 보다 명백하게 극단적인 내용을 함축하게 되었다.[64] 이념적 변화의 사례는 사무엘 존슨(Samuel Johnson)의 『사전 *Dictionary*』이다. 1755년 판에서, 그는 애국자를 '통치하는 열정이 나라에 대한 사랑인 사람'으로 규정한다. 1773년에, 그는 다음 내용을 추가한다; "풍자적으로 정부의 당파적 방해꾼을 위하여". 1775년에, 그는 영어권에서 가장 많이 인용된 정의를 내린다; 애국주의는 '불한당의 마지막 피난처'. 그리고 여기서 그는 급진파를 의미하고 있다.[65]

제3장

애국주의와 고대 정치

3

애국주의와 고대 정치

18세기에 애국주의는, 공화주의 정치사상의 부흥과 함께, 유럽대륙에 널리 퍼져 있었다. 이미 강조되었던 바와 같이, 18세기 공화주의는 어떻게 보면 고전적 사상으로 후퇴한 것이지만, 절대주의에 대항하는 정치적 군사적 저항이라는 구체적 경험의 결과라는 것이 더 타당한 설명이다. 그들이 유럽에서 정치군사적 장면을 지배했음에도 불구하고, 위대한 군주들은 제노바, 루카, 베니스 네덜란드, 스위스와 특히 산마리노까지 공화국을 제거하려는 시도에서 성공하지 못했다. 몇몇 공화국의 생존은 공화주의적 애국주의의 지속에 공헌했음이 틀림없다.[1)]

공화주의적 애국주의는 근대의 정치(즉, 국가, 군주, 왕의 정치)에 대항해서 고대의 정치(즉, 공화국의 정치)를 재강조하기 위해 필요한 강력한 매개수단이었다. 파트리아patria는 이제 다시 다른 어떤 국가가 아니라 공화국(respublica) – 법의 지배 아래의 정의 속에서 함께 살아가는 개인들의 자치 공동체 –을 의미하게 되었고, 애국주의는 따라서 공화국과 공동의 자유에 대한 고귀한 사랑 - 전제정이나 참주정에서는 존재할 수 없고 군주정에서 번성할 수 없는 사랑 - 으로 이해되었다. 공화주의적 애국주의는 다음과 같은 정치를 의미했다; 근대의 정치에 반대되는 고대의 정치. 나쁜 정부와 위로부터의 정부로서의 정치에 반대되는 좋은 정부와 자치 정부로 이해되는 정치.

공화주의적 애국주의와 정치의 관계의 사례는 몽테스키외와 루소의 고전 저작뿐만 아니라 지금은 거의 잊혀진 소수의 저작에서도 발견된다. 1729년 출판된 파올로 마티아 도리아(Paolo Mattia Doria)의『인생 *La vita*』이 그 사례이다. 여기서 그는 시민철학으로서의 정치라는 오래된 이상의 측면에서 국가이성(raison d'état)을 비판하고 애국주의를 정제된 언어로 다시 주창한다. 정치적 인간의 의무는 새로운 종교로 유지되어 온 시민적 삶과 좋은 정부를 통해 강화될 수 있는 합리적 유대로 규정하는 나라 사랑을 형성하는 것이라고 그는 기술한다.[2)]

나라 사랑은 우리의 행복이 우리나라의 안전에 달려있다는 인식에 근거하고 있다고 도리아는 설명한다. 식물이 뿌리박고 있는 땅에 대한 것과 같이, 사람들은 자신들의 나라에 연결되어 있어야 한다고 느낀다. 나라가 무너지면, 자신들의 재산, 개인적 안전과 삶에서 필요한 모든 것을 더 이상 향유할 수 없기 때문이다.[3)] 그래서 그들은 그렇게 하는 것이 자신들에게 가장 이익이 된다는 이유로 나라를 사랑하게 되는 것이다. 그러나 사람들은 합리적 평가보다는 직접적 경험을 통해 판단을 하게 된다고 도리아는 강조한다. 거기 사는 것이 즐겁고 안전하다고 경험한다면 그들은 나라를 사랑할 것이고, 이는 정의, 화합과 좋은 관습을 통해 가능하게 될 것이다.

도리아는 애국주의를 유해한 열정이 정치적으로 변형된 결과인 고결한 열정으로 해석한다. "좋은 정치적 인간은 인간의 열정을 나라의 이익을 위해서 사용한다"고 도리아는 말한다.[4] 정의와 공적 명예의 현명한 분배(좋은 정치)를 통해서, 그는 사람들의 이기적 경향을 나라에 유용한 열정으로 변화시킬 수 있게 되는 것이다. 나라가 잘 통치되면, 좋은 인간은 자신들의 자산이 나라의 안전에 달려있음을 알게 되고 따라서 나라를 전심으로 사랑하게 될 것이다.

자기애와 야심을 나라 사랑으로 변형하기 위해서, 좋은 정부는 공공의식을 필요로 하고 군주와 관료의 뛰어난 미덕을 칭송해줄 필요가 있다. 공공 축제는 정치체제를 바꾸고 싶어 하는 사람들의 욕망을 다른 곳으로 돌릴 수 있다. 게으름을 조장할 우려가 있어 너무 자주 있을 필요는 없지만, 휴식의 기회도 사람들에게 필요하기 때문에 너무 없어도 곤란하다. 공공행사는 사람들에게 공화국이나 군주의 위엄을 알려주어야 한다. 장엄함과 위대함과 함께, 공공 축제와 향연은 용기를 주입하는 것이다. 시민이 모두 전쟁에 헌신할 수 없지만, 그들에게 나라를 지킬 필요가 있다는 용기도 부족해서는 안 된다. 적이 군대를 패퇴시키고 나라에 침입해 들어온다면, 있는 힘을 다해 노예상태에 저항할 준비가 되어있는 사람들이 있어야 한다.[5]

자기애와 야심이 고결한 나라 사랑으로 변형될 수 있는 방법을 연구하는데 있어, 『시민의 삶 *vita civile*』은 애국주의에 대해서 이전 저작보다 더 깊이 들어간다. 자기애를 나라 사랑으로의 변형을 가능하게 하는 결정적 요인은 군주와 관료에 대한 사람들의 자부심이라고 그는 주장한다.[6] 인간은 자신이 경멸하는 사람을 결코 사랑할 수 없다; 흥미롭다고 생각할지는 몰라도, 결코 사랑하지는 않는다. 아무리 타락한 사람이라도 덕과 진정한 선을 사랑한다. 군주, 관료와 의원들이 사람들의 사랑을 받고 싶다면, 그들은 먼저 칭찬과 존경을 받아야 한다. 인간은 신비함을 좋아하고 하나님의 완전성과 연결된 미덕을 높이 평가하기 때문에, 군주, 관료, 의원들은 사람들의 눈에 절반은 신적인 존재로 보여야 한다. 그들이 뛰어난 미덕을 가져야만 이것이 가능하다; 그들은 근엄하지만 친절해야 하고, 엄격하지만 자비로워야 한다는데 도리아는 주목한다. 요약하자면, 그들은 사람들이 자신들의 우월성을 인정할 수 있도록 행동해야 하는 것이다.

도리아에 따르면, 애국주의는 자기애의 변형일 뿐만 아니라, 심각한 악행에 대한 교정 수단이기도 하다. 위대한 미덕처럼, 심각한 악행도 그 형태에 관계없이 쉽게 사람들의 마음을 미혹시키기 때문에, 찬사의 대상이 될 수 있다. 그러므로 좋은 군주는 사람들이 커다란 악행에 감탄하지 않도록 자신의 뛰어난 미덕으로 사람들을 감동시켜야 한다. 케사르나 알렉산더 같은 사람은 자신은 결코 행복하지 않으면서 강력했고, 나라에 영광과 위대함을 선사하면서 영웅으로 인정받았다고 도리아는 분석한다. 그들의 과도한 야심으로 그들 자신은 엄청나게 불행했지만, 사람들은 그들을 영웅으로 생각하고, 사랑하고 따라서 그 나라를 사랑한다.[7] 사람들은 영광스러운 나라에 속하고 싶어한다. 나라의 영광의 빛을 공유하기 위해서, 그들은 군주의 야심을 만족시키고 나쁜 정부라는 부담을 견뎌내도록 계획된 전쟁이라는 재난을 감내할 준비가 되어 있다.[8]

거짓 미덕에 대한 찬사로부터 나온 나라 사랑에 대한 대책을 찾기 위해, 도리아는 다시 열정의 전환과 개조 이론에 의지한다. 거짓 미덕으로 형성된 나라 사랑은 합리적 논의를 통해서가 아니라 보다 강력한 사랑 - 즉, 사람들이 좋은 정부 치하에서 향유할 수 있는 안전과 행복에 대한 감사로부터 나오는 진정한 미덕에 대한 사랑 - 을 통해서 해체될 수 있다. 진정한 미덕에 대한 사랑은 인간을 결코 떠나지 않는 자기애에 기본을 두고 있기 때문에, 거짓 미덕에 대한 사랑보다 더 강력하고 오래 지속된다. 거짓 미덕에 대한 사랑은 대신에 영광을 위한 갈증, 결코 영원히 지속되지 않는 열정에 기본을 두고 있다.

변하기 쉬운 열정의 세계에서, 거짓 미덕에 대한 사랑은 진정한 미덕에 대한 사랑으로 해체될 뿐만 아니라, 악에 대한 사랑은 증오로 변하게 되는 것이다. 거짓 정치인들은 타락한 행위로 악을 자행하면서 신민들을 유순하게 만들고 사랑을 얻을 수 있다고 생각한다는 점을 도리아는 지적한다. 그들은 인간이 애초에 악하다는 사실을 믿고, 자신들로 하여금 잘못된 삶의 방식에 탐닉하게 한 사람들에게 의존하게 된다. 그러나 잠시 후, 그들이 광범위하게 퍼져버린 악의 문제를 인식하게 되자, 그들의 타락한 통치자에 대한 사랑은 나쁜 통치자에게 뿐만 아니라 전 국가에 대한 미움으로 변하게 된다.[9] 그러나 미움이 즉시 거짓 정치인에 대한 반란을 발생시키는 것은 아니다. 부패에 익숙한 사람들은 자신들의 불행에 책임 있는 거짓 정치인에게 저항하고 봉기할 정신적 힘이 부족하다. 사람들이 너무나 무력해서 미덕을 가장해도 알아채지 못하고 사악한 행위를 마음대로 해도 문제시하지 않을 것이라고 군주와 관료가 확신할 때 반란은 발생하는 것이다.[10]

도리아의 분석에서, 나라 사랑은 정치, 보다 정확하게는 '덕있는 정치'의 중심 이슈이다. 애국주의가 진정한 정치의 근본이라고 말할 때, 진정한 정치의 목표는 시민들의 가슴에 진정한 미덕에서 나오는 나라 사랑을 생성하고 강화하는 것임을 그는 의미하고 있다. 그에게 있어, 진정한 정치인은 나쁜 열정을 좋은 것으로 변형시킬 수 있는 기술을 가진 장인이라야 하는 것이다. 나라 사랑에 대한 연구를 통해서, 그는 공화국의 정치인 진정한 정치의 정밀함과 위대성을 재발견한다.

18세기 정치사상의 중요한 흐름에 반영된 도리아의 생각은 곧 전 유럽을 휩쓸게 된다. 공화주의적 애국주의와 고대의 정치에 대한 찬사는 그러나 모두가 동의하는 것은 아니었다. 도리아의 『시민의 삶』 출판 수년전에, 지암바티스타 비코(Giambattista Vico)가 『신학문 *Sceineza nuovo*』을 출간하는데, 이에는 근대인의 공상과 환상을 파괴하려는 의도를 가진 고대 애국주의에 대한 급진적 비판이 들어있다. 비코에게, 고대의 찬사를 받은 나라 사랑은 정의와 인본성이라는 우리의 감각을 해치는 영웅적 사회의 미덕이다. 그것은 사실상 야만주의이다; 즉, 무지, 미신, 광포함, 이기심, 탐욕과 잔인성의 조합인 셈이다. 로마의 사상가들이 자유를 말할 때, 그들은 주인의 자유인 귀족의 자유를 의미한다고 비코는 주장한다; 그들이 나라(patria)를 말할 때, 그들은, 철학자들이 그렇게 잘못 믿었던, 시민의 자유로운 공동체를 의미하는 것이 아니라 아버지의 재산과 이익을 의미한 것이다.[11] 고대의 애국주의는 공동선에 대한 관대한 자유가 아니라 특정한 이익과 권력에 대한 야비한 애착이었다.

가장 고귀한 고대적 미덕의 사례인 스파르타인들은 민중의 영원한 적이 되기로 엄숙하게 맹세했다. 전설적인 로마의 영웅들도 마찬가지로 이기적이었고, 후자의 고통에 무감각했다. 추앙받는 공화주의의 영웅들 중 누구도 그들을 위해 어떤 일도 하지 않았다. 그들은 그들을 고리대금의 바다에서 더욱더 허우적거리게 하고, 비참한 노예처럼 벗은 등짝에 채찍을 맞으면서 살아가는 귀족들의 개인 감옥 속에 보다 깊이 묻어버리기 위해 전쟁으로 그들의 부담을 가중시키기만 했다. 이러한 로마적 미덕의 시기에 누구라도 농지법이나 곡물법과 같은 것으로 민중의 부담을 경감시키려 했다면, 그는 반역으로 기소되어 사형에 처해졌을 것이다.12)

로마의 애국주의는 정의와 모든 인간에 대한 박애에 근거한 근대의 미덕 개념을 심각하게 훼손한다.

> 확실히 로마의 역사는 거기서 로마적 미덕의 증거를 찾으려는 지적인 독자들을 당혹하게 한다; 거기에 너무나 지나친 오만, 탐욕 사이의 절제, 또는 불평등과 잔인함이 팽배한 곳에서의 정의와 자비 등이 혼재하기 때문이다.13)

공화주의 철학자들이 칭송했던 유명한 로마 교육은 비코에게는 시민 의식과 자유의 학교가 아니라, 엄격하고 잔인하며 살벌한 아버지의 권리 인정에 불과했다. 그리고 스파르타의 교육은 오직 잔인함 뿐이었다; '아들들이 고통이나 죽음에 대한 공포를 느끼지 않도록 가르치기 위해서, [아버지들은] 다이아나의 신전에서 그들을 반 죽을 정도로 때렸다. 그래서 때로 그들은 구타로 인해 고통 속에 죽어가기도 하였다.'14) 그들은 전쟁에서 광포했고 외국인들에게 적대적이었다. 그들의 미덕은 그 시대에만 적절한 것이었다. 그것은 자비와 자선이라는 현재적 개념과는 너무도 거리가 멀어, 비코의 시대에는 적절한 것이 아니었다. 고대의 애국주의와 고대의 정치는 이제 잊어야 한다.

비코의 말은 타락해서 더 이상 자유에의 책무도 없고 동정과 존중에 기반하지도 않는 애국주의에 대한 강력한 비판이다. 그러나 고대의 미덕에 대한 그의 반박은 중요한 지적인 영향력을 가지지 못했다. 오히려 고대 애국주의라는 이상은, 몽테스키외의 『법의 정신』의 매개를 통해서, 18세기 정치 언어에서 중심적 지위를 얻게 되었다. 그러나 몽테스키외가 발견한 고대 애국주의의 역사적 중요성은 양가적이다; 그는 그것을 망각에서 구원했지만, 동시에 그것을 고대 공화국의 고대 시민들에게만 적합한 미덕(그 순수한 형태로서)으로 제시한 것이다.

몽테스키외에게, 나라 사랑은 의무이자 미덕이다.[15] 그것은 특정한 선에 대한 애착이다. 인간은 자신의 나라를 사랑하고, 그 나라는 그들에게 특별한 의미를 가진다. 이렇게 볼 때, 나라 사랑은 인간이 일반적인 인류나 어떤 사람도 아닌 특정한 사람에게 느끼는 우정이나 아량과 유사하다. 그러나 그것이 미덕으로 남아있기 위해서는 몽테스키외가 일반적이고 무인격적 관계로 규정한 정의의 원칙과 배치되어서는 안된다.[16] 정의의 원칙을 위반할 때, 애국주의는 최악의 범죄의 근원이 된다. 정의로 수정되고 완화되어야, 그것은 전 민족을 영광스럽게 할 수 있는 가장 훌륭한 행위의 원천이 되는 것이다.[17]

그들이 고대의 애국주의를 따를 것이라고 기대할 수는 없지만, 근대의 인간은 공적인 안정, 올바른 정의 행정을 누리고 법의 지배와 군주국 또는 공화국의 일반적 안정이라는 축복을 공유하는 질서있는 공동체에서 살고 싶은 욕망으로 구성된 자신만의 애국주의를 가질 수는 있다. 인간이 근대인에게 요구할 수 있는 '시민의 정신'은, 그것이 특수 이익과 갈등할 때조차, 법과 공동선에 대한 사랑이다. 고대의 정치참여와 다르기는 하지만, 근대인 또한 그들의 일상(가족의 밖에서, 재산의 관리에서)에서 일종의 주권적 권력을 행사하기도 한다.

애국주의에 대한 이러한 해석은 『법의 정신』에도 영향을 미치는 바, 거기서 그는 애국주의의 본래적 의미를 발견할 뿐만 아니라, 중요한 내용까지 추가하게 된다. 그가 책의 '서문'에서 주목하듯이, 비르투(vertu)라는 용어는 최초 4권의 책에서 기독교적 또는 도덕적 미덕이 아니라 나라에 대한 사랑인 정치적 미덕으로 나타난다; 즉, 평등에 대한 사랑(amour de l'égalité)인 것이다.[18] 마키아벨리와 마찬가지로, 그도 나라 사랑을 공동의 자유를 보호하는 법과 제도에 대한 사랑으로 묘사한다. 평등에 대한 사랑은 시민적 평등에 대한 사랑이고, 여기서 평등은 시민으로의 평등, 말하자면 평등한 정치적 권리와 법 앞의 평등을 지칭한다. 자연상태에서, 인간은 평등하게 태어났지만 사회에서 그들은 자신의 자연적 자유를 상실했다고 몽테스키외는 설명한다. 그들은 법과 시민권을 통해서 다시 평등하게 된다. 평등의 진정한 정신은 '모든 사람을 명령하게 만드는 데 있는 것도 아니고 아무도 명령하는 자리에 놓지 않는데 있는 것도 아니며, 자신의 동등자에게 복종하고 명령하는데 있는 것이다.'[19] 로마인의 정치적 미덕을 지켜낸 평등에 대한 사랑은 '원로원의 힘과 고관들의 특권에 대한 질시' - 그렇지만 존경에 의해 단련되는 것 - 였다고 몽테스키외는 설명한다. 그것은 원로원이나 힘있는 시민이 공동의 자유를 억압하지 못하게 하는 경계태세였던 셈이다.[20] 이러한 이유 때문에, 진정한 평등이란 인간이 '시민으로서만 평등한' 잘 구성된 민주주의에서만 나타나게 되는 것이다. 반면에 타락한 민주주의에서, 시민은 모든 측면에서 평등하기를 원한다.[21] 미덕이 더 이상 존재하지 않는 곳에, 자유를 위한 공간도, 습속(mores: 관습과 풍속)도, 질서에 대한 사랑도 시민성도 존재하지 않는다.[22] 정치적 미덕은 자기 절제를 요구하고 따라서 법과 관료에 대한 존중과 완벽하게 조화를 이루고 사적인 삶에서도 질서와 예의를 갖추게 한다. 나라와 평등에 대한 사랑은 인간으로 하여금 지나치게 사적이고 분파적인 이익보다 공동의 이익을 앞세울 수 있게 한다. 이러한 이유로, 정치적 미덕이란 과거 그랬던 것처럼 여전히 마키아벨리에게 있어 자유의 근본이 된다; 미덕의 자연스러운 위치는 '자유와 함께' 있는 것이라고 마키아벨리는 말한다. 대조적으로, 야심과 탐욕 - 정치적 미덕의 치명적인 적 - 이 시민의 지배적인 열정이 되면, 그들은 더 이상 자유롭게 살아갈 수 없다.

그러나 가장 격렬하고 영웅적인 형태의 정치적 미덕은 고대인의 미덕임을 몽테스키외는 또한 강조한다. 근대인은 그것을 소문으로만 알기 때문이다. 사적인 이익에 대한 그들이 애착 때문에, 그들은 자신의 모국을 사랑할 수도 없고 고대인들이 할 수 있었던 정도의 자기희생을 할 수도 없다. 고대인의 애국주의는 부분적으로 숙명이었다; 도시가 정복당하면, 주민은 죽임을 당하거나 노예가 되었다고 그는 자신의 『명상록 *Pensées*』에서 설명한다. 그들의 삶과 개인의 자유가 도시의 삶과 자유가 하나이자 동일한 것이었기 때문에 그들은 나라에 그렇게도 강하게 연결되어 있었던 것이다.[23] 그리스인들의 나라 사랑은 자유에 대한 분노의 결과 였고, 그것은, 그들의 영웅적 용기와 왕에 대한 증오가 함께, 그들에게 잊을 수 없는 중대한 행위를 할 수 있는 힘을 주었다.[24] 그리고 정치적 미덕이 공화주의[25]나 민주주의 또는 대중[26] 정부의 중심에 있다는 점을 그가 지적할 때, 실제로 그는 고대의 공화국 또는 민주주의를 의미하고 있었다; 즉, 집단으로서의 인민이 주권을 가지고 있을 뿐만 아니라 '법의 집행까지 주시'하는 정부 형태 말이다.

몽테스키외에 따르면, 정치적 자유는 공화주의 정부에 필요하기도 하지만, 주입하기도 보존하기도 매우 어려운 것이다. 공화국에서 법을 통과시키고 관료들의 업무수행을 관찰하는 시민도 법에 종속되어 있기에, 그것은 필수적이다. 야심이나 탐욕으로 인해 그들이 공화국과 법을 사랑하지 않게 되면, 법의 효율성은 떨어지고 공화국은 해체되게 된다. 정치적 미덕은, '그것이 자기 자신을 포기하는 것'이기 때문에, 주입하기 매우 어려운 것이라고 몽테스키외는 설명한다; 그것은 시민에게 자신의 욕망을 억제하고 독점적인 자산을 얻으라고 요구한다.[27] 미덕을 가지기 위해서, 공화국의 시민은 자신들의 열정과 애정을 공동의 목표에 맞추는 교육을 받아야 한다. 자신의 사적 이익 추구와 사적 삶에서의 기쁨에 빠질 가능성이 없어질수록, 그들은 공화주의 질서를 더욱 사랑하게 되는 것이다. '그 규칙이 그들에게서 일상적 열정의 기초가 되는 것을 사라지게 하기' 때문에, 자신들의 질서를 사랑하는 수도승같이, 시민은 검소한 삶의 방식을 따라야 한다. 공화국이 특수한 애착과 사적 열정을 억제하는데 성공할수록, 공화국은 더욱더 강해질 것이다.[28]

몽테스키외에게, 애국주의의 핵심이 되는 평등에 대한 사랑은 시민적 평등에 대한 사랑일 뿐만 아니라 검약에 대한 사랑이기도 하다. 법 앞에서 평등하고 평등한 정치적 권리를 누리고 싶은 욕망에 더하여, 시민은 '동일한 행복, 이익, 기대'를 가지고 있어야 한다. 민주적 평등은 '소유의 욕망'을 자신과 가족에게 필요한 최소한으로 제한하는 검소한 삶을 통해서만 달성될 수 있는 것이다.

보다 많은 사람들이 자신들의 기본적 욕구에 만족하게 될수록, 그들은 더욱 나라의 영광을 갈망하게 될 것이다.[29] 위대한 열정, 무엇보다도 영광에 대한 욕망은 특정한 것들에 대한 애착의 절제를 요구한다. 특수한 이익을 만족시킬 가능성을 박탈당하게 되면서, 그들은 자연스럽게 그들의 나라에 대한 사랑을 전환하고 나라에 봉사하는데서 오는 행복을 찾게 된다. 『의무론』에 있는 키케로의 말을 재해석하면서, 몽테스키외는 각 시민이 태어날 때 이미 결코 다 갚을 수 없는 빚을 지고 자신의 모국과 계약한 것이라고 강조한다. 이러한 이유로, 각 시민은 있는 힘을 다해 공동선에 봉사해야 하는 것이다. 민주주의 시민에게서 시민적 미덕을 합리적으로 기대할 수 있는 것은 그들이 배타적 즐거움 - 누군가에게는 가능하지만 모두에게는 그렇지 않은 즐거움 - 을 추구할 수 있는 다른 수단이 없기 때문이다. 사적이고 특수한 이익이 아주 적기 때문에, 덕을 가져야 하는 것이 그들에게는 그리 큰 희생은 아니라는 것이다.

몽테스키외는 탐욕과 야심 뿐만 아니라 개인적 이익에서 정치적 미덕에 대한 위협을 발견한다. 특수 이익의 성장을 막기 위해서, 공화국의 영토는 작아야 한다. 거대한 공화국에서, '이익은 특수화'되고, 공동선은 '수천가지 다른 일에 희생당하게' 마련이다.[30] 다른 한편으로, 소규모 공화국에서 공동선은 더 잘 감지되고 이해되며, 각 시민에게 보다 가까이 다가서 있다. 정치적 미덕에 적절한 토양은 따라서 작고, 소박하며 검소한 공화국에서 발견된다.

민주주의 정신에 대한 논의에서, 몽테스키외는 마키아벨리와 초기 공화주의 사상가의 분석에서 발견되지 않는 정치적 미덕과 개인의 이익 간의 괴리를 소개한다. 공화국이 시간상 멀어질수록, 공화국은 더 순수하고 달성하기 더 어려워진다. 우리가 이미 보았다시피 마키아벨리에게, 시민은 공화국을 사랑하고 덕있는 행동을 할 수 있는 존재이다. 왜냐하면 공화국이 그들의 자유, 안전, 번영의 근본임을 실감하기 때문이다. 공화국이 그들만의 목적임을 느끼고, 공화국에서 살아가는 것이 곧 그들의 이익이기 때문에 그들은 그 나라와 법을 사랑한다. 자신들의 시민적 의무를 이행할 때, 그들은 자신의 이익을 만족시키는 것이 아니라 보호하는 것이라고 몽테스키외는 주장한다. 시민이 타락하고 시민적 의무를 이행하지 않을 때, 그들은 가장 무분별하게 행동하게 된다; 그들은 자신만의 이익에 맞게 행동하는데 실패하게 되는 것이다.

고대와 초기 근대 사상가들은 나라 사랑이 부모, 친지, 친구와 시민을 포괄하는 광범위한 박애의 정신이라 강조한다. 몽테스키외는 대신에 나라 사랑이 포기와 희생을 요구한다는 점에 주목한다. 시민이 그의 사랑을 나라에 까지 확장할 때, 그들은 다른 것들에 대한 사랑을 중지해야 하거나 최소한 그것들 - 그들 자신, 가족, 친구 등 - 을 덜 사랑해야 한다. 그에게 사랑은 확장되는 것이 아니다; 방향이 바뀌는 것이다. 근대인은 제한된 양의 사랑을 가지고 있다; 그들은 그것을 자신의 사적 삶 또는 나라에 바칠 수 있다. 그들의 사랑이 나라와 사적 삶으로 분할되어야 하기 때문에, 그들은 나라를 위하여 자신들의 모든 사랑을 쏟아부었던 고대의 전설적 애국주의에 필적할 수가 없다.

그러나 '나라 사랑'의 역동성에 대한 이러한 분석으로부터, 몽테스키외는 근대인에게는 미덕이 있을 수 없다는 것이 아니라 그들의 정치적 미덕이 고대인의 미덕만큼 강렬할 수 없다는 결론을 내린다. 근대세계로 침투해 사적 이익에 대한 집착을 강화시킨 상업 정신 그 자체는 애국주의에 치명적 위협이 되지 않는다. 마키아벨리와 마찬가지로, 정치적 미덕을 길러내는 평등에 대한 사랑을 지키기 위해서 공화국은 시민들을 가난하고 검약하게 해야 한다고 그는 강조한다. '가난'이란 그에게 사치와 빈곤의 중간 수준을 의미하는 것이다. 가난한 시민이란 '지키고 획득하기 위해서 일할 필요가 있는 사람이다.'[31] 그래서 상업 정신은 이런 가난과 검약과 완벽하게 양립가능하고, 그것을 유지하게 하는 것이다. 상업이 일부 시민을 부유하게 해서 더 이상 일할 필요가 없게 되는 일이 자주 발생하기도 한다. 이는 공화주의적 사회의 평등 뿐만 아니라 상업 정신까지도 손상시킨다. 사실상 사치스럽게 살아가는 게으른 시민들은 상업 정신을 구성하는 절제, 검약, 절약, 지혜, 노동, 침착, 질서와 훈련 등의 습관을 상실하게 된다.[32]

몽테스키외는 노예적 상태의 가난과 자유로운 상태의 가난을 구분한다. 전자는 정부의 가혹성으로 인해 사람들에게 부과되는 것이고, 후자는 안락한 삶이 가치가 없다고 생각하거나 그것을 모르기 때문에 사람들이 선택한 가난이다. 두 종류의 가난은 시민적 덕성에 매우 다른 결과를 보여준다. 가난이 노예적 상황의 결과인 사람들에게는 '어떤 미덕도 있을 수 없는' 반면에, 가난이 자유의 일부인 사람들은 '위대한 일을 할 수' 있다.[33] 동일한 사람이 우주의 통치자이자 직원일 수 없다고 주장한 키케로와 반대로, 몽테스키외는 위대한 계획과 용감한 심장이 작은 계획과 사소한 관심사와 양립불가능한 것이 아님을 강조한다. 공화주의적 평등과 양립 불가능하기는커녕, 상업은 공화정에서야말로 가장 우호적인 토양을 발견하게 된다. 활동의 결과로 얻는 이익을 빼앗기지 않으리라고 확신하기 때문에, 공화국에서 시민은 즐겁게 상업에 - 대규모 상업적 기업에 까지 - 전념하게 된다. 상업 정신은 습속을 건전하게 하고 공적 사적으로 시민성과 질서의식을 배양하는 검소함과 가난을 진작시키기 때문에, 다시 공화국에 이익을 가져다 준다. 특히, 법이 적절한 사회적 평등을 유지하기만 한다면, 그것은 또한 나라 사랑과 정치적 미덕을 증진시킨다.[34] 무역업자는 아주 쉽게 무역을 보호하고 그에게 번영을 주는 나라를 사랑할 수 있다. 몽테스키외가 '정치적 자유'라고 칭한 안전에 대한 감정이 근대인에게는 자신의 나라와 법에 대한 애착의 강력한 원천이 되는 것이다.

몽테스키외는 애국주의에 대한 두 가지 해석을 제시한다. 고전자료에 근거한 민주주의 설명에서, 그는 사회 연합에 근거한 고대의 애국주의를 재발견하고 그것을 상업사회에서 사는 근대인에게는 고귀하지만 비현실적 이상으로 묘사했다. 상업정신을 설명하면서, 그는 근대인의 손이 닿는 곳에 있는 자유에 대한 사랑에 근거한 애국주의를 주장한다. 전자는 사적 이익의 위협을 받지만, 후자는 양립가능하다. 몽테스키외는 애국주의를 달성할 수 있는 두가지 방법을 지목한다; 하나는 연합과 희생을 통한 것이고, 다른 하나는 자유와 자기 이익을 통한 것이다. 첫 번째 것은 순수하지만 불가능한 애국주의로 이어지고, 두 번째 것은 약간 불순하지만 보다 생동감있고 호소력있는 것으로 이어진다.

정치적 미덕에 대한 몽테스키외의 생각은 계몽시대 애국주의의 일부가 되었다. 『백과전서』에 실린 논문 "나라(Patrie)"는 몽테스키외의 개념 정의를 거의 그대로 반복하고 정치적 미덕을 근대인에게 너무나 큰 도덕적 힘을 요구하는 고귀한 이상으로 제시한다. 해당 논문에 따르면, 정치적 미덕은 '나라 사랑[amour de la patrie]', 법에 대한 사랑, 국가의 복지에 대한 사랑이고, 이들은 특히 민주주의에서 강력한 힘을 드러낸다. 몽테스키외가 말한 바와 같이, 그것은 특정 이익에 공적 이익을 앞세우는 자아의 포기인 것이다. 그것이 철학적 추론이 아니고 열정이기에, 모든 인간이 그것을 습득할 수 있는 것이다.[35] 그것은 가장 약한 자에게도 힘을 주고 그들로 하여금 '공공선을 위한 위대한 일'[36]을 할 수 있게 하는 영혼의 힘이다. 그러나 근대인들이 고대 영웅의 이야기를 읽을 때, 근대인들은 그들을 도덕적 모범이 아니라 화려한 광대쯤으로 취급하고 만다.

『백과전서』의 글은 『법의 정신』이 가능케 한 애국주의 재탄생의 양가적 성격을 보여주는 것뿐만 아니라, 정치적 미덕을 나라 사랑으로 규정하는 18세기적 의미를 잡아내기에도 중요하다. 우리가 이해하기로, '나라(*patrie*)'가 일반적으로 믿는 것처럼 우리가 태어난 장소를 의미하는 것은 아니다. 대신에 그것은 우리가 그 구성원이며, 그 법은 '우리의 자유와 행복'을 보호하는 '자유국가 [état libre]'를 의미한다.[37] 나라라는 용어는 '공화국'. '자유'와 동의어인 것이다.[38] 전제정치의 멍에 아래 나라는 없다.[39] 몽테스키외의 족적을 다시 한번 따라가 보면, 다음과 같은 점에 주목한다.

> 주권자의 자의 말고는 다른 법이 존재하지 않고, 그의 변덕에 대한 숭배 말고는 다른 규칙도, 공포말고는 정부의 원칙도 존재하지 않는 곳, 어떤 행복도, 어떤 사람도 안전하지 않은 동양적 전제정치 하에서 살고 있는 사람들, 그들에게는 '나라 patrie'도 전혀 없고, 그들은 행복의 진정한 표현인 그 명칭조차 알지 못한다.40)

정확하게 이해하자면, 파트리(patrie; 나라)는 모든 거주민이 그 보존에 관심있고 외국인에게 환대하는 나라를 의미한다. 아이들을 평등하게 사랑하는 공동의 어머니인 셈이다. 그녀[파트리]는 훌륭한 미덕을 가진 시민을 존중하지만, 차별하거나 불공정하게 다루지도 않는다. 그녀는 또한 어떤 시민은 다른 이들 보다 부유하다는 것을 인정하지만, 공적 명예와 직위를 얻는 길이 모두에게 열려있도록 한다. 그리고 무엇보다도 그녀는 단 한명의 시민이라도 억압받는 것을 용납하지 않는다. 시민에게 이익을 줄 수 있을 때 웃고, 처벌할 때는 매우 슬퍼한다.

자신의 『철학사전 *Dictionnaire philosophique*』에서 볼테르(Voltaire)도 파트리를 폴리스polis나 공화국과 융합하고 있다. 파트리는 여러 가족의 연합체라는 것이 그의 설명이다. 그들이 공동선에 반대되는 관심을 가지지 않는 한, 개인은 그들을 가족에 연결시킨 것과 동일한 자기애(self-love)로 그들의 나라(patrie)에 연결되어 있다. 나라에서, 시민의 특수 이익은 자연스럽게 일반적 이익으로 고쳐 표현된다; "인간은 자기 자신만을 위해서 행할 때에만, 공화국을 위해 서약한다."41) 따라서 '파트리patrie'라는 단어는 공화국

또는 훌륭한 왕의 통치에 들어맞는 것이고, 참주정에는 절대로 적용되지 않는다;

> 그러면 파트리는 무엇인가? 아마도 정갈한 집에 편안하게 묵고 있는 집주인이 말할 수 있는 옥토가 아닐까; 내가 경작한 이 땅, 내가 지은 이 집, 그것이 나의 것이다; 참주가 간섭할 수 없는 법의 보호 아래 나는 거기서 살아간다. 언제든지 나처럼 소유하고 있는 자는 자신들의 공동이익을 만들어낸다. 나는 이 모임에서 내 목소리를 낼 수 있다; 나는 전체의 부분이고, 공동체의 부분이며, 주권의 일부이기도 하다; 이것이 나의 나라(파트리patrie)이다.[42)]

볼테르와 '세계주의적' 계몽철학자들에게 나라는 특정 문화, 언어, 인종과 본질적으로 관계가 없다. 나라를 구성하는 것은 법의 지배, 자유 그리고 자치이다. 그에게 나라는 본질적인 정치적, 법적 구조로 한정되는 공화국이다. 장소도 문제가 안되고, 역사는 더더욱 문제가 안된다. 시민적이고 정치적 자유가 보장되는 곳이면 어디든지 나라가 있는 것이다. 이런 개념의 나라는 시민에게 자기애(self-love)와 자기 이익(self-interest)에서 나오는 애착을 자제하게 할 수 있다. 볼테르가 보기에, 시민은 그들이 가족에 대해 느끼는 것과 동일한 사랑을 나라에 대해서도 느낄 수 있었다; 그러나 그 '사랑'은 자비로운 사랑은 아니고 자기애적 사랑이다. 나라를 순수하게 공화국의 법적, 정치적 구조로 환원시키면서 나라 사랑을 자신의 나라에 대한 개념과 완벽하게 일치하는 자기애로 해석하면서, 그는 자기애와 몽테스키외가 제시한 나라 사랑 간의 간극을 해결한다. 자기애로서의 나라 사랑이라는 그의 설명은 자신의 나라(patrie) 개념과 완벽하게 일치한다. 나라가 시민의 권리를 보호하는 법적, 정치적 구조에 불과하다면, 그것은 시민들에게 자기애에서 나오는 애착만 요구할 수 있는 것이다. 그것이 공화국의 시민이 되기 위해 좋은 것임을 알게 되면 그들은 자신의 나라를 사랑하게 될 것이다; 더 이상 그렇지 않다고 믿게 되면, 그들은 아마도 할 수만 있다면 [patrie를] 떠날 것이다. 그들의 애국주의는 정확한 의미로 합리적 사랑이다; 그것은 자신의 이익을 계산할 줄 아는 합리적 개인에게 맞는 사랑이다. 고대 애국주의의 어떤 흔적도 남아있지 않다; 연민도, 동정도, 영광에 대한 갈망도 없다. 그것이 근대인이 생각할 수 있는 애국주의로, 그것은, 다른 사람들 - 아마도 살기 편하기 때문이 아니라 나라를 사랑하고, 자신들을 살아있게 해주는 나라에 의존하고, 좋은 공화국이 되도록 노력하는 덜 합리적인 자들 - 이 살고 있지 않는 한, 어디에서나 행복하고 위대한 삶을 영위할 수 있는 세계의 시민들에게 완벽하게 들어맞는 것이다.

자기중심주의의 가면을 쓰고 있다고 계몽사상의 세계주의를 비난하면서, '민족주의자' 루소도 나라(patrie)를 공화국과 동의어로 사용하고 정치적 미덕의 통상적 개념을 조국에 대한 사랑으로 받아들인다. 몽테스키외와 마찬가지로, 루소의 정치적 미덕은 순수한 상태도 아니고 기독교적 미덕도 아니며, 근대의 정치가 가차없이 파괴하려 한 고대의 고귀한 유산이다. 몽테스키외의 말을 빌려, '고대 정치가는 습속과 미덕에 대해 끊임없이 말했다; 우리는 상업과 돈만 말하고 있다'[43]고 그는 기술한다. 그에게, 미덕이란 일반의지에 대한 특수의지의 일치이고, 자신의 나라 사랑은 미덕을 고취시키는 가장 효과적인 수단이다; "인민이 덕스럽기를 원하는가? 그러면 그들로 하여금 나라를 사랑하게 하면서 시작하자."[44]

루소가 몽테스키외의 언어를 차용하여 근대인들 사이에 정치적 미덕의 쇠퇴에 대한 그의 논의의 일부를 사용함에도 불구하고, 그[루소]는 미덕과 시민성의 평가에서 『법의 정신』의 저자와 결별한다. 몽테스키외는 고대의 정치적 미덕과 근대인의 시민성을 모두 찬양했지만, 루소는 고대의 미덕에 대한 열광적인 옹호자이자 근대인의 타락한 시민성의 적으로 자신의 논의를 시작한다. 고대의 미덕은 근대인의 타락에 대항할 이념적 무기로 그의 손에 들려 있었다. 『학문예술론 *Discours sur les sciences et les arts*』에서의 그의 설명에 따르면, 미덕이란 '고상함의 획일적이고 기만적인 장막 아래, 당대의 계몽사상에서 시작된 지나치게 과도한 세련됨' 아래 숨겨진 '의심, 공격, 두려움, 냉정함, 미움, 배신' 등에 대항하면서 빛나는 영혼의 힘과 활력이다.[45] 고상하지만 타락한 근대 유럽인에 대하여, 루소는 미덕의 모범을 제시한다; 시골의 농부, 그리고 무엇보다도 '반신(半神: half-gods)들의 공화국'인 스파르타의 시민들, '미덕의 사원'인 공화주의 로마 등이 그것이다. 그의 미덕 개념은 마키아벨리의 비르투(virtù)를 연상하게 한다. 『군주론』을 회고하는 부분에서 그는 다음과 같이 기술한다; 이탈리아의 군주와 귀족은 "그들이 활발하고 호전적이 되기 위해 노력하는 것보다 독창적이고 풍부한 지식을 가진 자가 되기 원했다."[46] 사실상, 군사적 미덕을 칭찬하면서, 그는 세계에 미덕을 전파하는 방법이라면서 로마의 정복을 찬양하기까지 한다; "로마의 유일한 가치 있는 능력은 세계를 정복하고 미덕이 지배하도록 한 것이다."[47]

그가 '정치적 미덕'이라는 용어를 사용하지 않고 단순히 '미덕

(virtue)'을 언급했음에도 불구하고, 루소는 시민적 미덕을 의미한 것이다; 즉, 타락과 억압에 맞서 싸울 수 있는 시민의 도덕적 힘이다. 그것은 영혼을 타오르게 하고 저항하고 싸울 의지를 고취시키는 도덕적 분노로부터 나오는 힘이다. 시민적 미덕은 그저 합리적 계산이 아니라 열정이다; 그것은 마음의 상태보다는 영혼과 육체의 개조이다. 덕있는 시민의 반대는 부패 앞에 냉담하고 무능한 채 - 아무리 그것을 비난하고 있다고 해도 - 남아있는 시민이다.

애국주의는 온화함과 인본성에 대한 사랑과 함께 하지만, 엄격함과 잔인함까지 필요로 하기도 한다. 브루투스(Brutus)는 전혀 부드러운 사람이 아니었지만, 그것이 덕이 없다는 것을 의미하는 것은 아니었다고 루소는 설명한다. 관직에 있을 때, 시민들은 덕스럽기 위해 엄격하지 않을 수 없는 경우도 있었다. 브루투스는 공화국에 반역을 꾀한 아들에게 사형을 선고했고 그 집행을 주재했다.[48] 『학문예술론』에 대한 비판에 답하면서, 18세기는 그의 행동을 잔인하다고 평가한다고 루소는 기술하면서 반박한다; 오히려, 브루투스는 공화국에 대한 헌신과 관료로서의 자신의 임무를 수행했던 능력으로 우리의 존경을 받을만하다.[49] 그가 자신의 아들을 사면했다면, 다른 공모자들도 함께 풀려났을 것이고, 신생 공화국은 명백히 약화되고 말았을 것이다. 공화국이 존속했다 해도, 아들에 대한 관대한 행위는 결국 법의 지배를 훼손하게 되었을 것이다; 대역죄를 지은 시민이 사면 받는데, 일반 범죄인을 어떻게 처벌할 수 있겠는가? 브루투스는 관직에서 사임하고 다른 사람으로 하여금 범인들에게 사형을 언도하도록 해야 했다고 루소의 비판자들은 주장한다. 공화국이 누란의 위기에 처했을 때,

관료가 자신의 자리를 지키지 않는다면, 그는 배신자와 같이 행동한 것이며 사형에 처해져도 마땅하다고 루소는 답변한다. 『학문예술론』은 '소박한 영혼의 숭고한 능력', '열정의 침묵 속에서 들리는 양심의 목소리'라고 미덕을 추앙하면서 마무리된다.[50] 그러나, 그가 논문 전체를 통해서 칭송한 미덕은 열정의 침묵 속에서 말하는 양심의 목소리가 아닌 비르투(virtù)지만, 열정 그 자체는 영혼의 힘이자 활력으로, 나라에 대한 사랑으로 고무되는 것이다.

이미 언급한 바와 같이, 루소는 시민적 덕성을 특수의지의 일반의지로의 일치로 규정하지만, 특수의지의 보편의지로의 연합이나 동질화를 가능하게 하는 것은 우리 동료 시민들을 위한 사랑이다. "우리는 우리가 사랑하는 인민들이 원하는 것을 기꺼이 사랑한다."[51] 시민적 미덕을 떠받치는 나라 사랑은 무인격적이거나 추상적 실체에 대한 사랑이 아니라 특정한 인민 - 우리가 그들을 보고, 함께 살고, 공동의 이익과 기억을 가지고 있기 때문에 우리가 알고 있는 사람들 - 에 대한 애착이다. 사람들은 이방인이나 모르는 사람, 또는 익명의 개인을 사랑할 수는 없다.[52] 나라 사랑은 '여성에 대한 사랑보다 100배나 더 격렬하고 즐거운 사랑'이라고 루소는 설명한다.[53] 그것은 순수한 도덕적 미덕에서 발견될 수 없는 '열렬하고 고귀한 열정'을 불러 일으킨다; 즉, 철학자의 미덕이다. 철학자의 미덕은 우리의 개인적 행복으로 가는 길을 알려준다; 시민적 미덕은 우리에게 우리의 동료 시민과 공유하는 행복을 보도록 한다. 진리를 가르친 소크라테스(Socrates)와 공화국, 법률 그리고 공동의 자유를 지키기 위해 참주에 반대해 일어섰던 카토(Cato) 사이에서, 우리는 주저 없이 카토를 선택한다.

정치적 미덕에 대한 루소적 개념의 의미를 이해하려면, 그에게도 나라는 무엇보다도 공동의 자유를 의미한다는 점을 우리는 기억해야 한다. 정치적 미덕의 기반인 나라 사랑은 그래서 공동의 자유(우리의 자유와 우리 동료 시민의 자유)인 것이다. 자유와 시민 없이, 땅은 존재할 수 있지만, 나라는 아니다.[54] 나라와 자유의 관계는 『폴란드 정부론』에 동일하게 반복된다; '나라 사랑; 즉, 법과 자유에 대한 사랑'이라고.[55] 루소에게, 나라를 구성하는 것은 우선적으로 국가와 시민의 관계와 법과 정치 제도가 길러내는 삶의 방식이다. 루소가 1764년 3월 1일 제네바의 샤를르 픽테(Charles Pictet)에게 보낸 편지가 이러한 관점에서 특히 주목할 만한다. 자신이 작성한 『크리스토프 드 보오몽에게 보내는 편지』의 출판을 금지한 제네바 공화국의 소 평의회의 결정에 대한 답변으로 1763년 5월 12일에, 루소는 제네바 시민으로서의 자신의 권리를 포기했다. 그것은 고통스러운 결정이었으며, 결정적인 실책이었다고 그는 기술한다. 그는 자신의 나라를 다시는 보지 못하리라는 것을 알고 있었다. 그리고 고통이 희석되어가는 듯했다고 그는 말한다: 사랑도, 애착도 느끼지 못했다. 남은 것은 의무와 무관심이라는 냉철한 감각뿐이었다. 무엇이 한때 그렇게도 강렬한 사랑을 사라지게 한 것일까?

그 대답은 그의 초기 저술, 특히 그가 제네바 공화국에 대한 애정을 진지하게 다시 확인했던 『인간불평등기원론』의 헌사에 나타난 루소의 애국주의에 있다. 태어날 때부터 그는 이미 제네바의 시민이었다; 그는 자신의 선택으로도 그렇게 되기 원했다. 그는 어린시절에, 태어난 도시를 떠났다. 제네바도 그의 아버지를 떠나게 했고, 공화국의 법은 루소가 돌아오는 것을 막았다. 그러나, 그는 자신의 나라로 제네바를 선택하기로 선포한다.

그는 공화국을 사랑하고 제네바를 사랑한다. 최소한 상상 속에서 그의 공화국이고, 좋은 공화국이기 때문이다. 그는 '서로 만나고 아는 즐거운 습관이 땅에 대한 사랑보다 나라 사랑, 동료 시민에 대한 사랑을 만들어주는,'[56] 그리고 주권자와 시민이 '오직 단일하고 일치되는 이익'을 가지고 주권의 행사가 공동의 행복을 증진시키게 되는 공화국에서 사는 것을 사랑한다고 말한다. 다른 말로 해서, 그는 기강 잡힌(well-ordered) 민주 정부에서 살아가기를 원했다. 그의 사랑은 법의 지배가 각 시민의 자유를 보호하는 공화국에 속한다; '혈통이 시간의 어둠 속에서 잊혀진 행복하고 평화로운 공화국'에; 용기와 애국심을 일으키고 강화시키기 위해 봉사하는 것으로서의 적대적 공격만 용인하는 나라; '지혜로운 독립에 오래 익숙해진 시민이 자유로울 뿐만 아니라 자유로울 자격이 있는 공화국'; 정복욕이 없고 강력한 이웃의 침략의 가능성이 없는 좋은 지역에 위치한 자유로운 도시가 바로 그것이다.[57]

루소에게 나라(patrie)는 사람들이 인도주의와 친애를 드러내면서 동료 시민들과 함께 '즐거운 사회'를 이루고 살아갈 수 있는 '평화로운 공동체'를 의미한다; 사람들이 '좋은 사람이자, 바르고 덕있는 애국자'로 기억되기를 바랄 수 있는 공동체[58] 말이다. 자신의 나라와 멀어진 채 삶의 마지막에서, 그는 후회와 고통, 갈망을 드러낸다;

> 복이 없었든, 지혜가 너무 늦었든, 잘못 써버린 청춘이 나에게서 앗아간 안식과 평화를 헛되이 후회하면서, 지구상의 다른 풍토에서 허약하고 쇠약한 체류를 마감하게 되는 나 자신을 발견

> 하게 되면서, 나는 최소한 나의 나라(파리)에서 표현할 수 없었던 감정이 내 영혼 속에 살아 있음을 알게 된다...[59]

루소가 그랬듯이, 나라의 가치는 그것을 잃어버린 사람보다 더 잘 이해할 수 없다. 그리고 진정한 애국자에게, 나라의 가치는 그 무엇보다도 자유를 보호하기 위해 만들어진 제도와 그것을 유지하는 삶의 방법과 관습에 있는 것이다. 애국자로 활동하던 그 진정한 애국자가 9년 후에 자신의 시민권을 포기하기로 결정하였다. 자신이 애착을 가진 나라가 더 이상 존재하지 않는다는 것을 실감하였기 때문이었다. 제네바는 여전히 인민들과 함께, 역사, 언어, 제도와 함께 거기 있었다. 거기 없었던 것은 공화국과 자유였다. 모든 것이 여전히 제자리에 있다[60]해도, 국가와 시민의 정치적 관계가 타락하면 나라가 소멸되기에 충분한 이유가 된다. 픽테(Pictet)에게 보낸 편지에서, 그[루소]는 자신의 결정이 환멸의 결과였다고 말한다; 이를 경험한 후에, 그는 더 이상 자신에게 나라가 있다는 사실과 자신의 나라가 제네바 공화국이었음을 믿을 수 없게 되었다. 편지에서 그가 설명하듯이, 환멸은 분노나 원한이 아니라 무관심과 이탈만 남겨놓았다. 공동체와 의미는 다른 곳에서 찾아야 했다.

루소에게, 애국주의는 우선적으로 정치적 사랑이다; 좋은 정부의 산물이고, 좋은 정부가 모든 시민에게 보장하는 자유와 복지에 대한 감사로부터 나오는 사랑이다. 시민들에게 사랑하라고 명령하기 위해서, 나라는 각 개인과 모든 사람을 동등하게 사랑해야 한다. 그 사랑은 또한 정치적이고, 모든 시민의 자유와 정치적 권리의 보호를 통해서 표현되는 것이다. 자유를 보호함으로써, 나라는 시민들이 안전을 느낄 수 있도록 한다. 그들의 정치적 권리를 인정함으로써, 그들로 하여금 나라가 그들에게 속한 중요한 것임을 인식할 수 있도록 한다;

> 그러므로 모국으로 하여금 모든 시민의 공동의 어머니로 드러나게 하라. 모국에서 그들이 누리는 이점이 그들로 하여금 그것을 사랑하도록 하라. 정부가 공공행정의 충분히 많은 부분을 그들에게 맡겨 그들이 편안함을 느끼도록 하라. 그리고 법이 그들 앞에서 공동의 자유를 보장하는 것이 되도록 하라.[61)]

좋은 정치제도와 좋은 정부는 애국주의의 충분한 조건이다. 반면에 나쁜 제도와 나쁜 정부는 시민으로 하여금 자신들의 시민적 의무를 무시하게 한다. 루소가 『사회계약론』의 '위임과 대표에 관련된 장'에서 설명한 바에 따르면, "질서 있는 도시에서는 누구나 기꺼이 집회에 참여한다; 나쁜 정부 하에서는 어느 누구도 거기에 다가서려 하지 않는다."[62)] 공동의 이익 그리고 따라서 자신들의 개인적 이익이 달성될 좋은 기회가 있다는 것을 믿는다면, 시민들은 공공 회의에 기쁜 마음으로 나가게 된다. 회의가 한 집단의 특정한 이익만 승인하리라고 믿게 되면, 그들은 오히려 사생활의 행복을 누리면서 집에 머물러 있을 것이다. 그들의 나라 사랑은 식어버리고, 그것을 식혀버린 것은 나쁜 정부이다.[63)]

그러나 루소에게, 나라 사랑은 정치적 사랑에 불과한 것이 아니다; 그것은 법과 제도에 대한 사랑만이 아니다. 그것은 삶의 방식과 문화와 언어와 장소에 대한 사랑이기도 하다; 그러나 그것은 무엇보다도 정치적 사랑으로 존재한다; 정치적, 시민적 자유가 없다면, 공화국이 없다면, 언어, 문화, 종교도 나라에 대한 사랑을 살아있게 할 수 없다. 루소와 고전 공화주의자들에게 애국적 감성과 정치 참여가 '사회적, 종교적, 문화적 단일성에 의존하였고 그럴 수밖에 없으며', '동질적 인민의 정치적 표현'[64]이었다는 주장은 그러므로 오직 부분적으로만 사실이다. 인민의 문화적, 종교적 사회적 연합은 시민적 미덕을 장려하지만, 본질적인 필수조건은 정치적인 것이다; 즉, 좋은 정부라는 말이다. 인민은 문화, 종교, 사회적 관점에서는 전적으로 동질적일 수 있지만, 그들이 전체 정체나 참주 정체 하에 있다면, 나라 사랑은 자라날 수 없다. 동질성과 좋은 정부는 모두 시민적 덕성을 위한 최고의 토양이지만, 동질성과 전제정은 유순함과 타락을 발생시킨다. 문화, 종교, 사회적 동질성은 시민적 덕성에 도움이 되기는 하지만, 그것의 번영을 위한 필요 조건은 아니다. 다양성(사회적 혹은 종교적으로)과 결합된 좋은 정부가 여전히 순수한 의미에서의 시민적 덕성, 즉, 자유에 대한 사랑을 형성할 수 있는 것이다.[65] 그러나 인민들이 정치적으로 타락하면, 그들이 아무리 동질적이라도 자유를 다시 찾을 수 없고 좋은 정부를 회복할 수 없다.[66]

공동의 어머니(mère commune), 공동의 자유(liberté commune)에서 형용사 '공동의(common)'는 루소가 나라(patrie)를 묘사하기 위해 사용한 은유에서 자주 사용되는 용어이다. 루소가 환기시키는 공동성은 각 개인과 모든 시민의 자유를 보호하기 위한 국가의 의무 - 그래서 자유와 안전을 공동선으로 만드는 - 를 지칭한다. 이러한 책무는 한 시민의 자유가 나라 전체의 자유만큼 중요하다는 원칙의 결과이다.

정통성있는 정치제도라는 루소의 이론에서, 공동성은 모든 시민을 정당하게 취급할 의무를 내포한다. 각 구성원의 자유는 모든 구성원의 공동의 힘으로 보호되어야 한다. 이는, 이상적 모델에서, 한 시민에게 스며들어온 부정의가 국가와 그 특정 시민의 관계에 뿐만 아니라 국가와 전체 시민집단의 관계에도 영향을 준다는 것을 의미한다. 사회 계약은 각 시민의 자유가 공동의 자유의 부분임을 확고히 한다. 한 시민 또는 시민 몇몇이 부당한 대우를 받는다면, 침해당하는 것은 그들만의 자유가 아니라 공동의 자유인 것이다. 강력한 시민 또는 타락한 관료는 모두 야심에 희생되는 불행한 시민의 적이며, 공화국 전체의 적이기도 하다. 이러한 이유 때문에, 그들은 전체로서의 공화국의 이름으로 처벌받아야 하는 것이다.

내가 강조한 바와 같이, 각 시민의 자유가 공동의 자유의 일부이므로 모두의 관심사가 되어야 한다는 루소의 주장은 공화국 이론의 일부인 규범적 원칙이다. 현실에서는 다른 모든 이의 자유(개인적이거나 소극적 자유로 이해되는 자유)는 건드리지 않은 채, 일인 또는 소수 시민의 자유가 침해되는 일이 발생한다. 그러나 공화국이 진정한 공화국이라면, 어느 누구의 자유가 침해되는 것도 참아서는 안된다; 그리고 시민이 진정한 시민이라면, 그들 중 일인의 자유에 대한 침해가 그들 모두의 자유에 대한 공격으로 간주되는 것이다. 루소 주장의 핵심은 부정의를 행하고 시민의 자유를 보호하기 위해 할 수 있는 일을 하지 않는 정부에 대한 시민들의 저항에 정치적 정당성을 제공하는 것이다. 국가가 공화국이기 위해서, 시민은 공동의 자유를 침해하는 관료나 힘있는 시민에 저항하고 맞서 싸울 자격이 있어야 하고, 그러할 의무를 가지고 있어야 한다.

루소가 『정치경제론』과 『사회계약론』에서 발전시킨 공화국 이론에는 정치적 미덕이란 정치적 조건의 산물이라는 의미가 내포되어 있다. 공화국 측면에서 그것은 시민을 향해 가지고 있는 정치적 의무의 이행에 따른 사랑이다. 나라가 각 시민에게 해야 할 정치적 사랑을 거부하면, 그것은 다시 위험에 빠지고 시민들의 정치적 미움과 경멸을 받게 마련이다; 나라(patrie)라는 단어는 추악하거나 어리석은 것이 된다.[67)]

몽테스키외가 정치적 미덕을 민주주의 정신으로 규정한 반면, 루소는 그것이 잘 제도화된 국가, 따라서 인간 특히 근대인에게는 너무 완벽하다고 생각되는 정부형태와의 배타적 관계로부터 시민적 미덕을 해방시키는 국가의 원칙이 되어야 한다고 강조한다. 모두 알고 있다시피, 루소의 민주주의는 고대의 민주주의를 의미하는 것이었다; 즉, 시민이 주권체의 구성원이자 통치자인 정부 형태 말이다; 그들이 법을 통과시키고 집행한다. 두 가지 힘을 한 곳에 집중시키게 되면, 부패의 가능성이 매우 높아진다. 민주정부가 타락하지 않기 위하여, 시민은 진정으로 뛰어난 미덕을 가지고 있어야 한다; "그래서 완벽한 정부는 인간에게 적절하지 않은 것이다."[68)]

루소는 다양한 사례를 들어 고대의 정치적 미덕이 근대 시민의 모범이 될 뿐만 아니라, 최소한 『산에서 온 편지 *Lettres écrites de la montagne*』에서 근대인이 수행 가능한 종류의 정치적 미덕이 가능하다는 것을 인정하고 있다. 고대인들은 '더 이상 근대인의 모델이 되지 않는다'고 루소는 설명한다.[69)] 근대인은 '고대의 자유'를 계발할 생각도 능력도 없음을, 그의 비판자 벤자민 콩스탕만큼이나 루소도 잘 알고 있었다. 그들(제네바의 시민을 생각하라)

은 자신들의 특정 이익, 자신의 작업, 이익에 관심있는 무역업자, 기술자였다; 그들은 시간의 대부분을 정치에 사용할 수도 없고 원하지도 않는다. 그들은 공공의 문제에 개입하기를 주저한다. 정부에 참여하는 것보다 자신의 활동과 가족 생활이 보다 즐겁고 보상이 크기 때문이고, 정치가 때로는 위험하고 사적 이익에 불리하기도 하기 때문에도 그렇다. 그들은 스파르타인, 아테네인, 로마인들과 같은 방식의 미덕을 가질 수도 없고 그렇게 원하지도 않지만, 문명화되고, 평화스럽고 근면하며 준법정신이 투철한 시민이 될 수는 있다. 그들은 자신들의 권리가 무엇이고, 공동체를 향해 자신들의 권리 수행을 위해 무엇이 필요한 것인지도 알고 있다. 최선의 경우에도, 최소한으로 그들은 시민적 삶을 위한 적절한 자질을 가지고 있다. 법과 시민의 평등이 자신들의 개인적 안전과 번영의 기초임을 알고 있기에, 그들은 나라의 법을 사랑하며 시민의 평등을 존중한다. 그들에게 자유는 "방해받지 않고 얻고 안전하게 소유하는 방법"이다.[70)]

고대의 미덕이 근대 시민들에게서 기대될 수 없다는 것을 인식하고, 루소는 공동의 자유에 대한 완전한 책임의 부족은 필연적으로 거기에 깊이 연결되어 있는 개인적 자유의 상실을 야기한다는 점에 주목한다. 근대 시민에게 있어서, 공동선에 봉사하는 것은 성가신 일이지만, 시민적 의무에 무관심하면 노예상태가 도래한다. "봉사를 하지 못하는 자는 노예 상태에서의 휴식만 찾게 될 뿐이다."[71)]

자유가 상실되는 원인은 입법 과정이나 정부에의 참여를 주저하는데 있는 것이 아니라, 정부나 힘있는 자들이 자행하는 권력의 남용 앞에 침묵하고 수동적으로 반응하는 습관에 있는 것이다.

정부가 불공정한 세금을 부과하고, 선거 과정을 조작하고 소유권을 침해하거나 공정한 거래를 거부할 때 시민이 말하고 저항하지 않으면, 그들의 개인적, 정치적 자유는 위험에 처하게 된다. 누구에게든 부정의가 자행되자마자, 즉시 목소리를 내고 일어나 행동해야 하는 것이다. 공공의 이익이 자신의 개인적 이익이라는 점을 실감하지 못하고, 시간이 있을 때 공동의 자유를 지켜내지 못한다면, 그들은 참주가 공화정을 파괴하는 것을 중지시킬 수가 없다.[72] 참주정은 완곡한 방식으로 자신을 정당화한다. 공동선을 직접적으로 공격하지 않고, 공화국이란 그들이 공동으로 소유하고 즐기는 것이라는 시민의 믿음을 침식해 들어가 약화시킨다. 한 시민의 자유가 억압받았을 때 발생하는 공동의 자유에 대한 공격에 저항하지 않는 것은 자신이 사는 집에 불이 났을 때, 자신이 '세입자'라는 이유로 밖으로 뛰어나가기를 거부하는 사람의 행동만큼이나 분별없는 짓이다.[73]

루소는 애국주의를 무관심과 광신적 행위 사이에 놓는다; 공동선에 대한 완전한 무시와 전적인 헌신 사이에도 위치시킨다. 그는 다른 시민에게 영향을 주는 부정의 앞에 순교자가 되기를 요구하는 것이 아니라, 냉담하고 수동적으로 남아있는 시민을 비난한다. 애국주의는 인간을 행동하게 하는 열정이고, 영혼의 힘이다. 그러나 그것은 또한 광신적 상태의 맹목적 분노이거나 영웅의 전적인 헌신도 아니다.[74] 영웅의 미덕은 숭고하다; 그것은 영광을 위한 타인의 행복에 대한 헌신이다. 영웅적 영혼에서 영광을 위한 욕망과 결합될 때, 나라 사랑은 가장 무시무시한 수단까지 사용하기를 주저하지 않는 광기로 타락하게 된다.[75] 세계에는 많은 영웅들이 있지만, 충분한 시민이 존재한 적이 없다는데 루소는 주목한다.

덕있는 시민은 입법가나 통치자가 되려하지 않는다. 그는 그저 필요할 경우 공동의 자유에 대한 내외의 적에 대항하여 일어날 준비가 되어 있고, 그럴 수 있을 뿐이다; 필요하지 않을 경우, 그는 자신만의 사업에 전념하고, 개인 생활과 때로는 사소한 법 위반까지 해가면서도 행복하다. 그는 공화국의 적에게는 엄격하지만, 자신에게까지 그렇게 엄격할 필요는 없다. 애국주의는 무관심이나 비겁과는 양립할 수 없지만, 즐거운 마음으로 환경에 순응한다. 루소의 애국주의는 때로 축제와 춤이고, 연합과 화합의 축하연이기도 하다. 자신의 삶에서 애국주의적 열정이 가장 격렬했던 순간을 묘사한『달랑베르에게 보내는 편지 *Lettre à d'Allembert*』에서, 루소는 생 제르베(Saint-Gervais) 부대의 기율과 통일성에 그가 보냈던 찬사를 회상한다; 그러나 그 군인들은 전쟁터로 진군하고 있었던 것이 아니라 춤추고 있었다. 군인들이 대열을 벗어나 시민들과 즐겁게 어울리자 장 자크[루소]의 흥분은 더욱 더 고조되었다.[76]

때에 따라서, 루소는 인도주의에 대한 의무보다 애국주의를 우선하기도 하였고, 배타적 애국주의를 칭송하기도 한다. 스파르타인들은 야심 있고, 탐욕스러웠으며, 그들이 '올바른 인간' 그 자체였기 때문에 외국인들에게는 불공정했다고 루소는 기록하고 있다; 그러나 중요한 것은 우리의 동료 시민들에게는 공정한 것이라는데 루소는 주목한다.[77] 다른 경우에, 루소는 사람들에게 언제나 인도주의를 위한 목소리인 양심의 명령을 따르라고 권고한다.[78] 그러나 인민이 자유를 잃어버릴 위기에 있거나 이미 잃었다면, 민족적 동일성과 민족 문화의 방어가 다른 어떤 목표보다 우선하는 것이다. 나라의 정치 제도가 약해질수록, 정치적 자유는 사람들의 문화적, 종교적 사회적 단일성에 더욱더 의존하게 된다. 폴란드와 같이 나라가 호전적이고 전제적인 국가에 둘러싸여 있다면, 자유를 지키고 그것을 다시 얻는 유일한 방법은 애국자인 시민을 교육시키는 것이다; 즉, 나라를 위해서만 살아가고, 공화국을 가슴 깊이 새겨놓은 시민을. 저급한 정치 제도, 작은 인구와 군사 훈련의 부족으로, 폴란드는 시민의 미덕과 애국주의에 의존할 수밖에 없다. 자유로운 국가로 남아있거나 다시 그렇게 되기 원한다면, 폴란드 사람들은 진정한 폴란드인이 되어 강력한 이웃나라 러시아에서 오는 문화적 오염에 저항해야 하는 것이다. 문화적 단일성, 공동의 기억이 그들에게 외부 세력의 위협에 저항하기 위해 필요한 민족적 힘을 제공할 수 있는 것이다. 그들에게 가장 긴급한 목표는 그래서 성향에서, 열정에서, 필요에서 애국자가 되는 일이다.

분열되어 있고 정치적으로 자유롭지 못한 인민들은 우선적으로 자신의 민족 문화를 사랑하고 자랑스럽게 여겨야 한다.[79] 그들은 언젠가는 자유롭게 될 수 있는 사람들이 되어야 하는 것이다. 『폴란드 정부론』에서 그는 다음과 같이 기술한다:

> 나는 반복한다: 민족 제도를. 그것이야말로 인민의 천성에, 특징에, 기호에 관습에 형상을 부여하는 것이다; 다른 인민이 아니라 그 자체가 되게 하는 것; 뿌리 뽑기 불가능한 마음의 습관에 기초한 조국에 대한 열정적 사랑을 발현시키는 것; 고향에서 멀어지는 모든 순간을 - 자기나라에서 자신들에게 허용되지 않았던 쾌락에 둘러싸여 있을 때 조차 - 시민들이 견딜 수 없도록 만드는 것.[80]

민족주의 연구자들은 이 자료가 공화국의 정치적 개념을 중심으로 한 공화주의적 애국주의로부터 특정 문화 또는 정신적 단일성으로서의 민족 개념에 초점을 맞추는 민족주의 언어로의 변화를 상징하는 것으로 강조한다.[81] 루소의 『폴란드 정부론』이 공화주의적 가치를 버리고 인민의 문화적 또는 정신적 통일성의 가치를 중시하는 것으로 해석되기보다, 정치적 실체로서 사라질 위기에 처해있다고 믿어지는 공화국을 마음 속에 간직하고 있어야 한다고 폴란드인들에게 하는 권유로 이해되어야 한다고 나는 생각한다. 그들이 정치적으로 자유로울 수 없기 때문에, 그들은 최소한 정신적으로라도 자유롭도록 해야 한다; 즉, 폴란드인으로 남아있어야 하는 것이다. 그들이 정신적으로 자유롭게 남아있다면, 그들이 문화의 동화에 저항한다면, 그들은 장래에 정치적 자유를 다시 얻어낼 수 있을 것이지만, 민족 정체성까지 상실해 버린다면, 그들은 언제까지나 노예로 살 수밖에 없다.

> [러시아인들이] 당신들을 삼키는 것을 막을 수는 없을 지도 모른다; 최소한 소화시켜 버리지 못하게 해야 한다. 당신이 무엇을 해도, 그 적은 저항하기 위해 필요한 것을 폴란드에 주었던 당신 앞에서 수백 번이나 당신을 눌러버릴 것이다. 그러나 방어를 위해 언제나 준비되어 있고, 어떤 군대도 파괴할 수 없는 한 가지 방어수단이 있다; 그것은 시민의 미덕, 즉, 민족 제도가 그들의 영혼에 각인될 수 있게 하는 특징적인 모습으로 드러나는 애국적 열정이다. 모든 폴란드인들이 러시아인이 되지 않도록 해야 한다. 그러면 러시아는 폴란드를 결코 정복하지 못할 것이라는 것이 나의 답변이다.[82]

『폴란드 정부론』에서 루소의 핵심적 권유는 인민들이 강력한 민족적 특성을 가지고 있어야 한다는 것이지만, 그는 또한 민족적 특성 그 자체는 인민을 하나로 만드는 것이지 자유롭게 할 수 있는 것은 아니라는 점도 인식하고 있다. 진정으로 자유롭기 위해, 인민은 민족과 공화국이 필요하다; 그것은 또한 공유하는 기억, 의식, 언어, 관습에 기반을 둔 특정 문화를 필요로 하지만, 정치적 자유도 필요로 한다. 좋은 시민이 되기 위해서, 그들은 폴란드인이 되어야 하지만, 그들이 올바른 폴란드인이라 해도 그들은 아직 자유로울 수 없다. 루소에게 있어서, 민족적 정체성보다 자유가 인간으로 살아가는데 필요한 전제조건이다.

민족 문화는 단일한 유럽인 또는 세계주의적 삶의 방식으로 그들을 흡수하려는 경향에 대항하기 위해 보존되어야 할 가치인 것이다;

> 당신이 좋아하는 것을 말하라. 프랑스인, 독일인, 스페인인 또는 영국인과 같은 그러한 것은 현재 존재하지 않고, 오직 유럽인만 있을 뿐이다. 모두 동일한 취향, 열정, 관습과 영원한 이성을 가지고 있다. 그들 중 어떤 것도 민족적으로 독특하나 법제화로 형성된 것은 없다.[83]

우리는 분명하게 나라에 연결되어 있어야 하고 그렇게 남아있어야 한다; 프랑스인, 독일인, 스페인인, 영국인으로 있어야 한다. 그러나 시민이 되지 않고 그냥 프랑스인, 독일인, 스페인인, 영국인이기만 하다면, 우리는 아무것도 아니다.[84] 그는 우리에게 세계의 시민이 아니라 특정 나라의 시민이 되기를 선택하라고 촉구한다. 특정 나라의 시민이 된다는 것은 민족 문화를 가지는 것을 의미하지만, 사실상 그것은 그 이상이다.

루소와 이후 민족주의 사상가를 구분하는 미묘하지만 중요한 지적 차이가 있다. 우리가 보겠지만, 그들에게 인간의 실현을 위해 진정으로 문제가 되는 것은 폴란드인, 독일인, 혹은 프랑스인이 되는 것이 아니다. 루소에게 인간은 자유 공화국의 시민일 경우에만 완전한 의미에서의 인간으로 살 수 있다. 민족주의의 창시자들에게, 조국의 독특한 특징은 언어에 기초한 영적인 단일성이다. 루소에게는, 공화국만이 진정한 나라이다. 민족주의 언어의 탄생에는 조국 개념의 의미 변화가 내포되어 있다. 조국은 이제 더 이상 정치적이고 시민적 자유에 중점을 두지 않고 인민의 문화적이고 정신적 단일성에 중점을 두면서 점차적으로 비정치적 개념이 되었다. 루소는 인민의 문화적이고 정신적 단일성의 결정적 중요성을 이해했지만, 나라(patrie)를 민족주의적 개념이 아니라 낡은 공화주의적 개념으로 계속 사용하고 있다.

제4장

민족주의의 탄생

4

민족주의의 탄생

프랑스대혁명 이후 18세기말까지, 공화주의적 애국주의는 자유의 언어이자 주요 지적 진통으로 자리매김하게 되었다. '그것이 없이는 도저히 자유로울 수 없는 나라의 권리를 그 부모의 삶만큼 신성하게 여기지 않았던 그를 애국자라고 칭하는 것은 용어의 남용'이었다고 1782년 존 카트라이트(John Cartwright)는 기술하고 있다.[1)]

카트라이트의 말은 18세기 애국주의가 여전히 고대의 가르침에 깊이 의존하고 있음을 보여준다. 나라 사랑은 우리 인민의 공동의 자유에 대한 자비로운 사랑으로 이해되었다. 우리가 그들을 소중하게 여기기 때문에, 우리는 그들이 자유롭게 살아가기를 바라고, 그들과 함께 자유롭게 살기 원한다. 그러나 애국주의 이론은 단순히 고전 교의를 반복하는 것에만 그치지는 않았다. 오히려, 그들은 공화주의적 애국주의 전통을 근대 사상의 자연법 원칙과 통합하였다. 그 조합은 공화주의적 애국주의의 본래 의미를 바꾸지는 않았다. 로마의 사상가들이 언급한 바와 같이, 나라 사랑은 동료 시민을 위한 자선적 사랑(caritas civium) 또는 공화국에 대한 경애(pietas reipublicae)이기 때문에, 그것은 올바른 이성으로 설정된 정의의 원칙을 존중해야만 한다. 사실상, 자연법 원칙이 추가되면서 애국주의에는 도덕적 가치가 풍부해졌다. 정의가 공동의 자유에 대한 연민과 책임을 강요하는 한계를 그것[자연법 원칙]이 규정해 주었기 때문이다.

자연법의 한계 내에서 나라 사랑 이론의 중요한 사례는 1789년 11월 4일 영국 혁명 기념 학회(the Society for Commemorating the Revolution in Great Britain)에 제출된 리차드 프라이스(Richard Price)의 『나라 사랑에 관한 논문 *Discourse on the Love of Our Country*』이다. 나라 사랑은 '분명히 고결한 열정'이라고 프라이스는 말한다. 그러나 그것은 편견으로 잘못될 수도 있다. 그러므로 '나라 country'의 의미와 어떤 사랑이 나라에 대한 사랑인지 명확히 할 필요가 있다.

> 이 경우에, 우리나라는 우리가 어쩌다 태어나게 된 지구상의 일부인 땅이 아니다; 숲도 밭도 아니고, 우리가 구성원인 공동체이다; 또는 같은 법의 보호를 받고 같은 시민 정체로 함께 엮여 있는 동일한 정부 제도 하에 우리와 결합되어 있는 동료, 친구와 친지 집단이다.[2)]

우정과 동료애로 결속된 평등한 시민으로 구성된 정치공동체는, 우리의 나라라는 우월성에 대한 신념으로 지지되거나 우리의 판단과 평가 방식의 편파성에 경도된 사랑이 아니라, 정의에 근거한 사랑을 필요로 한다. 우리는 '우리의 친구, 우리나라, 그리고 간단히 말해 우리에 관계되는 모든 것'을 과대평가하기 쉽다. 그러나 애국주의는 이를 요구하는 것이 아니다. 애국자는 다음과 같이 현명한 사람이어야 한다;

> 그들에게 있는 그대로의 모든 것을 생각하고, 자신의 이해를 가리기 위한 어떤 치우친 감정을 참지 않는 사람. 다른 가족에도 내 가족에서 보다 더 가치 있는 것이 있을 수 있다. 다른 친구 집단이 더 지혜로울 수도 있다. 그리고 다른 나라에도 존중받을 받을만한 것이 많이 있을 수 있다. 그럼에도 불구하고, 우리의 가족과 친구와 나라를 사랑하고 우선적으로 그들에게 좋은 것을 먼저 추구해야 하는 우리의 의무는 여전히 동일하다.[3)]

나라 사랑은 우리가 모든 것을 조사할 자격이 없는 것(우리가 그렇게 할 경우, 그것이 가치 없다는 것을 알게 될 것이기 때문에)에 대한 애착도 아니고, 다른 것보다 우리가 더 가치를 두는 것(그것은 우리에게 배타적으로 속한 것이기 때문에)에 대한 애착도 아니다. 그것은 단순히 우리에게 우리나라와 다른 나라의 비교를 차치하고, 다른 나라의 좋은 것과 우리의 잘못된 것 모두에 관심을 가질 것을 요구한다.

고결한 미덕을 지키기 위해서, 우리 나라에 대한 사랑은 그릇된 믿음뿐만 아니라, 나라 사랑을 지배에 대한 사랑으로 타락시키는데 일정 책임이 있는 야망의 열정과 '경쟁심리'로부터 멀리 있어야 한다.

지금까지 그들의 나라 사랑은 인류에게 어떤 것인가? 지배에

> 대한 사랑 말고 무엇이 있었던가; 영토를 확장하고 주변 나라를 노예화시키면서, 정복에 대한 욕망과 위대함과 영광에 대한 갈망 아니던가? 다른 나라를 경멸하고, 사람들로 하여금 공동의 권리와 자유에 대항해 집단을 결성하고 분파를 형성하게 하는 맹목적이고 편협한 원칙 외에 무엇이 있었던가?[4)]

프라이스는 타락한 애국주의를 이기주의와 동일시한다. 개인들이 다른 이의 권리를 침해하고 다른 사람을 짓밟으면서 자신이 나아가려고 하는 동일한 경향을 통해, 나라도 다른 나라의 권리를 빼앗고 그들을 지배하게 된다. 칭송받는 고대의 애국주의는 사실상 자만심, 편파성, 지배의 욕망으로 타락한 나라 사랑이었다.

> 유대인들의 나라 사랑은 자신들만의 왜곡된 편파성, 다른 모든 민족에 대한 경멸 외에 무엇이었는가? 고대 로마인들의 나라 사랑은 무엇이었는가? 그에 대해서는 들은 것이 많다; 그러나 진행과정에서 그것이 아무리 위대하게 보였을지라도, 일반적으로 그것은 자신들의 자유만 제외하고 다른 모든 자유를 압살하려고 했던 시도에서 보면 강도 집단을 함께 엮어놓은 원칙에 불과했다고 말하지 않을 수 없다.[5)]

나라 사랑은 열정의 혼합이고 다른 조합이 가능해 보인다. 그것은 자유에 대한 사랑, 공통적 권리에 대한 존중, 인본성을 향한 박애와 용기로 만들어질 수 있는 것이다. 그것은 또한 자부심, 야심, 자기중심성, 그리고 편파성의 조합이 될 수도 있다. 오직 이성만이 '이러한 [나라 사랑에 대한] 열정을 교정하고 정화시킬 수' 있고, 정당하고 합리적인 행동원칙을 만들 수 있게 된다. 그러나 그것을 인본성에 대한 사랑으로 흡수하고 변형시키는 한 이성이 나라 사랑 개념을 정화시킬 수 있으리라 기대할 수는 없다. 이성은 열정에 한계를 설정해야 하지만, 다시 자연과 하나님의 지혜가 놓은 경계를 존중해야만 한다.

> 우리에게 가까운 정도와 그들에게 필요한 힘의 정도에 따라, 우리의 애정을 다른 이들에게 보다 인류에게 더 많이 쏟아부을 수 있도록 우리가 만들어졌다고 당신이 생각할 수 있기를 기원한다. 그것이 우리 창조주의 지혜와 선함을 드러내는 자연의 질서에 존재하는 특징이라는 점은 명백하다. 우리의 애정이 우리의 모든 동료 피조물에게 똑같이 규정되어 있기 때문에, 인간의 삶은 때로 당황스럽고 혼란스러운 것이다.6)

정화된 나라 사랑은 더 이상 격렬하지도 않고 야심, 이기심과 자만심으로 오염된 사랑도 아니다; 그것은 단순히 배타적이지도 않다. 변하는 것은 강도가 아니라 사랑의 유형이다. 정화된 나라 사랑은 우리로 하여금 공동선에 우리의 최선을 다해 헌신하게 하고 동시에 '우리를 세계의 시민으로 간주하고 다른 나라의 권리에 대한 정당한 관심을 유지' 하도록 하는 강력한 열정으로 남게 된다. 그 복합적 특성 때문에, 애국주의는 변화에 열려있다. 한 가지 가능한 화합물은 인본성에 대한 깊은 자비와 결합된 나라에 대한 강렬한 사랑일 수도 있다. 이는 사실상 흔하지 않은 아름다운 산물이다. 분명히 이성의 차원에서는 많은 일이 요구되지만 확실히 가치 있는 일이다.

나라 사랑은 우리를 나라에 주는 것일 뿐만 아니라, 인간의 삶에서 최고의 것을 나라에 주는 것을 의미 한다; 그것은 진리와 미덕과 자유이다. 우리가 진정으로 우리나라와 동료 시민을 사랑한다면, 우리는 그들이 자유로운 인간으로 살아갈 수 있기를 원해야 한다. 이것이 가능하기 위해서, 그들은 시민 정부에 대한 진실되고 정의로운 개념을 알고 있어야 한다; 정부의 목적은 그들을 상해로부터 보호하고 그들의 권리를 지키는 것임을 알아야 한다. 동료 시민들에게 진실을 알려 줌으로서, 우리는 그들이 참주정에 대항할 수 있는 강력한 무기를 주게 되는 것이다. 애국자의 특징적 징표는 미움, 불관용, 박해와 무지가 아니라 진리에 대한 의무이다.

지식 없는 미덕은 맹목적 열정이고 미덕 없는 지식은 악을 양성할 뿐이기 때문에, 진리와 지식이라는 분리할 수 없는 한 쌍이 바로 미덕인 것이다.[7] 애국자는 진리와 미덕을 키워야 하고, 자유를 열정의 최우선 목표로 설정해야 한다. 자유에 대한 책임은 그가 전제정으로 갈 수 있는 정부의 경향성에 대해 경계해야 할 의무가 있음을 의미 한다. 경계가 사라질 때는 언제든지, 인민은 '노예가 될' 위험에 처하게 되고, 그들의 노예가 곧 이어 그들의 주인이 되고 말 것이라는 것에 프라이스는 고전 공화주의 논의를 재인용하면서 주목한다.[8] 훌륭한 애국자로 행동하는데 있어, 우리는 그러므로 '최선의 방식으로 우리나라의 이익과 마찬가지로 우리의 사적 이익'을 진작시킬 것이다.[9] 이는 또한 애국자는 외부 침입에서 나라를 방어하기 위해 언제라도 전쟁에 나갈 준비가 되어있어야 함을 의미하기도 한다. 그러나 오직 방어적 전쟁만이 '정당한 전쟁'이다; 공격 전쟁은 반대로 '사악하고 혐오적'이다. 나라 사랑은 나라의 지유를 지키기 위해 자신의 삶을 내놓는 애국자를 필요로 하지만, 결코 다른 나라를 정복하거나 지배하는데 자신의 생명을 던지지는 않는다.

그의 『논고』에서 프라이스는 공화주의자처럼 말한다; 그러나 그는 또한 기독교적이기도 하다. 그리스도가 하나님에 대한 사랑, 다음으로는 나라에 대한 사랑이 아니라 인류에 대한 사랑을 가르쳤음을 그는 즉각적으로 인식한다. 그러나 그의 사례를 통해 그리스도는 나라 사랑이 우리의 의무에 포함되어 있음을 보여주었다. 그 나라가 아무리 사악해도, 그리스도가 나라에 대한 다정하고 '특별한' 애정을 가지고 있었다는 것은 복음서를 통해 알 수 있다. 누가복음 19장 42절에 나타난 예루살렘으로의 마지막 여행에서, 그리스도는 예루살렘을 위해 울면서 이렇게 말한다: "너도 오늘 평화에 관한 일을 알았더라면." 예루살렘은 그의 사랑을 거부했지만, 그리스도는 독설이 아니라 비탄으로 답한다. 그는 저주가 아니라 슬픔을 보인다. 예루살렘이 그와 예언자들에게 행한 악도 그의 연민을 소멸시키지 못했다. '예루살렘아, 예루살렘아, 선지자들을 죽이고 네게 파송된 자들을 돌로 치는 자여. 암탉이 제 새끼를 날개 아래에 모음 같이 내가 너희의 자녀를 모으려 한 일이 몇 번이냐? 그러나 너희가 원하지 아니하였도다.'(누가복음 13장 34절)[10]

두려움은 나라 사랑을 맹목적으로 만들기 쉽다. 외부 침입과 공격이 급박해 보일 때, 탁월함의 공간도 별로 없고, 비판적 거리를 유지할만한 공간도 없다. 그러나 1803-4년 영국에서 나폴레옹 침입의 공포가 나라에 퍼져있을 때, 애국자는 자유라는 애국주의 언어를 포기하지 않았다. 그들은 나라를 지키기 위해 지원해달라고 동료들을 소집했고, 애국주의는 평등한 법으로 보호되는 정치적 시민적 자유, 언론의 자유, 불편부당한 법률행정과 고귀한 삶의 수준에 대한 우선적 의무임을 그들이 깨닫도록 했다.

애국주의의 의미를 국가의 이상에 대한 의무로서 더 잘 해설한 자료는 윌리엄 프렌드(William Frend)의 논문 『애국주의; 또는 우리 나라에 대한 사랑 *Patriotism; or the Love of our Country*』이다. 이는 1804년 나폴레옹이 영국 침략을 위협한 이후에 발간되었다. 애국주의는 본성적으로 발현되고 자유에의 습관으로 유지되는 고결하고 품위 있는 영혼의 열정이라고 그는 강조한다. 그리고 그는, 자신들이 거주하는 땅 - 정복의 권리로 인해 주인에게 속한 땅 - 을 나라로 간주하지 못하는 힌두 사례를 언급하면서, 나라는 전제정체 아래서는 존재할 수 없는 것이라는 몽테스키외와 루소의 사상을 상세히 설명한다. 다양한 계급(caste)으로 분할되어 있는 힌두인들에게는 공동의 유대가 없어, '그들에게는 나라가 없다'. 그리고 나라에의 소속감 없이, 그들이 애국주의의 에너지를 발산하기를 기대할 수는 없는 일이다.[11]

전체로부터 부분으로 진행하는 하나님의 사랑과 달리, 인간의 사랑은 부분에서 전체로 진행하는 것이다.

> 작은 자갈이 평화로운 호수를 흔드는 것 같이;
> 중심이 움직이고, 원이 이어진다.
> 다른 것은 여전하고, 여전히 다른 것이 퍼져나간다;
> 친구, 부모, 이웃, 그것이 품어야 할 첫 번째;
> 다음으로는 그의 나라, 다음에는 모든 인류;
> 넓게 더 넓게, 정신의 흐름이여 넘쳐 흘러라
> 모든 종류, 모든 피조물이 받아들여.
> 지구는 무한한 풍요로움과 함께 미소짓는다.
> 그리고 하늘이여, 가슴에 있는 그 영상을 보라.[12]

그러나 사랑의 확장적 돌진은 어느 단계에서 멈춘다. 부모가 잔인하고, 냉정하고, 편파적이라면 아이는 순종적이 되지만, 그를 사랑하게 되지는 않는다. 나라 사랑도 마찬가지이다; 사랑받기 위해서, 나라도 사랑할만한 가치가 있어야 한다. 사랑하는 자는 설명을 요구하고, 그의 요구는 나라에 이득이 되어야 한다는 의미이고 무관심한 관찰자나 중립적 조사자의 정당화를 위한 요청보다 더 강력하다.

> 우리는 모두 개인이 공동체에 가하는 부정의에 민감하고, 그 힘은 처벌을 중하게 하면서 법에 대한 준수를 보장한다. 개인에 대한 공동체의 부정의는 무시된 채 넘어 간다; 그러나 의무는 상호적이다. 공동체가 그 행동 때문에 처벌받을 수 없다해도, 처벌받지 않고 깨어진 그 법을 자연은 그대로 넘어가지 않는다; 공동체에 있는 각 개인의 도덕적 인격은 그가 그 범죄행위에 참여한 정도에 따라 책임을 지게 된다; 그리고 공동체가 완전하게 오염되었을 때, 그 효과는 멸망과 파괴로 나타난다.[13]

나라는 개인에 앞서 존재하고 죽음 이후에도 존재할 것이다. 개인의 사랑을 원한다면, 나라는 개인을 사랑으로 포용해야 한다. "나라는 개인을 사랑해야 한다. 그렇지 않으면 개인은 나라를 사랑하지 않을 것이다."[14] 나라는 사랑의 마르지 않는 원천이 되어야 한다. 나라 사랑은 그리스도교도의 하나님 사랑과 같이 작동하는 것이다; 여기서 소유격(하나님'의' 사랑)은 사랑의 대상이 아니라 사랑의 소유자를 지칭한다. 하나님의 사랑은 하나님이 그들을 향한 자신의 사랑을 통해 인간의 가슴에 만들어놓은 사랑이다; 프렌드의 설명에 따르면, 전체로부터 부분으로 가는 사랑과, 반대로, 부분으로부터 전체로도 확장하는 사랑을 생산하는 사랑을 통해서 나라는 자신의 사랑으로 개인의 사랑을 불러일으킬 수 있다. 하나님과 달리 나라는 시민의 애국심에 의존하기 때문에, 나라에 애국자가 있다는 것은 커다란 축복이다. 나라는 그것이 가능하도록 해야 한다.

나라는 정치를 통해서 애국주의가 발생하게 할 수 있다. 법, 제도와 관습이 공화국의 이상으로 채워진다면, 시민은 나라를 사랑할 것이다. 공화국이 되기 위해, 나라는 우선 법의 평등의 원칙을 존중해야 한다. 사회적 지위가 어떻든 간에, 모든 시민은 법 앞에 평등해야 한다. 우선적 취급과 예외는 공동 복지에 대한 책임을 약화시키면서 시민들 간의 적의와 분열을 조장한다. 수세기동안 공화주의 정치 사상가들이 강조해왔던 바와 같이, 애국주의에 도움이 되는 유일한 특권과 차별은 미덕에 근거한 것들 뿐이다.[15] 평등과 함께, 법은 또한 정당해야 한다; "법은 인민의 유익을 위해 만들어져야 하고 그들의 상황에 맞게 되어 있어야 한다." 그렇지 않으면 그들이 아무리 평등하다 할지라도, 그들은 나라에 대한 반감과 혐오를 드러내게 된다. 똑같이 중요한 것으로 '개인적이고 정신적인' 소유의 보호가 있다. 그리고 둘 중에서 '정신의 보호는 육체의 보호보다 더 중요하다';

> 정신의 행위를 정부가 제어한다면, 종교적이고 정치적 주체에 대해 그 자신과 달리 생각한다고 추정하는 모든 개인에 전쟁을 선포한다면, 그것은 즉시 정부에서의 박해 정도에 따라 최소한 다른 집단의 애국심 증가 없이 한 집단의 정신을 소외시켜야 하는 주체간의 차이를 발생시킨다.[16]

좋은 법과 좋은 제도에 더하여, 애국주의는 고귀하고 고결한 정신에 포상하고, 보통 부유한 사람들에게서 발견되는 사치와 음탕, 미신과 이기심을 경멸하는 공동체를 필요로 한다. 부유한 인간은 모든 것을 자신의 것으로 돌린다. 그는 자아를 넘어서 자신의 동료와 나라로 사랑을 확장할 수 없다. 애국주의는 그러한 사랑의 확장을 요구한다. 나라가 저지르는 최대의 실수는 부에 특권을 허락하는 것이다. 부유해지는 것이 잘못은 아니다. 그러나 가난을 비웃고 경멸하면서 부를 명예롭게 하고 보상하는 나라는 사랑받기 어렵다; [이 나라에서] 부유한 자는 비천하고 이기적이기 때문에 나라를 사랑하지 않는다; 가난한 자는 그들이 멸시당하고 무시당하기 때문에 사랑하지 않는다.[17)]

프렌드가 보기에, 진정한 애국주의는 사회의 상층보다는 하층에서 발견된다. 하층 계급에 대한 나라의 첫 번째 의무는 법정에서 그들을 정당하게 대해주는 것뿐만 아니라, 그들이 품위 있게 살아가도록 확인해주는 일이다. 애국주의는 부유한 자들의 탐욕으로 발생한 사회적 부정의의 교정을 요구한다.

> 대도시에 인간이 사는 집은 불결하고 악취로 가득 차있다. 천상의 빛이 거기에는 거의 들어가지도 못한다. 비참하고 불행한 것들이 출생부터 유아들을 둘러싸고 있다. 이런 장소에서 애국주의가 생길 수 있을까?[18)]

그것은 또한 인민이 정부에 일정 지분을 가지고 있을 것을 요구한다. 이는 선거로 시작되는데, 선거는 보다 자주 실행되어야 하고, 유권자의 수는 확대되어야 한다. 대중의 참여는 소요사태를 증가시키기도 하지만, 애국주의를 지탱하기도 한다. 인민을 정치적 권리에서 배제하는 데서 오는 평화는 무기력한 전제정과 같은 것이다; 활발한 시민활동에서 오는 소요보다 [무기력해서 고요한 전제정이] 더 선호될 수는 없는 일이다. 애국주의는 공공 활동에의 참여를 요구한다. 나라의 정부를 공유하는 개인이 다음과 같을 것이기 때문에;

> [정부를 공유하는 개인은] 활동적이고, 근면하며, 충분한 자원을 가지고 있다. 특수한 상황으로 그들의 애국주의의 효과가 파괴되지 않는다면, 그것은 무적이다. 정부를 공유하지 않는 곳에서, 애국주의는 찾아보기 어렵다. 둔하고 무력한 대중이 땅에서 무위로 지낼 뿐이다. 정신의 최고의 역량과 가슴 속 최고의 감정을 발휘하지도 못한 채 존재는 태어나고 죽는다.[19]

그러나 나라 사랑은 인본성과 하나님에 대한 우리의 의무로 규정된 자체 한계가 있다. 그것은, 나라가 적의 공격을 받을 때, 나라를 지키라고 우리에게 요구한다. '나머지 인류'에 대해 나쁜 일을 나라가 자행하는데 동참하라고 우리에게 요구할 수는 없다. 인도와 노예 무역에서의 영국의 전쟁은 애국주의의 이름으로 정당화될 수 없다. 언제나 달성해야 할 더 높은 의무가 있다. 우리나라가 그때 달성하지 않으면, 우리의 사랑은 '멈춰야 한다'. 하나님이 이스라엘 사람들에게 약속한 땅 가나안의 거주민 이야기가 한 가지 사례이다. 자신의 나라를 점유한 이스라엘 사람들의 권리는 '기쁨으로 지구상의 일부 지역을 분할한 자'가 보장하는 것이었기에, 논란의 여지가 없었다; 그러나 나라 사랑은 그들을 일깨워 침입자에게 저항하게 하였다. 그들은 하나님의 의지를 무시하기로 선택했고, 그들은 전적인 파멸이라는 벌을 받았다. 같은 운명이 이스라엘 사람들에게도 발생하였다. 하나님이 보기에 가증한 악과 미신이 유다 왕국의 주민들에게 전해졌고, '땅에 거주하기에 부적합'하게 되었다. 그들의 파멸은 피할 수 없는 것이었고, 예레미야는 그들에게 하나님의 뜻을 따르라고 촉구했다. 이 경우에, 예레미야는 "진실되고 유일한 애국자"인 반면, 인민들을 저항하도록 부추긴 군주는 사악했다.[20] 예레미야가 단순히 하나님의 뜻에 복종하라고 사람들에게 권유했다면, 그는 경건한 사람이 되었겠지만 진실한 애국자는 되지 못했을 것이다. 프렌드에 따르면, 그는 사람들의 불행을 해결하기 위해 말했기 때문에 애국자였고, 하나님의 가혹하지만 공정한 평결을 인정했기 때문에 그렇게 행동하였던 것이다; '그렇게 사악하고 혐오스러운 사람들에게는 어떤 사랑도 내려질 수 없었다.' 우리의 인민과의 결별은 예레미야의 노래가 절절하게 보여주는 바와 같이 고통스럽다. 그러나, 우리를 위해서가 아니라 우리나라를 위해서 행해져야 하는 사례도 있다. 사랑받기 위해, 나라는 사랑할만한 가치가 있어야 한다. 탐욕으로 정복한 제국주의 영국과 타락한 이스라엘은 그렇지 않았다. 그들은 애국자의 사랑을 받을만한 가치가 없었다.

대신에, 개인에게 나라가 있고, 나라가 '존경의 대상'일 때, '나라의 안보와 해방을 위해서 어떤 노력도 시도되지 않은 것이 없고, 어떤 희생도 - 그것이 아무리 크더라도 - 치러지지 않은 것이 없다.'[21] 진정한 나라 사랑은 기독교적 가르침과 달리 가지 않는다. '그(예수 그리스도)가 이웃에 대한 사랑을 끊임없이 주입하고 그 사랑을 우리의 원수에게까지 확장하라는 말을 들을 때, 나는 우리의 이웃에 대한 사랑의 한 부분을 그가 배제한다는 것과 그의 사도가 되어서 우리가 우리의 나라에 대한 모든 관심을 다 던져버려야 한다'는 것을 생각할 수 없다.[22] 하나님에 대한 사랑은 우리에게 나라 사랑을 절제하게 하지만, 금지하거나 거부하게 하지는 않는다. 그 순수한 형태로, 나라 사랑은 그것이 공동체 국가에 대한 고결한 사랑이기 때문에 '인간의 가장 고귀한 훈장'인 그 사랑의 하나인 것이다.[23] 그리고 국가는 헌법, 평등한 권리, 불편부당한 정의, 정직한 사업에 대한 보상, 가난한 자에 대한 존중과 보호 등을 의미한다. 자유 - 우리의 조상들이 투쟁해서 얻어낸 자유 - 가 영국을 특별하게 만들었기에, 영국은 사랑받아야 한다고 프렌드는 자원봉사자들에게 한 그의 연설에서 강조한다.

> 그렇다. 영국의 자원봉사자들이여! 당신들이 보호하는 땅은, 다른 이들이 도저히 자랑할 수 없는, 당신의 가치에 대해 주장한다. 더 평등한 손으로 모든 인간의 권리를 인정한 헌법이 어디에 있는가? 예외가 거의 없이 보다 평등하게 적용되는 정의가 어디에 있는가? 보다 많은 보상이 확실한 정직한 기업의 노력은 어디에 있는가? 가난한 자가 더 존경받고 부자가 권력을 함부로 남용하지 않고, 아랫사람을 경멸하지 않는 그런 곳이 어디인가? 자유는 다양한 나라에서 시인들의 주제가 되었다; 그러나 여기서, 실질적으로 향유되고 있다; 여기에 우리의 조상들이 진정한 국가의 기초를 놓았다.[24]

주장의 근거로서 공화주의적 애국주의라는 용어를 사용했던 자들이 영국 급진파만은 아니었다. 나폴레옹의 침입에 대항해서 투쟁한 스페인 애국자들도 자유의 원칙과 좋은 정부에 근거한 파트리아(patria; 나라) 개념을 형성하기 위해 그 언어를 사용했다.

스페인 독립전쟁 기간에 대한 논문에서 우리가 읽은 '파트리아'는 통상적인 시각처럼 개인이나 집단의 출생 장소를 의미하는 것이 아니라, 고대인들이 제대로 주장했던 것처럼 그들이 속한 그리고 그들의 법을 보호하고 행복을 보장하는 사회의 상태를 의미했다. 파트리아는 파테르(pater; 아버지)에서 유래하고, 사랑, 조화, 행복이라는 가족적 이미지를 불러낸다. 근본적인 차이는 다시 나라(patria/patrie)*와 지역(pays)사이에 있다; 지역은 우리가 태어나고 살아가는 어떤 장소 또는 어떤 공동체이고, 나라는 자유와 좋은 정부만 의미한다. '모든 이의 이익을 지향하는 법이 없는 곳에, 공동의 이익에 민감한 온정적 정부가 없는 곳에,... 틀림없이 지역[pays], 인민, 인간 집단은 있지만, 나라는 없었다.'[25)]

공화주의적 애국주의는 나라 사랑을 군주제에의 충성이나 영웅적 가치와 구별하기 위해 사용되었다. 다른 논문에서 우리가 읽은 바로는, 진정한 애국주의란 영혼의 위대함이자 인간으로 하여금 위대한 일을 추구하도록 하게 하는 도덕적 능력이다; "당신은 훌륭한 애국자로 선택되기를 원하는가? 위대해지는 방법을 습득하라! 나라에 봉사하는 것 말고 다른 야심이나 다른 감정을 가슴 속에 자리 잡게 하지 말아라! 나라를 건설하는 기쁨이 고결한 가슴이 의지하는 가장 고귀한 보상이 아니던가?"[26)] 여기서 다시 루소의 전형적 용어를 빌리자면, 나라는 자유이고 시민권이다.

> 자신이 태어난 장소에서 살아가고 그가 최초로 보았던 것과 최초로 말했던 것을 전달했던 것들 사이에 있으면서, 자신이 나라에 거주하고 있다고 생각한 것은 엄청난 실수였다... 공법의 엄

---

* patria는 이탈리아어 patrie는 프랑스어로 '나라'를 의미한다.

격성에 따라 시민이 없는 곳에 나라는 없으며, 시민은 시민적 자유가 있을 때만 존재한다. 정치 제도 없이 시민의 지유도 있을 수 없으며, 시민이 법의 제정에 개입하지 않고 법 앞에 평등하지 않은 곳에도 시민의 자유는 없다. 나라는 우리가 태어난 특정한 마을이나 지역, 국가가 아니다; 그것은 정당하고 온건하며 동의된 법 아래 살아가면서, 우리가 삶의 즐거움, 노동의 결실, 기업의 이익 그리고 우리의 불가분의 권리의 변경할 수 없는 소유를 향유해온 사회나 국가이다.[27)]

이러한 방식으로 이해하면, 애국주의는 명백히 군주제적 충성과 다르다. 다른 뛰어난 애국자가 같은 시기에 주목하듯이, 나라(patria) 라는 단어는 스페인 군주의 언어가 아니었다; 그들은 '나의 왕좌', '나의 국가', '나의 가신' 같은 용어를 사용한다. 나폴레옹의 침입이라는 재난에 대처하면서 스페인 인민들이 일어서서 자신들이 대의에 헌신해야 할 힘을 발견했을 때, 파트리아라는 단어는 다시 사용되고 의미를 가지게 되었다: "재난의 순간에 그렇게도 위대하고 희망에 가득찬 단어 파트리, 정치적 삶에서 쓸모없는 단어가 아닌 파트리가 지금 우리의 가슴 속에서 완성된 것을 보고 있다."[28)]

그러나 유럽이 아닌 다른 곳에서 애국주의는 공화주의 전통으로부터 파생되었으며, 프랑스 대혁명은 자유로의 길을 찾아가는데 그 사람들을 돕는 수단으로 적절치 않다는 것이 증명되었다. 파트리의 순수한 정치적 이상은 너무나 추상적으로 들렸다. 자유에 대한 사랑을 위해 반란에 호소하게 되자 많은 사람들은 냉담하고 미온적이 되었던 것이다. 나라에 대한 다른 개념이 고안되었다; 다른 사랑이 필요해진 것이다.

공화주의적 애국주의에 대한 새로운 비판의 사례 중 가장 뛰어난 것은 빈센조 쿠오코(Vincenzo Cuoco)의 『1799년 나폴리 혁명에 대한 역사적 논문 *Saggio storico sulla rivoluzione napoletana del 1799*』이고, 나폴리 애국자들의 다른 자료도 있다. 애국자의 자유에 대한 책임을 공유하고 찬양했음에도 불구하고, 쿠오코는 온화하지만 단호하게 그들이 부적절한 정치적 지식(이는 부분적으로 나폴리 사람들의 관습, 역사, 전통에 대한 지식과 이해의 부족에 기인한다)을 비난한다. 그들이 말하는 '공화국'과 '파트리아'라는 단어는 위선적으로 들렸다.

> 우리의 애국자(우리는 모든 혁명기에 적용하지만 좋은 것들을 거스르지 않는 표현을 사용한다면) 중에서, 다수는 입으로만 공화국을 말하고, 다수는 마음으로만 생각하지만, 가슴 속에 담아두는 이는 거의 없다. 다수에게, 혁명은 놀라운 일이었다. 프랑스인이었기 때문에 그들은 공화주의자였다. 일부는 목표를 추구하는 공화주의자였고, 일부는 미신을 제거하기 위해 정부의 특허가 필요할 때처럼 반종교적 공화주의자였다. 일부는 자유와 방종을 혼동했고, 혁명이 그들에게 비난받지 않고 국가의 행위를 모욕할 수 있는 권리를 얻게 해줄 수 있다고 믿었다. 결과적으로 다수에게, 혁명은 계산된 행동이었다.[29]

그들은 자유에 대해 말했지만, 사람들은 그들이 의미하는 바를 이해하지 못했다. 그리고 애국자들도, 그들이 문화적으로 인민과 멀리 떨어져 있었기 때문에, 이해받을 수 없었다. 과도하게 추상적인 자유 개념이 그것을 파괴한다. 쿠오코는 이렇게 말한다.

[자유는] 안보, 안락한 생활, 주민 집단, 절세, 산업의 성장 그리고 많은 현실적 이익들처럼 그것이 다른 좋은 것들을 만들어내기 때문에 좋은 것이다. 그리고 그러한 이익을 좋아하기 때문에, 사람들은 그때 자유를 사랑하게 된다. 그러한 보상 없이도 자유에 대한 사랑을 가지게 된 자는 '그 자체로(for himself)' 사랑받고 싶어했던 마르몽텔의 알키비아데스(Alcibiades of Marmontel)와 유사하다.[30]

나폴리인들은 공평한 과세, 귀족들간 다툼과 불화의 종결, 성직자와 왕에게 속한 토지의 재분배를 원했다. '애국자'나 프랑스인의 방해 없이 자체적으로 통치할 기회가 있었던 혁명기간 동안, 그들은 이러한 목표를 달성하기 위해 고안된 법을 통과시켰다. 그리고 자유를 얻게 된 모든 곳에서 그들은 위대하게 영웅적으로 그것을 지켰다.[31]

애국자들의 수사와 정책은 사실상 소수에게만 인정받는 이상으로 구성되어 있었다. "이제 당신들은 자유다"라고 그들은 인민들에게 선포했다. 그러나 인민들은 자유가 무엇인지 아직 알지 못했다는데 쿠오코는 주목한다; 그것은 감정의 정서였고 사상이 아니었다. 말로 지시되는 것이 아니라 현실에서 경험되어야 하는 것이었다. "당신의 클로디우스는 도망갔고, 메살리나는 떨고 있다." 나폴리 인들이 그들의 행복을 이해하기 위해 로마 역사를 공부해야 하는가? "인간이 모든 권리를 회복했다." 무슨 권리? "평등의 원칙에 근거한 자유롭고 정당한 정부를 이제 당신은 가지고 있다. 공직은 이제 더 이상 귀족과 부유한 자들의 특권이 아닐 것이고 덕있는 자들이 가지는 보상이 될 것이다!" 이것들은 사실 미덕이나 재능에는 관심이 없고 오직 잘 지배받기만을 원했던 사람들에게는 강력한 동기였다.

쿠오코의 분석에서, 지유는 문화적 통합을 요구한다. 나폴리 혁명을 약화시킨 주요 원인중 하나는 애국자와 인민의 문화가 달랐다는 사실이었다. 쿠오코가 지적하듯이, 그들은 다른 사상, 다른 관습을 가지고 있었고, 심지어는 언어도 달랐다. 문화적으로 애국자들은 프랑스인 또는 영국인이었다; 공화국을 위한 투쟁을 위해 소집된 인민들은 문화적으로 나폴리인이었다. 공화국의 초기에, 외국 문화에 대한 애국자들의 선망은 '자유를 형성하는데 가장 큰 장애물'이었다. 왜냐하면 인민들은 그들의 문화를 이해하지 못했고, 그것을 경멸했기 때문이다. 외국문화는 분열의 원인이 되었고 전 인민을 위한 시민적, 정치적 교육을 지연시켰다. 나라에 잘 봉사하기 위해, 사람들은 그것[나라]을 사랑해야 한다. 그러나 고전적 개념의 자유에 대한 사랑에서 나라 사랑은 자존감으로 유지되어야 한다; 자신의 문화와 역사에 대한 존중으로 말이다. 공공 교육을 통해 가능하고 민족적 자부심을 만들어내는 나라 사랑은 프랑스인들에게 혁명을 성공적으로 수행할 힘을 주었다. 문화적 단일성과 민족적 자부심의 부족은 나폴리인들의 자유에 대한 사랑을 약화시켰고 그들의 혁명은 실패할 수밖에 없었다.

쿠오코의 논문은 공화주의자의 정치적 애국주의를 비판하는데, 이는 정치적 취약성의 중요 요인으로 작동한 문화적 부적절성 때문이다. 정치적 자유에 대한 애국자의 의무는 자신만의 민족 문화로의 연결을 통해 통합되고 완성되어야 했던 것이다. 공화주의자가 되는 것으로 충분하지 않다; 그는 나폴리의 공화주의자가 되어야 했다. 나라를 사랑하지 않는다면, 그는 나라에 결코 도움이 될 수 없다; '그리고 민족에 가치를 두지 않는다면, 그는 결코 나라를 사랑할수 없는 것이다;' 즉, 인민의 특정한 문화를 말이다.[32] 그에게 나라와 민족은 각각 공화주의적 정치제도와 인민의 문화를 지칭하는 것이다. 애국자들은 공화국이라는 개념에서 나라를 사랑했고, 민족 - 나폴리인들의 문화, 삶의 방식과 관습 등 - 은 경멸하거나 최소한 거리를 두고자 했다.[33] 그들의 문화적 거리는 공화국에 대한 사랑을 불완전하게 했고 정치적으로 효율성도 가지지 못했다.

나라는 사랑의 대상이다; 민족은 존경과 긍지의 대상이다. 자기 민족을 존경하는 것이 나라 사랑의 필요조건이라고 쿠오코는 설명한다. 쿠오코가 의미하는 바에 따르면, 나라 사랑이란 정치적이고 문화적이어야 한다. 정치적 자유에 대한 의무는 무인격적 정치적 자유에 대한 의무가 아니라 특정한 인민의 정치적 자유에 대한 의무인 것이다. 그것은 단순히 실용적인 문제가 아니다. 중요한 것은 민족 문화에 대한 존중이 확인되지 않은 채, 나라 사랑만으로 유지되는 정치적 행위의 기능이 매우 부실하다는 것이다. 그것은 정치적 자유의 의미와 내용의 문제이기도 하다. 추구되고 투쟁해서 얻어져야 하는 자유는, 그것이 그 문화와 밀접하고 거기에 선천적으로 내재해 있기 때문에, 특정 인민이 사랑하고 원하는 자유라야 하는 것이다.

쿠오코에게 있어, 나라와 민족은 다른 개념이다. 전자는 여전히 공화국을 의미하고, 후자는 인민의 공통적 문화를 의미한다. 이들은 각기 다른 종류의 애착을 요구한다. 나라에는 우리의 사랑이, 민족에는 우리의 존경과 경의가 가야 한다. 사랑은 화합과 공유의 열정이다. 우리는 우리의 동료 시민과 공유하고 있는 공화국을 사랑한다. 나라가 우리의 사랑을 거부한다면, 우리는 거기에 무관심할 수도 있고 심지어는 싫어할 수도 있다. 존경, 경의와 자부심은 비교에 근거한 감정이다. 최소한 우리자신 만큼 가치를 인정할 때, 우리는 그 무엇인가 또는 누군가를 존중하거나 존경한다. 쿠오코는 사실상 애국자들을 비난하고 있다. 그들이 나폴리의 문화보다 프랑스와 영국의 문화에 더 높은 가치를 두고 있었기 때문이다. 그의 동료 나폴리인과 이탈리아인들에게 배워야 한다고 그가 생각했던 교훈은 공화국과 자유를 위한 투쟁이란 전제정치로부터 해방되기 원하는 인민들의 문화와 멀리 떨어져 있는 애국자들에게 의해 주도될 수 없다는 것이었다.

1799년 혁명에서 적극적 활동을 했던 또 다른 나폴리 애국자는 정치와 문화, 나라, 민족을 연결하는 것의 중요성을 강조했다. 예를 들어, 프란체스코 로모나코(Francesco Romonaco)는 나라가 되기 위해, 이탈리아에는 우선 민족정신과 정부가 있어야 함을 분명히 했다.[34] 확실히 민족정신을 강화하는 그 첫 번째 단계가 없을 수는 없었다는 의미에서 그는 옳았다. 그러나 우리가 일단 그것을 했다해도, 다른 것까지 할 수 있었을 지에 대해서는 확실하지 않다. 애국자의 정치적 책임은 인민의 문화에 대한 애착에 근거하고 있고 그것과 함께 가야 하는 것이었지만, 민족 문화에 대한 존중과 애착이 반드시 정치적 자유로 진화하는 것은 아니다. 그 변화는 정치적 행위와 수사를 통해서 발생하게 되어야 하고, 정당한 정치적 행위와 정당한 수사가 각 개별 사례에 맞게 사용되어야 하는 것이다. 모든 경우에 들어맞는 비법은 없다.

공화주의적 애국주의에 대한 보다 과격한 비판은 같은 시기에 독일에서 나온다. 쿠오코는 애국자들이 자유의 정치적 가치에 배타적인 애착을 보이고, 민족 문화를 경시한 것을 비판한데 반하여, 독일 사상가들은 민족의 정신적, 문화적 단일성의 가치 편에서 바로 사상적 가치의 우월성을 거부했다. 그들은 18세기 독일 지성계를 휩쓴 계몽의 언어와 세계주의에 반대했다. 학자들이 강조한 것처럼, 계몽시대 독일 지식인들은 세계주의자이거나 지방의 애국자였다.[35] 애국주의 언어 - 특히, 공화주의적 애국주의 - 는 그들에게는 거의 소용도 없었고 매력도 없었다. 대표적 사례로 인용되는 크리스토프 마틴 빌란트(Christoph Martin Wieland)는 자신의 『세계주의 연설 *Kosmopolitische Addresse*』에서 자신을 하찮고 고립된 세계주의자로 자랑스럽게 제시했다.[36] 1758년의 편지에서, 레싱(Lessing)은 애국주의에 대한 자신의 냉담함을 강력하게 표현했다; "열광적인 애국자가 되는 명예가 내가 반드시 따라야 하는 것 - 특히, 내가 세계의 시민이어야 한다는 사실을 잊으라 가르치는 애국주의 - 이지만, 아마도 내 안의 애국자가 완전히 짓눌려 있었던 적은 없었다."[37] 같은 해에 보낸 다른 편지에서, 그는 조국에 대한 사랑을 "내가 기꺼이 필요 없게 하는 과장된 약점"으로 묘사했다.[38] 수년 후에 괴테가 『철학사전 *Dictionnaire philosophique*』에 실린 볼테르의 글을 생각나게 하는 방식으로 조국에 대해 말한 바 있다. 조국은 공화국도 아니고 우리가 태어난 장소도 아니다. 다만 우리가 우리의 소유를 가지고 살 수 있고 우리를 품어주는 논밭과 집을 제공할 수 있는 세계의 어떤 장소일 뿐이다.[39]

자신을 애국자라 선언했던 몇몇은 애국주의를 지역적 충성심을 넘어서는 독일 제국에 대한 애착이라고 생각했다. 애국자라는 명칭은 '훌륭하고 명예로우며 법을 지키는 독일인'을 지칭하고, 독일의 비참한 정치적 현실에 책임 있는 군소 지역의 전제군주에 대항해서 '자유라는 위대한 공동의 이익'의 부활과 공동선에의 헌신을 호소한다고 당시 가장 목소리를 높이는 독일 애국자였던 칼 모제르(Karl Möser)는 기술했다. 그에게 있어, '자유'는 정치적 실체로서의 제국의 자유를, '공동선'은 황제의 신민으로서의 공동선을 의미했다. 그의 애국주의는 고대 공화국의 자유와 근대 영국의 자유주의 제도와 관계되는 것이 아니었다. 독일 애국자는 '자신이 독일인이지, 그리스인이나 로마인, 영국인이 아님'을 잊어서는 안된다고 그는 역설한다.[40] 그리스, 로마, 영국은 자유의 상징이었다; 독일 애국자는 자신이 우선 독일인임을 잊어서는 안된다고 말하면서, 그는 독일인으로서의 문화적 인종적 정체성이 정치적, 시민적 자유에 우선하는 것임을 의미했던 것이다.

애국주의와 정치적 자유 사이에 유사한 괴리가 유스투스 모제르(Justus Möser)에게서도 발견된다. 그에게, 애국주의는 프랑스 전제정(문화적 패권이라는 의미에서)에 대한 독일의 민족적 특색에 대한 옹호를 의미했다. 그도 자유를 기원하지만, 그의 자유는 공화주의의 자유와 공통점이 전혀 없었다. 그의 이상적 정체는 고대의 공화국이 아니라 그가 훌륭한 제도라고 칭송한 농노제에 기반한 중세 봉건 사회였다. 그의 애국적 화살이 목표로 하는 프랑스 전제정은 지방의 관습과 특권 위에 합리적인 법전과 관료적 규제를 부과하였고, 보다 중요한 것으로, 그가 고대의 신분제국가의 근대적 타락으로 간주한 시민적이고 정치적인 평등을 옹호하였다. 공화주의자와 자유주의자의 자유는 그에게 있어 특정 조합 또는 신분에 속한 자신의 자격과는 동 떨어진 추상적인 실체로 생각되는 개인의 자유였다; 즉, 명예도, 긍지도 책임도 없는 공허한 자유라고 그는 설명한다.[41] 그의 애국적 자유는 대신에 사회적이고 전문적 지위가 부과하는 의무를 충실하게 이행하기 위한 자유였던 것이다. 자유주의자의 자유에는 부족한 명예와 책임으로 자유가 보다 풍부해진다는 점에 그는 주목한다. 애국주의는 그에게 독일적 자유를 의미했고, 그것은 로마법과는 다른 독일법에 근거한 자유였다. 시민적이고 정치적인 평등에 대항하는 독일 중세 신분의 자유인 것이다. 그것은 인간의 자유도 아니고, 시민의 자유도 아니며, 신분을 구성하는 구성원의 자유 - 특히, 토지 소유자와 소자작농의 자유 - 였다. 그는 정치공동체는 국가(commonwealth)가 아니고 각 구성원이 지분을 소유하는 상인의 회사와 유사한 결사라는 주장으로 농노제를 정당화했다. 농노는 지분을 가지고 있지 않으며, 자기 자신이 지분이므로 인간이 아니라는 사실은 그의 애국주의에서 아무 문제도 되지 않았다. 그에게 있어, 조국은 동등한 정치적이고 시민적 권리를 가진 개인의 공동체가 아니라 위계적으로 정해진 법인체를 의미했기 때문이다.

18세기 후반 독일에서 애국주의 언어는 반평등주의적이었을 뿐만 아니라 비정치적 또는 반정치적이었다. 정치는 구체적인 역사적 문화와 인민의 정신에 둔감한 냉정하고 합리적인 계산법인 산술적 정치와 동일시되거나, 지방 법정과 제국 관료의 배타적 세력의 압도적인 분위기에 팽배되어 있었던 공정하지 못하고, 2류적이고 비굴한 관행과 연계되어 있었다. 헤르더(Herder)의 정신적 스승이었던 요한 게오르그 하만(Johann George Hamann)은 국가란 양심, 필요, 신중성(prudence)을 통해 우리가 제대로 심리하거나 사랑하기조차 하지 않고 받들어 온 이성의 괴물이다. 정부의 형태가 어떻든, 국가는 - 자연과 정신적 삶에서 돌이킬 수 없이 잘려나와 버린채 그것도 언어로만 표현되면서 - 인위적으로 만들어진 것이다. 그래서 우리는 이제 우리 자신을 삶의 불가해한 신성과 다시 연결하기 위하여 국가가 아니라 민족의 정신적 삶으로 주의를 돌려야 한다.

그러나 독일 애국주의의 공화주의적 자유에 대한 불신과 반정치적 정향의 가장 명백한 사례는 요한 고트프리드 헤르더(Johann Gottfried Herder)이다. 『우리에게는 여전히 옛날의 공공성과 조국이 있는가?』라는 초기 작품에서 그가 주목하였듯이, 조국은 여전히 자유를 의미하지만 더 이상 고대의 자유는 아니었던 것이다.

> 자유라는 달콤한 이름을 가진 조국이 여전히 우리에게 있는가? 우리가 자유라는 단어를 사용할 때, 고대와 다르게 생각할 경우에만 그렇다. 그들에게 자유는, 국가라는 바퀴를 한 손에 잡고, 자신을 넘어서는 어떤 다른 이름도 용납하지 않으려는 의지로, 안하무인으로 무례했다.[42]

근대 애국주의는 고대가 자유의 적을 퇴치하기 위해 필요하다고 생각했던 정신적 힘을 요구하지 않는다. 그것은 올바른 황제가 공화국보다 더 잘 보장할 수 있는 보다 많은 '적절한 자유'에 대한 보다 많은 통상적 개념의 의무와 책임에 불과하다.

> 우리 시대에, 모든 국가는 균형 체제로 정착되었다. 자신을 보호할 수 없는 자는 누구든지 보호자, 아버지를 필요로 한다; 우리의 인민은 더 이상 고대의 결연한 용기로 무장되어 있지 않다; 대신에 정직한 사람과 기독교인이 되기 위해 보다 세련되고 적절한 자유인 양심의 자유, 왕좌의 그늘 아래 자신의 삶과 포

도원을 평화롭고 쾌적하게 누리고 노동의 결실을 소유하는 자유가 널리 유행하고 있다; 자신의 행복과 안락을 형성하는 자유, 친밀한 자의 친구이며 자녀의 아버지와 보호자 말이다.[43]

청년 헤르더에게, 애국주의는 나라의 공동선을 위한 위대한 일을 달성하게 하는 힘을 주는 사랑이다. 그러나, 그는 애국주의의 보다 고상한 형태를 황제와 군주를 위해 유보한다. 그는 '노인들의 아버지이자 새로운 조국의 창조자'가 된 피요트르 대제를 '진정한 애국자'로 지적한다.[44] 애국주의는 그에게 자신의 신민들을 원치않는 농노 신분에서 해방될 수 있도록 영감을 주었고, 불운에 맞서 일어나기로 한 결정을 내리게 하였다. 시민 없이, 조국은 아버지에 의존할 수 없다. 황제의 원대한 애국주의와 신민의 일상적 애국주의는 근대인이 갈망하는 '적절한 자유'를 지켜내기에 충분하다.

그에게, 애국주의는 수세기동안 그렇게 믿어왔던 정치적 미덕이 아니라 스승 하만과 마찬가지로 전제정, 이기심, 맹목적 복종과 갈등으로 이해되는 정치에 대한 해독제이다. 정치의 본질은 다음 사상가들에게서 잘 드러난다; '인간에서 이기적인 욕망만이 존재한다고 주장한' 엘베시우스(Helvétius); 인간을 단순한 벌(bee)로 변형시킨 망드빌(Mandeville); '인간의 전두엽에 적의가 새겨져 있다'고 말한 홉스; 그리고 세금 징수관, 착취자와 외상거래를 통해 고혈을 빨아먹는 전제군주라는 괴물을 창조한 마키아벨리 등이다. 그러한 정치적 괴물은 인본성에서 '애국주의의 점잖은 감정'을 제거하고, 인간을 나라라는 보다 큰 전체의 일부가 아니라 우주의 중심으로 만들어 버린다.[45] 따라서 애국주의는 공동선에 대한 책임을 떠받치는 영적 연계성의 의미를 가지게 된다. 애국주의 없는 군주나 황제는 마키아벨리적 의미의 폭군이다. 비애국적 관료는 공동선을 위해 사적 이익을 희생할 수 없을 것이다. 비애국적 시민도 자신들의 사회적 의무를 이행하려하지 않을 것이다.

근대인이 고대의 격렬한 정치적 애국주의를 가지고 있지 않을지라도 애국적 군주는 그들에게 공화국이 시민들을 선동할 수 있다고 언급되는 것과 동일한 정도의 자기 희생을 요구할 수 있다. '조국, 군주, 황후'와 같은 단어는 '뼈속 깊이 감동하게 하고, 마음을 흔들고, 손을 다잡고 갑옷으로 무장한 가슴을 보호하면서 승리의 소리'로서 생기없는 용병이 아닌 모든 사람을 위한 울림이 될 것이다.[46] 조국이 '법과 수백명이 통치'하는 곳이든, '법과 한 명만이 통치'하는 곳이든, 통치자가 행복한 인민의 아버지나 어머니가 되는 한, 조국을 위해 죽는 것은 즐겁고 명예로운 일이다.

자신이 인정하다시피, 헤르더의 애국주의는, 조국에 대한 사랑이란 공화국에서만 번성할 수 있다는 생각에 도전하기 위해서, 실질적으로 1761년 출판된 『조국을 위한 죽음 *Death for the Fatherland*』이라는 제하의 성공적인 소논문의 저자인 토마스 앱트(Thomas Abbt)의 사상의 혜택을 보았다. 앱트는 자유가 없다면 조국의 소리를 들을 수 없다는 공화주의의 주장에 동의한다. 그러나 그는 또한 군주도 법의 지배로 보호되는 시민적 자유를 모두에게 확인해 줄 수 있다는 점도 지적한다.[47] 다시 공화주의적 관점과 일치하게 된 '조국'은 우리가 태어난 장소가 아니라, 단순히 개인의 자유를 제한하는 것이 아니라, 전체로서의 국가의 선에 봉사하는 법에 근거한 국가를 의미한다.[48] 군주를 포함하여 모두가 공동선을 지지하는 법에 굴복한다면, 군주정도 조국이 될 수 있는 것이다. 군주의 신민과 가장 자유로운 공화국의 시민과 차이는 없다. 그들은 모두 평등하게 법에 종속되어 있다. 누구도 자유롭지 못하지만, 국가 헌법의 정신에 따라 누구나 자유롭다.[49] 좋은 군주정에서는 사회적 계급에 관계없이 모두가 시민이고, 그들의 좋음(goodness)은 이 조국의 좋음과 하나이다.[50] 군주정은 우리가 사랑할 수 있는 조국이 될 수 있고, 우리가 그것을 사랑할 수 있다면, 그렇게 해야 한다고 앱트는 결론짓는다.[51]

앱트의 생각에 전적으로 동의하면서도, 헤르더는 조국 개념에 더 중요한 문화적 의미를 단호하게 더한다; 결정적인 문제는 정부 형태가 공화주의냐 군주정이냐가 아니라, 인민의 정신적 연합이 존재하는가이다. 그리스인들에게 조국이라는 이름은 공화국(즉, 자유와 결합된 복종)을 의미했다고 『그러나 다른 역사철학 *Yet Another Philosophy of History*』에서 그는 기술한다. 그러나 또한 바로 이어서 다음과 같이 설명한다. 정치적으로 다른 공화국, 인민, 식민지로 분할되어 있었음에도 불구하고, 그리스인들은 한 민족, 한 조국에 속한다는 공동 정신과 정서를 가지고 있었다. 반대로 근대인은 '더 이상 조국이나 어떤 혈연적 감정'을 느끼지 못한다고 그가 주장할 때, 그는 그들이 자유롭지 못하다는 것이 아니라 그들이 '세계의 박애주의적 시민'이 되기 위해 민족적 특성을 잃어버렸음을 의미했다.[52] 조국은 공화국일 수 있지만, 반드시 그럴 필요는 없다. 공통 언어에 근거한 정신적 연합체로 존재하는 한, 그것[조국]은 어떤 정부 형태로도 존재할 수 있는 것이다.

공동선의 개념은 헤르더의 애국주의에서 중심적 위치를 차지하고 있다. 때로, 그는 통상적인 공화주의적 주제를 사용하면서

공동선에의 헌신을 주장하기도 한다;

> 그는 권유한다. 당신의 조국을 사랑하라; 거기에 당신은 당신의 생명, 교육, 부모와 친구라는 빚을 지고 있고, 그 안에서 당신은 가장 행복한 유소년기와 청년기를 보냈다. 조국에 훌륭한 자산이 되고, 가치있는 사람이 되어라; 그[조국의] 법에 관심을 가져라. 그러나 판관이 되지 말고 지지자가 되어라. 공동선에 공헌하는 자는 조국의 가치 있는 자녀이다.[53]

조국이라는 단어는 공동선을 위한 자신의 몫만큼 일을 하게 하는 보다 큰 통일체 (그것이 크든 작든)에 속한다는 감정을 자아낸다. 공동선에 대한 애착은 정치적이기보다는 문화적이고 정신적인 단일성 개념으로 자라나게 된다.[54] 문화로서 이해되기에, 조국은 더 이상 민족과 구별되지 않는다. 사실상, 헤르더는 두 개념을 동의어로 사용한다. "하나님께 감사하라. 우리에게 민족성은 더 이상 없다"고 그는 신랄하게 기술한다. '우리는 각각을 사랑하고 모든 이를 사랑한다. 우리는 사랑 없이 살아갈 수 없다; 모든 이가 동등하게 예의 있고, 점잖으며 절제가 있기만 하면, 우리는 모두와 잘 지내기 때문이다.' 바로 이어서, 그는 '민족성'을 '조국'으로 대체하는 주장을 언급한다; "확실히 우리는 더 이상 조국이나 어떤 혈통적 감정을 더 이상 가지고 있지 않고, 대신에 우리 모두는 세계의 박애주의적 시민이다."[55] 헤르더의 언어에서, 조국 개념은 해당 순간에 있는 각 인민과 그 역사에 존재하는 특정한 문화와 정신적 삶의 총합으로 이해되는 민족 개념에 흡수되어 있다. 민족적 영혼은 '지구상에 있는 모든 문화의 어머니'이고 모든 문화는 민족적 영혼의 표현이다.[56] 애국적 정신이 없는 사람은 '자신과 그 자신에 관한 전체 세계를 잃어버린 사람'[57]이라고 헤르더는 강조한다. 그런 사람은 민족 문화와의 계약으로부터 나오는 자신만의 정신적 정체성을 잃어버렸다는 것을 의미하기도 한다.

민족은 하나됨을 의미한다. 역사, 언어, 문학, 종교, 예술과 과학에 근거한 민족의 문화적 단일성은 인민을 하나의 개인으로, 자체의 정신적 영혼, 기능, 힘을 가진 하나의 실체로 형성한다. 각 민족이 특정한 '설명할 수 없는' 개별성을 가지고 있다 해도, 각 민족은 각자의 방식으로 하나라고 말할 수 있다는 것이다.[58] 각 민족은 '자신만의 언어뿐만 아니라 자신만의 민족 문화를 가진 한 인민집단'이다.[59] 그것은 자체로 행복의 중심이 되는 작은 세계 그 자체이다. 수세기를 걸쳐 변화해 왔지만, 거기에는 여전히 자신만의 정신적 정체성이 보존되어 있다. 인도주의의 역사는 서로 상호작용하는 민족적 유기체를 성장시키고 쇠퇴시킨다는 관점에서 언급된다. 같은 역사를 가진 민족은 세계에 없지만, 각 민족은 하나님이 주신 특정한 재능과 능력에 따라 그 자신만의 최종 목적을 가지고 있다. 하나님은 다른 나라들을 합병하지도 않고 그것을 원하지도 않는다. 그는 통합성과 통합성에 기초한 정신적 정체성을 침해하는 인위적 모델 차용을 거부하고, 오직 각 민족이 자신의 길을 따르기 원할 뿐이다.[60]

헤르더는 민족과 시대의 비교를 거부한다; 그러나 그에게 정신적 사회적 연결성은 시민적 정치적 자유보다 더 값진 것이다. 그는 '우리 시대의 보다 미묘한 연계'보다 '고대 공화국의 강력한 생동력'을 칭송한다.[61] 그리고 그는 봉건사회에 대한 계몽철학자의 냉소에 그 사회적, 정신적 연계에 대한 찬미로 대답하고, 다시 근대인의 자유에 대한 계몽의 찬사를 조롱한다.

당신은 이러한[봉건] 시대의 종속상태, 귀족의 소박한 대저택, 다수의 소규모 사회집단과 하위집단, 그리고 거기에 의존하는 모든 것을 조롱한다. 당신은 아무것도 칭송하지 않고 그러한 유대를 깨버리고, 유럽과 세계가 자유로와졌을 때보다 더 좋은 일이 인류에게 발생했던 것에 대해서도 알지 못한다. 자유로와졌다고? 얼마나 희망적인 생각인가! 정말 그게 사실이라면! 이러한 초기적 환경(인간의 재능이 무능력해져 버린 상황이 존재하지 않았던 상태)이 사실상 이루어냈던 것을 실감할 수만 있었다면. 유럽의 인구는 증가되었고 유럽은 성장했다. 세대 사람들과 가족들, 주인과 노예, 왕과 신민은 보다 강력하고 밀접하게 서로 상호작용하고 있었다.[62]

헤르더에게, 민족주의는 특정한 민족 문화에서 대한 정신적 중심성과 뿌리의식을 의미한다. 그는 민족주의라는 용어가 자신만의 민족 문화에 대한 배타적 애착(세계주의와 문화적 동화에 대항하여 보호하는 애착)을 의미하도록 하였다.

특정한 형태의 민족적 행복을 향한 특정한 민족적 경향의 발전에서, 민족 간의 거리가 너무 멀어지게 된다면, 우리는 편견의 발생을 목도하게 된다. 이집트인들은 양치기와 유목민을 혐오하고, 경망스러운 그리스인들을 경멸한다. 유사하게 편견과 군중심리적 판단과 편협한 민족주의는 두 민족의 행복의 경향성과 영역이 충돌할 때 발생한다. 그러나 그 시대와 장소에서 편견이란 행복이 거기서 나오기 때문에 좋은 것이다. 그것은 민족으로 하여금 중심으로 모이게 하고, 자신들의 뿌리에 보다 강력한 애착을 보이게 하고, 계속 번성하게 하며, 자신들의 의도와 목적에서 보다 열정적이고 행복하게 만든다.[63]

인간은 명예, 자존, 욕망, 두려움, 미움, 혐오, 사랑, 우정, 학습의 기쁨, 직업적 의무와 성향이 '작고 제한된' 곳, 그리고 완전한 정신이 충분치 않고 편협해진 작은 마을에서 단조로운 삶을 영위할 수도 있다. 그러나 헤르더가 1769년 리가(Riga)를 떠날 때 자신의 여행 일기에서 기록하고 있듯이, 그곳을 떠난다는 것은 쫓겨난 듯한 감정과 도덕적 방향상실이라는 고통스러운 경험이었다.

> 내가 단단히 딛고 서있던 그 단단한 땅, 작은 강대상, 안락의자, 그리고 내가 나 자신에게 말하곤 했던 강의용 책상은 어디에 있는가? 내가 경외하던 사람, 내가 사랑했던 사람들은 어디에 있는가? 오 영혼이여, 당신이 이 작은 세계를 떠나면 그것이 어떻게 당신과 함께 할 수 있겠는가? 당신의 행동 영역의 작고 단단하고 제한된 근원지는 더 이상 존재하지 않는다; 당신은 바람 속에 퍼덕거리거나 바다 위를 떠돌아 다닐 것이다. - 세상은 당신으로부터 사라져가고, 당신 아래로 꺼져버릴 것이다! 이 얼마나 변화된 상황인가! 그러나 사물을 보는 그러한 새로운 양식은 눈물과 후회와 낡은 애착, 자기 비판으로부터 우리의 심장을 유리시키는 대가를 치르게 한다.[64]

헤르더의 민족주의는 문화적 오염과 비순수성에 반대하고 있지만, 정치적 억압에는 반대하고 있지 않다. '독일의 공동 정신'을 진작시키기 위한 애국적 연구소 계획 수립에 대한 바덴(Baden)의 칼 프리드리히(Carl Friedrich)의 제안을 받고, 헤르더는 독일의 정신적 힘이라는 빛을 통합하여 '그것이 공통의 불길'이 되도록 할 필요성을 주장하고, '독일에 사는 누구든지 독일에 속해야 하고 순수한 독일어를 말하고 써야함'을 강조한다. 독일의 정신적 통일

의 기초는 사실상 언어의 순수성과 민족적 동질성이다;

> 우리의 민족은 우리가 알고 있는 아주 옛날부터 언어가 다른 것과 섞이지 않고 남아 있다는 것을 자랑으로 여길 수 있다. 우리 민족이 다른 민족 집단에 정복당하지 않고, 방랑하면서 자신의 언어를 유럽의 다른 곳에 전파할 수 있었던 것처럼 말이다. 그래서 언어는 민족성이 존재하는 한 보존될 뿐만 아니라, 민족 집단의 조직이 강화되는 것처럼 그것[언어] 또한 명확해지고 강화되는 것은 당연하다.65)

공화주의자의 조국은 도덕적이고 정치적 제도이다. 헤르더의 민족은 자연스럽게 만들어진 것이다. 그는 민족성을 인간이 만든 것으로 보지 않고, 우주에 생명을 부여하는 살아있는 유기적 힘의 작용으로 보았다. 공화국은 전설적인 건국자들의 뛰어난 미덕과 지혜로부터 기원한다. 동질적 물체의 혼돈으로부터 민족이라는 유기적 단위체를 형성한 살아있는 힘이 하나님의 영원한 계획과 의지를 반영하면서, 민족은 하나님 자체에 기원을 두고 있다. 자연이 창조한 것은 민족이지 국가가 아니라고 강조하면서, 전자는 후자보다 보다 높은 지위를 가지고 있음을 그는 역설한다. 공화주의자에게 공화국의 상실이 최대의 비극이었다면, 헤르더에게 더 비극적인 것은 자기 민족의 상실이었다. 인간에서 나라(민족 개념)를 빼앗아라, 그러면 당신은 그에게서 모든 것을 빼앗게 될 것이라고 그는 설명한다.66)

민족은 삶을 의미한다. 자연은 각 민족에게 '영혼의 결속, 교육의 수단, 최선의 즐거움의 매개체, 모든 사회적 유희의 부정'인 특정한 민족의 언어를 주었다.67) 민족 언어는 민족의 역사, 행위,

기쁨과 슬픔을 비추는 거울이자, '인간의 생각, 경향과 행위를 전달하고, 전 시대의 재화를 후 세대로 전해주는' 수단이다. 민족 언어를 통해서, 민족 구성원은 크던 작던 서로 소통하고 공통적인 정신적 특성을 공유하게 된다. '모든 계층이 한 나무의 가지와 같이 발생하는 공통의 토착언어 없이', 진정한 상호 이해나, 공통의 애국적 발전도 공통적인 친밀한 공감도 애국적 공공성도 있을 수 없다고 헤르더는 주장한다.[68)]

민족은 주어진 것이고 인간의 사랑과, 생체 에너지를 취하는 땅과 공기에 대한 식물의 애착만큼 강하고 깊은 애착에 대한 권리가 있다. 무생명체 국가와 기계적 정치는 주어진 것이고, 수동적 복종과 근대식 군대의 냉정한 훈련에만 권리가 있는 것이다.

> 군대를 보아라; 인간사회의 원형인 것을! 알록달록한 복장에서 그들이, 간결하게 제공된 복장이나 식사와 함께, 얼마나 자유롭고 안락함을 느끼는지! 그들은 일제히 같이 생각하고 그들의 행동은 가장 고귀하게 고무된다! 그들이 가지고 있는 무기가 얼마나 영광스러운가! 각자의 일상에서, 그들은 미덕의 목록에 추가한다 - 간단히 말해서, 완전한 인간 정신과 정부의 세계라는 바로 그 이미지를.[69)]

우리의 민족 문화에 대한 사랑은 전적으로 우리의 것이고 우리로 하여금 전적으로 우리자신이 되게 하는 것에 대한 애착이다. '누구나 자기 나라, 관습, 언어, 아내, 아이들을 사랑한다'고 헤르더는 말한다; 그들이 세계에서 최고라서가 아니라, 그들이 절대적으로 그의 것이고, 그들 안에서 자신과 자신의 노동을 사랑하기 때문이다.[70)] 우리에게 특별한 의미를 지닌 것에 대한 사랑인 한에서, 그것은 공화주의 애국자들이 주창한 공동의 자유에 대한 사랑과 유사하다. 특정한 인민의 공동의 자유는 그들만이 이해할 수 있는 이야기를 통해 성장한다. 그것은 또한 오직 그들만의 삶의 방식으로 구체화된다. 민족에 대한 사랑은 보다 분명치 않아서, 문화의 장벽을 넘어서 공유하기에는 불가능하다. 명백한 사례를 들자면, 고대 로마와 근대 독일 자유도시의 공동의 자유는 분명히 각기 로마와 독일적 특징을 가지고 있었다. 그러나 마키아벨리는, 옳든 그르든, 그것이 로마인과 독일인에게 무엇을 의미하는지, 왜 그들이 그것을 그렇게 사랑하는지, 왜 그것이 다른 문화적, 역사적 맥락에서 모방되어야 하고, 될 수 있는지를 이해할 수 있다고 믿었다. 그러나 헤르더가 지적하듯이, 민족 문화는 외국인의 눈에는 '표현불가능'하고 차단되어 있다. 언어에 근거해서, 모국어를 말하는 사람들만이 그것을 이해하거나 느끼고 살아있게 할 수 있다. 모국어는 우리로 하여금 다른 언어로는 동등한 의미로 전달할 수 없는 감정과 사상의 양식을 서로 교통하게 한다.[71] 그것은 우리를 우리 민족 문화의 깊은 정신과 직접적이고 내부적으로 연결시켜 주는 것이다.[72]

자연은 우리에게 자신의 문화를 사랑하기를 원한다. 자연은 우리의 마음속에 다양성을 향한 경향을 심어놓았지만, 우리가 민족 문화에서 그 경향성을 만족시키기 위한 모든 것도 심어놓고 우리 문화의 지평선 밖에 있는 것에 무감각하게도 하였다. 우리는 우리의 본성과 유사한 것에는 동화하거나 차용할 수 있으며, 낯설고 멀리 있는 것에는 냉정하고 무심하고 경멸적이며 적대적이기까지 한다.[73] 자연의 계획에 순응하기 위해서, 우리는 따라서 우리 민족 문화의 순수성과 진정성을 보호해야 한다. 정복하고 지배하려는 오만한 경향성과 외국 문화를 모방하려는 헛된 욕망 모두에 저항하면서 말이다. 정복과 제국주의에 대한 헤르더의 비난은 분명하고, 그의 민족주의의 핵심으로부터 나오는 것이다.

> 가장 자연스러운 국가는 한 민족성을 가진 한 민족이다. 이는 오랫동안 유지되어 왔고, 그것이 그 토착 군주의 대상일 때 가장 자연스럽게 형성되었다; 민족이란 한 혈통으로 보다 많은 가지를 가진 자연의 식물과 마찬가지이기 때문이다. 따라서 자연 법칙에 반하는 국가의 확장(하나의 왕국 하에 모든 인민과 민족을 무모하게 섞어 버리는)이라는 정부의 목표에 이처럼 간접적으로 반대하는 것은 없다.[74)]

공화주의적 애국자는 나라 사랑을 이성이 우리에게 적정한 영역 내에서 지키고 양육하게 한 사랑인 합리적 사랑으로 제시했다. 자유가 인간의 최고의 선이기 때문에, 이성은 우리에게 자유를 사랑하라고 권고한다. 공공의 자유를 사랑하고 진정한 애국자가 되기 위해, 우리는 공공 이성의 관점에서 생각하는 것을 배워야 하고, 이성의 규칙이 자기애와 가족, 친지에 대한 사랑과 같은 자연적 경향을 넘어서도록 해야 한다. 요약하자면, 우리는 이성이 이끄는 도덕적 훈련을 받아야 하는 것이다. 인간은 자연스럽게 시민 정신을 가진 시민이 되지 않는다. 헤르더에서 우리 민족 문화에 대한 사랑은 대신에 민족적 성향으로, 이성이 타락시키려고 하는 중요한 힘이다. 그것은 이국적 요소로부터의 문화적 정화와 침탈에 대한 주의 깊은 방어를 요구한다. 우리는 우리의 마음 속에 있는 자연의 목소리를 듣고 그에 따르는 것을 배워야 한다. 위대하거나 비참하거나, 영광스럽거나 공포스럽거나, 인도주의의 진전은 이성의 산물이 아니며, 감정과 열정의 결과이다. 이성의 빛은 통일성과 죽음으로 이어진다. 자연스럽고 관습적 감정의 따스함은 우리를 다시 삶과 연결시켜 준다. 이성을 자랑스러운 프랑스어 용어인 레종(raison)과 동일시하면서, 헤르더는 공화주의적 나라 사랑의 의미를 바꾸고 아마도 보다 격렬하고 양육하기 쉽지만 확실히 공동의 자유에 대한 애국적 사랑과는 다른 사랑을 추천한다. 그는 공화주의적 애국자들이 설파한 공동의 자유에 대한 사랑이 우리만의 문화에 대한 애착을 포함하고 있다는 것을 알지 못했다. 즉, 공동의 자유에 대한 사랑에 포함된 우리만의 민족 문화에 대한 사랑은 우리 문화와 전통 중에서도 가장 고귀하고 가장 좋은 양상에 대한 사랑이 되는 것이다. 자유에 대한 사랑과 연계되면서, 민족 문화에 대한 애착은 고귀함과 위엄을 더하게 된다; 거기에 연계되지 않으면, 그것은 비천하고 배타적인 애정으로 타락하게 되는 것이다. 헤르더는 자신의 동포들에게 민족의 정신적 통일의 아름다움을 보고 그것을 사랑하라고 촉구했다. 그러나 그는 그들에게 그것을 올바른 각도에서 보는 것을 가르치지 않았고, 최선의 방법으로 사랑하는 것도 가르치지 않았다.

애국주의와 자유의 연계를 끊으려는 경향은 아우구스트 W. 슐레겔(August W. Schlegel)의 1803-4년 작 『문학과 예술에 대한 강의 *Vorlesungen über schöne Litteratur und Kunst*; 이하 '강의'』에서 나타난다. 그의 글은 낭만적 민족주의의 모범적 개설서로 간주될 수 있다. 슐레겔은 애국주의와 세계주의를 조화시킨 '유럽적 애국주의'를 주창한다. 민족적 이기주의에 반하여, 그는 세계주의적 애국주의 정신을 체화시킨 독일 사람들이 주도하는 유럽의 정신적 부흥운동이라는 비전을 제시한다. 신성로마제국을 통해 유럽의 정치적이고 정신적인 통일을 재창조하면서 중세에 그들이 했던 것처럼, 독일 인민은 유럽에 공동의 역사적이고 문화적 결속과 공통적 종교에 근거한 새로운 통일체를 부여하는 임무를 수행하고 있었다는 것이다.[75]

헤르더와 달리, 슐레겔은 자신만의 문화적 목적을 추구할 각 민족의 권리를 지지하지 않고, 유럽의 문화적, 종교적 통일을 구상한다. 그는 애국주의를 정신적 질환의 한 형태로 간주한 세계주의에 반대되는 것으로 본다. 실제로 그는 종교전쟁을 격렬한 정신적 중요성을 보여주는 한 장면으로 칭찬한다; 사실상 자유의 승리로 간주한다. 자신의 신념을 위해 희생한 자들은 기쁘게 죽었고, 자연스러운 경향을 넘어서는 사상과 신념의 위대한 사례가 된다는 것이다.[76]

슐레겔에게, 애국주의는 그가 공통적 문화의 기반과 공통의 역사적 임무를 추구하기 위한 동기를 찾기 위해 사용하는 과거에 대한 해석을 요구한다. 헤르더와 다른 독일 애국자들과 같이, 그도 민족의 쇄신을 위한 정신적 원천을 위해 민족의 역사를 조사하고 있었다. 그는 그것을 신성로마제국, 십자군전쟁과 기타 종교전쟁에서 발견했다고 믿었다. 새로운 역사의 출발점은 독일의 중세에서 발견되어야 했던 것이다. 그는 자유의 기억이 아니라 신념, 통일체, 종교성의 기억에 관심을 가지고 있었다.

그러나 다른 민족주의 사상가는 민족의 과거에 대한 다른 이야기를 재구성했다. 같은 민족적 전통 내에서, 정신적 갱신을 위한 다른 원천이 독일 인민의 역사적 임무에 대한 다른 시각을 지지하기 위해 드러나기만을 기다리고 있었다. 독일 애국자들에게 자유의 이상과 민족 역사를 결합시키는 과제는 쉬운 일이 아니었다.

아테네가 독일 전통에 속하지 않았고, 로마는 정복자였지만, 독일 역사는 자유의 애국주의에 많은 것을 제공했다. 슐레겔의 『강의』 이후 수년 만에, 피히테(Fichte)는 『독일국민에게 고함』에서 독일 인민의 역사는 로마에 대항하여 지속적으로 자유를 성공적으로 지켜냈고, 중세는 신분제국가, 종교, 조합뿐만 아니라 자유로운 도시 공화국이었다는 점을 강조했다. 자유의 관점에서 재구성된 독일 인민의 역사는 다른 모습을 그려내었고, 새로운 그림은 낭만적 사상가가 윤곽을 그린 그림 못지않게 독일적이었다.

독일 애국주의의 역사적 기초는 로마 정복에 대항해서 승리했던 전쟁에서 발견된다고 피히테는 8번째 연설에서 강조한다. 고대 게르만은 자유를 위해 로마의 정복에 저항했다; 게르만으로 존재하고 남아있기 위한 자유 말이다.

> 그들에게 자유는 바로 이것을 의미했다; 게르만으로 남아있는 것, 자신들의 일은 독립적으로 계속 결정하는 것, 종족의 본래적 정신에 따라 동일한 정신으로 발전해 나가는 것, 그리고 그들의 후손에게 이 독립을 전하는 것.[77]

로마의 지배는 고대 게르만인 들에게 유용한 편익을 제공했을지도 모른다. 그러나 그들은 반(半, half) 로마인이 되어야 했을 것이고, 반 로마인이 된다는 것은 그들에게 노예가 되는 것을 의미했다. 게르만으로 남아있겠다는 그들의 결정은 그들에게 싸울 수 있는 힘을 주고 노예상태를 피할 수 있게 하였다. 인류 전체가 그들에게 감사해야 한다. 무엇보다도 근대 독일인은 특히. 그것이 그들이 민족에 진 빚이기 때문이다.

> 여전히 독일인으로 존재하는 것, 본래적이고 독립적인 삶의 흐름에 따라 여전히 태어나는 것에 우리 - 우리, 그 땅, 언어, 사고방식의 상속자 - 가 감사해야 하는 대상이 바로 그들이다. 그 날 이래로, 우리가 민족으로 가지고 있는 모든 것에 감사할 때도 그 대상은 그들이다. 우리와 함께 사태가 지금 끝나지 않고 그들로부터 유산으로 받은 피의 마지막 한방울까지 우리의 혈관 속에서 말라버리지 않는다면, 미래에도 우리에게 있을 모든 것을 우리는 그들에게 빚지고 있다.[78)]

로마의 정복에 대한 성공적인 저항에 더하여, 독일 애국주의의 또 다른 강력한 원천은 중세 자유도시의 기억이라고 피히테는 언급한다. 그들은 '인민에 속한 사람들에 의해' 창설되었고, 게르만 정신의 순수한 산물로 간주되었다. 그 정치제도와 생활방식은 질서라는 놀라운 모습과 질서에 대한 사랑을 보여준다. 상업을 통해서, 그들은 번영했고 강력해졌다. 그들의 연맹을 통해서, 그들은 왕과 황제의 공격에 저항했다. 근대성은 그들의 명성에 머리를 숙여야 하고, '자신의 무능력을 고백해야' 한다.[79)] 독일 중세는 이 이상이었지만, 나머지는 잊혀졌다. 애국주의의 수사는 선택적이어야 한다. 우리는 청중이나 독자에게 애국적 감정을 주입하기 쉬운 기억을 망각으로부터 구해내야만 한다;

> 독일의 역사, 독일의 힘, 독일의 기업과 발명의 역사, 독일 기념비와 독일 정신의 역사 - 그 기간 동안 모든 것의 역사는 그 도시의 역사이다; 그리고 예를 들어 작은 영토를 저당 잡히고 그 후속 조치로서 다시 되찾는 등 그 밖의 일은 말할 가치가 없다.[80)]

독일 인민의 역사는 중요한 공화주의적 경험을 수반한다; “독일 민족은 수세기동안 자치시민 계급의 사례로서 현실에서 실행되고 공화주의적 제도를 경험할 수 있었던 신 유럽 민족중 유일한 민족”이다.[81] 그 역사에서, 피히테는 특별히 독일의 민족 정신의 표징을 본다. 이탈리아에도 후기 중세시대에 자유공화국이 있었지만, 놀라울 정도로 다른 것이었다; 이탈리아에는 지속적 무질서, 갈등, 전쟁, 혁명이 있었다; 독일에는 평화, 협치와 통일이 존재했다. 비교를 통해서 두 민족 간의 정신이 명백히 대비된다. 여기서 존경, 명예, 중용, 공동체의식과 민족의 도덕적 갱신의 기반을 형성하는 공동선에의 헌신으로 구성된 독일 정신의 명성이 드러난다.

정신적 갱신은 예언자의 작업이다. 민족의 과거에 대해서 말하면서, 예언자는 동포들을 감동시켜, 자신이 다시 생생하게 불러들인 사람들과 시대와 동일시하게 한다. 그는 또한 모든 독일인이 이해할 수 있는 언어로 말하면서 ‘농익은 과일’ 같은 것을 그들에게 제공한다. 그는 또한 고도의 ‘철학적 정신’이 필요하지만, 자신의 동포들에게 신실하고 사랑스러운 입장을 전달할 필요가 있는 만큼만 드러낸다.[82] 그가 민족 정신을 창조하거나 구성할 필요는 없다; 그는 근원적 우물이 흐르는 것을 막는 방해물을 제거하기만 하면 된다. 그의 작업은 다른 민족에게서 사실로 되었으나 독일에서는 잊혀진 민족의 청년 시기에 체화된 예언의 완성이라야 한다.[83] 그는 새로운 길을 건설할 필요도 없다; 그는 민족을 올바른 정신적 통로로 다시 돌려놓아야 하는 것이다.

피히테의 민족주의는 반(反, anti)군주제적이었다. 그는 중세 자유 도시에서 번성했고 후에 ‘군주의 탐욕과 전제’로 억압되었던 애국주의를 되살리려 하였다. 독일의 정신적 쇠퇴는 공화주의적 자유의 종말과 함께 시작되었다고 그는 믿었다. 대신에 독일 자유도시는 독일 문명의 최고의 원천이고 독일 민족 정신의 주요한 보증서였다. 자유 공화국이 독립을 상실했을 때, 독일인은 자유롭지 않게 되었을 뿐만 아니라 독일인답지도 않게 되었다. 그들이 가지고 있던 정신과 문화의 가장 좋은 부분이 이들 도시의 자유와 함께 사망했다. 그들은 잘못된 정신적 경로로 진행했다. 독일이 군주에 의해 통일되었다면, '그것은 확실히 독일 애국주의 때문에 발생한 최대의 재난이었을 것이다. 독일의 민족적 사랑까지 더 압살시켜버린 외국의 지배 다음으로 첫째가는 재난 말이다.[84)]

피히테의 이론에서, 정치적 자유와 민족 문화는 함께 작동한다: 정치적 자유는 독일인들이 자신들의 순수한 정신과 문화 - 피히테가 그들이 순수한 정신이라고 믿었던 것 - 에 따라 살 수 있게 한다. 민족 문화는 공동의 자유에 대한 책임에 힘을 주는 공동의 목적이라는 개념에서 살아있다. 다시 자유롭기 위해, 독일인은 우선 독일인이 되는 것을 배워야 한다. 즉, 정신적 자유를 행사할 수 있어야 하고, 민족 문화에 인공적으로 부과된 개념으로부터 해방되어야 하는 것이다. 패배하고 분열된 채, 그들은 자유롭게 살 수 없다. 그러나 그들은 그들이 가슴 속에 있는 정신적 자유를 배양할 수는 있다. 그들이 정신적으로 독일인으로 사는한, 독일 민족의 예언은 결코 죽지 않을 것이다.

> 우리의 생각을 외부적으로 드러낼 수 있는 힘을 가진 새로운 세계가 우리 주위에 세워질 때까지, 우리 생각의 가장 깊숙한 곳에 자유의 은신처를 마련하라. 우리의 마음 속에서 우리가 최

> 선이라고 생각할 때 우리에게서 할 수 있는 자유를 아무도 빼앗아갈 수 없는 곳에서, 우리가 사라질 때 현실이 될 것의 양식, 예언, 보증을 우리가 하도록 하라.[85)]

정복당하기 직전의 폴란드인들에게, 루소는 그들이 정치적 자유를 회복하려는 희망을 품고 싶다면 최소한 가슴과 마음 속에 자신만의 민족 문화를 가지고 있어야 한다고 권고한다. 이미 부분적으로 정복당한 동료 독일인들에게, 피히테는 유사한 권고를 한다. 두 가지 경우 모두에서, 민족 문화의 가치에 대한 강조와 함께 민족주의의 언어는 정치적 자유를 위한 투쟁을 부르는 전조 또는 준비로 사용되었다. 폴란드의 자유를 위해 싸울 수 있으려면, 폴란드인들은 우선 폴란드인으로 존재하는 것에 대한 가치와 긍지가 있다는 것을 믿어야 한다; 독일인들의 경우도 마찬가지이다. 정치적으로 자유롭지 않은 인민들의 경우에, 민족 언어와 역사의 보호와 회복을 통해서 민족 정체성을 형성해야 하는 것이다. 그래야 자유를 위해 적절한 정치 투쟁이 시작될 수 있다. 사실상, 정치적 원칙이 민족 문화를 형성하고 재구성하는 작업을 통할하고 지도한다. 그들은 민족 역사의 어떤 순간이 기록되어야 하는 것인지, 어떤 것이 잊혀져야 하는 것인지를 결정한다. 공동 문화의 어떤 측면이 강조되어야 하고, 어떤 것이 문학이나 지적 비평을 통해서 유보되어야 하는지도 결정한다. 민족주의자와 애국자 모두 공유하는 기억 위에서 민족 정체성을 규정해야 한다. 그러나 애국자는 추가적인 정치적 과제를 가진다. 독일인을 교육시키는 것만으로는 그를 만족시키지 못한다. 그는 독일 시민을 원하는 것이다. 그들은 독일 시민으로만 시민일 수 있다는 것을 알고 있다. 이러한 이유 때문에, 그는 그들이 바로 그 독일인 됨 속에서 자유의 정신을 주입시키기 원한다.

피히테의 민족주의는 의지로부터 나와서 인류의 무한한 진보를 가능하게 하는 본래적이고 의도적인 창조 활동 - 지적, 정치적, 역사적 창조 활동 - 을 가능하게 하는 정신적 자유에 대한 책임에 근거하고 있다. 그에게 독일인이 된다는 것은 정신적 자유를 누릴 수 있다는 것을 의미한다. 독일 민족을 구성하는 정신적 자유는 그 자체로서 게르만으로 있기 위해 로마 군단을 패퇴시킨 고대 선조들로부터 근대 독일인에게 전해내려 왔고, 루터와 대외적으로 권위를 가진 모든 신앙에서 종교적 신앙을 해방시키기 위해 피흘리며 희생한 사람들에 의해서, 그리고 정치 개념을 폴리스라는 그리스적 이상을 따른 시민 교육으로 보는 이질적 방식에 반대하는 정치철학[86]에 의해서, 또한 자유와 무한한 창조활동을 위한 '죽음을 믿는 이방 철학'에 성공적으로 저항했던 철학[87]에 의해서도 전해내려 온 역사적 창조물이다.

정신적 자유는 세계에서 독일 민족이 가진 역사적 임무의 핵심이다; "당신은 보다 위대한 운명에 처해있다. 정신과 이성의 제국을 발견하고 세계에서 야만적인 물리적 힘의 지배를 완전히 절멸시켜야 한다는 것."[88] 양심의 자유를 위해 싸운 조상들의 목소리는 그들이 지켜낸 것에 대한 보호와 그 일의 완성을 요구한다. 그 부름에 답하지 않는 것은 그들의 희생을 무의미하게 만드는 것이며, 따라서 독일 정신을 불구로 만들어버리는 셈이다.

> '우리의 명예도 지켜라;' 그들은 당신에게 외친다. '우리에게 우리가 무엇을 위해 싸우는지 전혀 명확하지 않았다; 양심의 문제

에서 외부적 힘이 우리를 주도하지 않도록 해야 하는 법적 결의 이외에, 우리를 움직이는 다르고 더 고귀한 - 우리에게 전적으로 드러난 적이 없었던 - 정신이 있었다. 당신이 정신적 세계에서 통찰력을 가지고 있다면, 당신에게 그 정신은 이미 드러난 것이다. 당신의 눈으로 명백하고 숭고한 것을 보게 될 것이다. 지금까지 세계를 지배했던 감각적이고 정신적 목적의 다양하고 혼란스러운 혼합은 사라질 것이고, 순수하고 모든 감각적 목적에서 자유로와진 정신만이 인간사의 지배권을 잡게 될 것이다.'[89]

민족 정신을 보존하려는 강력한 호소는 독일의 미래 세대로부터 온다. 역사란 정복자에 의해 기록되는 것이기 때문에, 그들은 지금은 잊혀진 고대인들의 비극적 운명을 반복하고 싶어하지 않는다.

> 비천하고 노예근성이 있는 야만인의 혈통이거나 당신의 혈통이거나 부끄러워하지 않도록 하라; 우리가 한때 그리고 보다 진지한 조사없이 거부당하고 짓밟힌 것은 아닐까 하여, 우리의 근본을 감추거나 이상한 것으로 바꾸고 이상한 이름을 사용하도록 강요하지 말아라.[90]

피히테에게, 독일 민족의 보존은 인도주의 그 자체의 정신적 고양에 공헌하고, 그리고 외국 민족도 최소한 자신들의 진정한 이익을 이해할 수 있게 되는 것이다. 인도주의의 대부분은 게르만에서 내려온 것이라고 피히테는 역설한다; 다른 부분도 게르만인들의 종교와 문명 덕분이라는 것이다. 양자 모두 '우리에게 그들을 위해 - 우리가 그랬던 것처럼 - 우리 자신을 보존하도록 호소한다.'[91] 게르만 정신이 없어지면, 전 인류는 정신적으로 피

폐해질 것이다. 책임은 복합적이다; 게르만 조상들에게, 미래 독일 세대에게, 게르만의 후예들에게, 인류에게. 그들은 서로 각자를 강화 시킨다. 그들의 부름에 이제 응해야 한다.

독일 민족정신의 진정한 표식은 인종이나 언어가 아니라 정신적 자유이다. 자신의 조건을 변경할 수 없는 필연으로 받아들이고 단념한 채, 진정한 정신적 삶에 붙은 불필요한 꼬리로서 이차적 삶을 살아온 사람들이야말로 이방인과 외국인으로 간주되어야 한다.

> 정신과 이 정신의 자유를 믿는 사람과, 자유를 통해 이 정신의 영원한 발전을 원하는 자는, 그가 어디서 태어났든 어떤 언어를 말하든, 우리 혈통이다; 그는 우리의 하나이고, 우리 편으로 넘어올 것이다. 침체와 역행을 믿는 자들은 누구든지... 그가 어디서 태어나든 어떤 언어를 사용하든, 독일인이 아니고 우리에게는 이방인이다.[92)]

정신적 자유를 믿는다는 것은 피히테에게 진정한 애국주의의 표징이었다. 공화주의 사상가들과 같이, 그는 나라 사랑을 자유와 동일시한다. 그러나, 그는 자유에 다른 의미를 부여하기도 한다; 그는 그것을 법의 보호를 받는 개인의 안전으로서가 아니라 본래적이고 타락하지 않은 인민으로서의 지속을 위한 인민의 필요로 규정한다.[93)] 그는 노예상태로의 자유에 반대하지만, 그것을 '인간 자체의 무시, 인간의 억압, 본래적 인간의 특성'이라고 규정한다.[94)] 자유롭지 않은 사람은 단순히 정치적으로 억압받는 사람이 아니라, 정신적으로 타락하고 오염되었기 때문에 이제 더 이상 그 자신일 수 없는 사람인 것이다. 피히테에게, 진정한 애국주의는 공화주의자들이 진정한 애국주의라고 격찬한 '제도와 법에 대한 평화로운 시민의 사랑'이 아니라, '민족을 영원의 날개로 감싸는 보다 높은 애국주의의 맹렬한 불꽃'이다.[95] 정치적 자유에 대한 사랑은 자신의 동료 독일인을 동원하는데 충분한 동기가 되지 않고, 공동의 문화에 대한 선호에 대한 호소를 통해서 그것을 강화시키려 한다고 그는 믿었다. 공화주의의 언어는 그에게 불충분한 듯 했다. 정치적 사랑은 자신만의 전통에 존재하는 욕망의 주입을 통해서 완성되어야 했고, 이는 그것을 다른 사랑으로 만들어 냈다.

피히테에게 애국주의는 이 지구상에서 거기에 속한 인민의 영속을 통해서만 얻어질 수 있는 영원성에 대한 사랑이다. 사람들이 살아가는 한, 그 인민의 부분으로 살고 그 인민을 사랑했던 애국자는 결코 죽지 않는다. 그는 이 세상에서 영원을 갈망하고, 그의 갈망은 그로 하여금 진정으로 나라 사랑을 할 수 있게 한다.

> 진정한 사랑이고 단지 덧없는 욕망이 아닌 사랑은 결코 일시적인 것에 집착하지 않는다; 영원한 것만 깨닫고 빛난다. 그리고 거기에만 의지한다. 인간이 자신을 영원하다고 생각하지 않는다면, 자기 자신조차 사랑할 수 없다; 그가 존경할 수 없는 것과는 별도로, 자기 자신을 인정하지도 못하게 된다. 하물며 그는 자신의 신념과 영혼의 영원성으로 끌어들이고 그것을 거기에 묶어두지 않고는 자신 밖에 존재하는 어떤 것도 사랑할 수 없다. 자신을 영원하다고 인정하지 않는 자는 그 안에 어떤 사랑도 없으며, 조국도 그에게는 존재하지 않는 것이기에 사랑할 수 없는 것이다.[96]

애국주의는 인간을 고무시켜 조국을 위해 생명을 바치도록 한다. 조국이 지구상에서 영원성을 약속하기 때문이다. 로마인들은, 그들이 자유와 법을 사랑해서가 아니라 로마의 영원성을 믿고 로마와 함께 그들이 시간의 흐름 속에서 영원히 살 것이라고 확신하며 기대했기 때문에, 조국을 위해 위대한 희생을 할 수 있었다.[97] 독일 개신교도들은 자신들의 행복을 위해 피를 흘리지 않았다; 그들은 '자신의 자녀와 아직 태어나지 않는 손자녀와 여전히 태어나지 않는 모든 후손들의 행복'을 위해 싸웠다.[98] 그들의 애국주의는 그들로 하여금 창조의 원초적 행위를 할 수 있게 하였다; 그것은 그들에게 영적으로 자유로울 수 있는 힘을 주었다. 독일인은 그들이 원초적 인민이고 민족적 특성을 가지고 있었기 때문에, 진정한 애국주의를 드러낼 수 있다. 정신적 자유를 믿지 않고 물리적 생명의 영원한 순환만 믿는 사람은 정확히 말해서 사람이 아닌 것이다.[99]

정신적 자유와 그것을 지탱하는 특정 문화는 독일인과 비독일인, 동료와 외국인, 이민과 비인민 간의 명확한 도덕적 지적 경계를 규정한다. 두 집단의 분리는 인류 자체에 대한 관심에서 가능한한 신속하게 완전해지고 달성된다. 독일인들이 그들만의 것이고 다른 누구의 것도 아닌 애국주의를 재발견한다면, 그들은 세계에 정신적 자유의 빛을 전파하는 역사적 임무를 수행할 수 있을 것이다. 독일 애국주의는 효과적인 세계주의의 전제조건이다. 행동과 생명은 애국주의로부터만 올 수 있다. 그것과 단절되어 있으면, 세계주의는 기껏해야 순수하고 냉담한 사상에 불과하다. 추상적으로 존재하고 애국주의를 배제하는 세계주의는 헛되고 무용하며 어리석은 것이다.

> '개별적이고 구체적인 것은 아무것도 아니라고' 세계주의자는 말한다; '나는 전체를 생각하고, 전체에 관심이 있고, 전체를 위해 살아간다; 이는 개선될 것이고, 평화와 질서가 여기에 펴질 것이다.' 만족스럽고 훌륭하다; 그러나 당신이 어떻게 그것을 위해 품고 있는 유익한 사상과 목적과 함께 이러한 전체에 접근하기로 하는지를 나에게 먼저 말해다오. 당신은 보편적이고 무차별적 방식으로 이익이 된다고 제안하는가? 전체는 생각 속에 통합되어 있는 개별적 부분과 다른 어떤 것인가? 어쨌든 전체는 개별적 부분이 개선되지 않아도 개선될 수 있는 것인가? 우선 당신을 개선하기 위해 애쓰고, 좌우에 있는 당신의 이웃을 개선하라.[100]

인류의 도덕적 진보라는 이상에 헌신하는 세계주의가가 되는 가장 효과적 방법은 자신이 구성원으로 있는 민족에서 인도주의의 주장을 증진시키는 것이다. 그러나 모든 민족 중에서, 독일은 특별하다. 왜냐하면, 인도주의의 주장이 '철학으로 발전될 수 있고,' 독일은 철학을 구상했고 그것을 이해할 수 있는 능력을 가지고 있기 때문이다.

> 그러므로 오직 독일만이 애국적이 될 수 있다. 민족의 관심 속에, 오직 그[독일]만이 모든 인류를 포함할 수 있는 것이다. 이성의 직관은 끝나가고 자기중심주의 시대가 시작되었기 때문에, 모든 다른 민족의 애국주의는 이기적이고, 편협하며, 나머지 인류에 적대적이다.[101]

독일 애국주의의 독특성은 자유에 대한 자신만의 문화에 대한 애정과 무엇보다도 정신적 자유에 대한 책임이라는 사랑의 특별한 조합에 의거한다. 이것이 독일인과 비독일인 간의 명백한 경계를 형성하는 애국주의이다. 그 경계는 오직 한 방향으로만 진행할 수 있는데, 정신적 자유와 이성의 빛이 독일 사람으로부터 다른 사람들에게로 퍼져갈 수 있는 것과 같다. 후자는 역으로 제공할 수 있는 자신만의 빛을 가지고 있지 않다; 창조라는 근원적 행위를 할 수 없어, 그들은 오직 정신적 빛을 받을 수만 있는 것이다. 피히테의 설명에서, 독일 애국주의에는 동료들이 없다; 민족의 경계를 넘어서, 그는 오직 정신적 죽음과 어두움만을 보게 된다. 정신적 자유의 담지자로서 특징적인 민족 정신으로 형성된 장벽은 다른 사람들의 사상, 가치, 열정으로 건널 수도 없고 그래서도 안되는 것이다. 그들은 독일 사람들의 독창성을 오염시키고, 역사가 그에게 맡긴 임무를 수행할 능력을 약화시킨다. 그들의 우선적 임무는, 로마인을 패퇴시킨 선조의 사례, 독일 민족의 영원성을 위해 생명을 던진 자유의 성인인 루터의 제자들의 사례를 따라, 독일인으로 남아있는 것이다.

나라 사랑을 공동의 정치적, 시민적 자유에 대한 사랑이라기보다는 정신적 사랑에 대한 책임으로 해석하면서, 피히테는 애국주의에 중요한 변화를 도입한다; 나라 사랑은 이제 더 이상 카리타스(caritas, 기독교적 사랑)가 아니라 자신만의 독특함에 대한 선호가 된다. 사람이 이제 더 이상 자유 시민의 공동체로 이해되지 않고, 문화를 공유하고 정신적 자유가 있는 개인들의 공동체로 이해되는 것과 마찬가지이다. 그의 애국주의는 독일인을 독일인으로 만들어, 독일인으로서 자유롭게 하려는 의도를 가지고 있었다. 그러나 또한 그들의 독일적 자유 안에서 외롭게 되었다고 혹자는 추가하기도 한다.

그들이 자신들의 자유를 회복하고 정신적 정체성을 재규정할 필요가 있을 때, 민족은 피히테가 '제도와 법에 대한 평화로운 시민의 사랑'을 넘어서 격찬하는 '보다 높은 애국주의'를 필요로 한다. 그러나 정상적 시기에 통상적 애국주의는 근대 국가가 요구하는 윤리적 지지를 제공하고, 특별한 시기에 희생과 특별한 행동을 위한 준비로 변화한다. 헤겔이 『법철학』에서 언급하듯이, 순수한 애국주의는 격렬한 불꽃이 아니라 관례적이 된 확신과 의지에 기반한 '정치적 감정'이다. 정치적 제도와 법의 산물이고, '실질적이고 특정한 나의 이익이 다른 이의 이익과 목적 - 즉, 개인으로서의 나에 대한 다른 사람의 관계 - 에 담겨있고 보존되어 있는 양심에 근거하고 있기 때문에 그것은 정치적 감정인 것이다.'102)

'시민의 애국주의의 비밀'은 개인과 시민사회의 조합 내에서 발생한 정치적 국가 사이의 이익의 통일성이라는 공유된 양심이라고 헤겔은 주장한다. 조합의 정신에서, 시민은 [다음과 같다.]

> [시민은] 국가를 실체로 알고 있다. 그들이 특정한 이익 영역을 이들의 표제, 지위, 복지와 함께 유지하는 것이 국가이기 때문이다. 조합 정신에서, 보편성 속에 있는 특수성의 뿌리는 직접적으로 발생하고, 이러한 이유 때문에 그 정신 속에 국가가 감정에서 보유하는 깊이와 힘이 자리잡고 있는 것이다.103)

근대 시민의 애국주의는 '공동체가 실질적인 근거이자 목적'이라는 신념에 근거하여 법을 준수하는 습관으로 변화한다. 그들이 공동체를 개인적 삶의 근거이자 목적으로 간주하기 때문에, 그들은 자신들의 사회적 의무를 외부적 권위에 의해 부과된 의무가 아니라 자유로 여기는 것이다; '이러한 타자가 즉각적으로 내 눈에 다른 것은 아니다. 이 사실을 알게 되면서, 나는 자유롭다.' 정확히 말해서, 애국주의는 이제 개인의 권리와 특수한 이익과 충성을 충분히 인정한다는 사실에 있지만, 그것들을 정치적 국가의 보편성과 연계하는데 성공한 근대 국가의 '거대한 힘'과 깊이의 원천이다.

헤겔에게 있어서, 개인이 그 안에서 자유롭게 자신들의 사적이고 특수한 이익을 추구하는 근대 시민사회의 형성은 시민과 고대의 애국주의를 지탱했던 국가의 완전한 동일성을 돌이킬 수 없이 파괴하였다. 그러나 같은 시민사회 내부에서부터 새로운 애국주의가 형성되고 있다. 이러한 의미에서 『법의 정신』과 유사한 『법철학』은 더 이상 특정한 역사 공동체의 구성원으로서의 자기 부정이나 개별적 자기 이익에 근거하지 않는 근대인의 정치적 미덕이나 애국주의를 재규정하려는 사상적인 시도이다.

헤겔이 말하는 '시민의 애국주의'는 19세기 애국주의 언어에서 광범위한 영향력을 가진 것은 아니었다. 최고의 애국주의는 보다 격렬한 나라에 대한 사랑과 시민과 국가간의 보다 강력한 통일성을 갈망했다. 그들은 헤겔보다는 헤르더와 피히테로부터 영감을 받았다. 1846년 미슐레(Jules Michelet)가 기술한 것처럼, 정치적 도시는 인간의 영혼이 살아가는 도덕적 도시를 전제조건으로 한다. 그러나 인간의 영혼은 사람들의 정신에 잠겨있는 특정한 장소에서만 살 수 있다. 정치적 도시란 물리적으로, 정신적으로 규정된 장소를 필요로 한다는 것을 의미한다. 경계가 해체되고 혼동되면, 인민의 정신은 사망하고, 도덕적이고 정치적 도시도 결과적으로 사멸한다. 인간의 도덕적이고 정치적 번영은 중심성과 특수성을 요구 한다; '한 지점에 고정된 정신은 자체를 특정하려 할 것이다. 공간에서 떠도는 정신은 분해되어 사라진다. 사랑을 많은 사람과 공유하는 사람을 생각해 보라; 그는 사랑을 알지도 못한 채 죽게 된다. 단 한번이라도 오랫동안 그가 사랑하게 두면, 그는 한 번의 열정으로 자연의 무한성과 세계의 모든 진보를 알게 될 것이다.'[104] 정치의 목적으로 개인이 평화롭게 자신의 이기적 이익을 추구할 수 있는 사회적 질서를 형성하는 것이 정당화될 수 없다. 그 목적은 나라를 형성하는 것이어야 한다; 즉, 각 개인의 발전이 모두의 의무로 유지되는 '위대한 사회적 조화'. 이 목표는 시민이 태어나서 죽을 때까지 희생이라는 이상으로 교육받아야만 가능한 것이다. 애국적 정치는 무엇보다도 먼저 도덕적 교육의 정치인 것이다.[105]

미슐레는 고전적인 애국주의적 은유와 언어를 많이 사용한다. 나라는 우리에게 생명을 줄 뿐만 아니라, 그 안에 있는 우리 모두를 이해하고 모든 다른 사랑을 포함하는 나라를 향한 사랑을 고취시킨다. 나라에 대한 사랑은 우리가 느끼고 부모와 친지에 빚진 사랑을 확장하고 고귀하게 한다. 그것은 무심한 애착을 일으키는 친애라는 의미의 사랑이다. 그것은 통일성, 밀접성과 연대성을 향해 움직이는 열정이기도 하다. 파트리(patrie)의 정확한 단어는 고대 프랑스 공동체의 언어를 따르자면 '사랑들 중의 사랑' 또는 친애이다;

> 우리가 태어난 땅의 진정한 이름을 찾기 위해 최초가 되었다는 것은 우리의 고대 프랑스 공동체에는 커다란 영광이다. 그들의 단순성, 풍부한 분별력, 심오한 감정으로, 그들은 그것을 친애라

불렀다. 우리의 나라는 이제 모든 다른 것을 포함한 거대한 친애이다. 나는 프랑스를 사랑한다. 그녀가 프랑스이기 때문이고, 또한 내가 사랑하고 사랑했던 사람들의 나라이기 때문이다.[106)]

문명의 발전과 인본성의 진보가 각 민족의 정신적, 문화적 통일성의 보호를 통해서 보다 잘 달성된다는 생각은 19세기 중엽 유럽에서 광범위하게 퍼진 사상이었다. '인간이 태어난 땅[patrie]은 모든 인간의 나라에 필요한 시작'이라고 미슐레는 기술한다.[107)] 인간사회는 문화적 융합이나 동화를 통해서가 아니라, 각 민족의 정신적 개별성의 강화와 충분한 발전을 통해서 번성할 것이다. 헤르더의 사상을 생각나게 하면서 미슐레도 다음과 같이 강조한다; 하나님은 그 안에서 우리가 우리자신을 잃는 것을 원하지 않는다. 개인에게 진실인 것은 민족을 위해서도 그렇다. 각 민족은 그 만의 고유의 정신을 표현하도록 허락되어야 한다. 민족성의 합주에서 어떤 목소리도 억압되어서는 안되며, 피억압 민족은 자신을 되찾도록 도움을 받아야 한다.

자신의 나라를 사랑하기 위해, 인간은 그것을 알아야 한다; 인간은 그 단어를 감격스럽고, 감동적이며, 부드럽고 생생한 이미지와 연계하여야 한다. 기술적인 수사학자로서, 미슐레는 나라 사랑을 주입하기 위해 아들을 공공 축제에 데리고 가는 아버지의 이미지를 소환한다. 이는 루소가 쓴 『달랑베르에게 보낸 편지 *Lettre à d'Alembert*』에서 유명하게 되었다.

그는 그를 노틀담에서 루브르, 튈레리와 개선문으로 데리고 간다. 어떤 지붕이나 테라스에서, 그는 그에게 사람들, 지나가는 군인, 부딪히고 반짝이는 총검, 삼색기를 보여준다. 특히 기대의 순간에, 축제 전에, 조명의 현란한 반사로, 어두운 인간의 바다에서 갑자기 발생하는 어색한 침묵 속에서, 그는 그에게 몸을 낮추어 말한다; "나의 아들아, 저기 보아라. 프랑스가 있다. 너의 나라가 저기 있다!" 이 모든 것은 한 사람 - 한 영혼, 한 심장과 같다.[108)]

미슐레에게 있어, 시민을 서로에게 그리고 나라에로 연합하게 하는 사랑은 정치적 사랑이 아니라 '살아있는 하나님'으로서의 나라의 개념에 근거하는 종교적 신념이다. 하나님은 단일체이고, 그는 자신을 전설, 기억 그리고 나라의 살아있는 영혼을 구성하는 영웅들과 공통적인 민족의 운명에서 공유하는 신념에서, 나라의 조화로운 통일체 속에 드러낸다. 나라를 살아있게 하기 위해 이루어져야 하는 작업은 프랑스의 문화적이고 정신적 통일성을 보호하기 위해 고안된 것으로 지속적인 교육, 참여, 실행 등이다. 헤르더와 피히테와 마찬가지로, 그는 민족 문화를 외국의 사상으로 오염시키는 지식인들에 대해 가장 격렬한 공격을 준비하고 있다;

불쌍한 모방자들! 그래서 당신은 그것이 모방이라고 생각하는가? 그들은 이웃 사람들에게서 그들 사이에 살아있는 이것, 저것을 취한다; 그것을 위해 만들어지지 않는 체제의 반감에도 불구하고, 그들은 그것을 좋든, 나쁘든, 자기 자신에게 적응시킨다; 그러나 당신의 육체에 접목하는 것은 외국인의 육체이다; 그것은 비활성의 무생명체다; 당신이 채택하는 것은 바로 죽음이다.[109)]

미슐레의 애국주의는 프랑스 대혁명으로부터 온 정치적 이상의 혼합물이며, 민족주의 사상가들이 주장한 인종적이고 정신적 통일성과 순수성을 위한 주장이다. 프랑스는 평등의 이상을 약속한 민족이고, 인종적으로 정신적으로 순수한 민족이다; 그러나 자유와 평등보다 통일성과 순수성에 방점이 있다. 나라 사랑은 그에게 개인과 집단, 특히 공통의 인민을 보다 큰 민족이라는 집단과 일치시키려는 단일화의 힘이다. 정체성은 전체라야 한다; 어떤 간격도 허락되지 않는다; 어떤 갈등이나 분란도 그것을 괴롭혀서는 안된다. 그것은 헌신과 희생에 기반을 둔 통일체이다. 이러한 통일체가 달성되기 위해서, 시민은 자신을 공화국의 이상을 공유하는 시민으로만 간주할 수는 없다; 그들은 자신을 다른 측면에서 평등하다고 느껴야 한다; 그들이 같은 인종이고, 동일한 언어를 말하고, 프랑스적 그리스도교의 가치를 공유하기 때문에 평등하다는 점을 말이다. 미슐레의 나라는 프랑스 시민의 공화국 그 이상이다; 그것은 프랑스인이라는 것으로부터 나오는 사랑과 친애로 결합된 개인의 공동체이다. 진정한 애국주의를 위해서, 공화국의 정치적 이상은 민족의 정신적 통일체에 흡수되어야 했다. 공화주의 사상가들이 설파한 나라 사랑은 다른 종류의 사랑으로 변화되어야 했다. 우리만의 문화, 우리만의 언어, 우리만의 종교에 대한 사랑으로, 공화주의적 애국주의의 낡은 전통이 가진 그 지적이고 정치적 호소력은 고갈되기 시작한 듯 보였다.

제5장

애국주의의 민족주의화

5

애국주의의 민족주의화(nationalization)

전방위적인 비판과 수정요구에도 불구하고, 애국주의는 19세기 초반 유럽에서 정치 개혁과 시민권 확장의 지지 논리로 계속 사용되고 있었다. 영국에서, 1829년에 제정된 카톨릭교도 해방법(Catholic Emancipation Act; 이하 해방법)의 지지자들은 시민적 평등 원칙에 근거한 애국주의를 개신교의 배타적 애국주의로 반대했다. 해방법의 반대자들은 '헌법의 위대한 원칙은 배제의 원칙'임을 믿는 것 같았다고 한 스코틀랜드 의원이 기술한다; 그러나 나는 반대로 '영국 헌법의 위대한 원칙은 공동체의 모든 계급으로 전파되도록 잘 만들어져 있는 모든 축복의 확산'이라고 생각한다.[1] 수년 후에, 의회 개혁법안의 발의자들도 애국주의 언어를 광범위하게 사용하였다. 그들은 영국 선거 과정의 철저한 개혁을 요구했고 낡은 체제가 허용해왔던 특권과 부정의를 비난했다. 그러면서 그들은 자신을 진정한 영국인이라고 제시했다. 런던 통신협회(London Corresponding Society)의 구성원이었던 존 텔왈

(John Thelwall)은 1794년 다음과 같이 기술한다; "영국인(Briton)이 사랑하고 존경하는 이 나라의 헌법에 무엇인가 중요한 것이 있어야만 한다"; 1820년대와 1830년대 급진파에게 '중요한 그 무엇'은 자유의 책임을 가진 민족으로서의 브리튼 개념이었다. 당시 급진파의 노래를 살펴보자;

평화든, 전쟁이든 모든 경우에, 나로서는
나의 봉사, 나의 나라가 명령하고;
그녀의 권리는 위태롭고 시간은 멀지 않으니
그녀의 아들이 그들의 요구를 내세울 때가.
바로 그때, 나의 용감한 브리튼이여.
우리는 결코 노예가 되지 않으리.
참주가 이 섬을 지배하지도 않게 되리니
자유의 여신을 보아라. 그녀의 깃발이 높이 날리고
사랑하는 아들을 미소로 품으리라.[2)]

자신들을 순수한 영국인으로 묘사하고 민족과 인민을 대신하여 주장을 펼치면서, 개혁가들은 전국적 합의를 얻어내고 반대자들을 반민족적 분파로 표현하는데 성공하였다. 그들은 훌륭하게 화려한 성공을 거두었다. 자칭 애국자들은 특권적이고 부패한 파벌로 여겨졌고, '말없는 수백만명'이 '최고의 애국자들'로서 무대의 중심으로 진출하게 되었다.[3)]

해방법과 선거법 개정법안(Reform Bill) 제정을 위한 캠페인에서, 애국주의 언어는 강력한 통합, 특히 정치적 통합의 언어로 작동했다. 이는 사회적, 문화적, 종교적 근거가 다른 개인들을 해방과 시민권 확대를 위한 공동 투쟁으로 연합하는데 도움이 되었다.

이는 사람들의 열정을 재정립한 단어와 용어를 제공했다; 오래된 혐오는 유화되었고, 일시적인 연대로까지 변화되었다. 해방법을 영국됨이라는 바로 그 개념에 대한 배신이라고 간주했던 개신교도 노동자와 중산계층 애국자들은 선거법 개정법안을 위한 캠페인에서 이전의 적들과 함께 행진했다. '영국인이 된다는' 새로운 생각은 낡은 생각을 대신했다; 영국식 애국주의라는 말로 형성된 평등한 시민권이라는 이상은 최소한 잠깐 동안은 종교적 적대감을 극복했던 것이다.

1840년까지 영국 애국주의는 헌법적이고 의회적 이슈를 토론할 뿐만 아니라 '도시화와 산업화로부터 직접적으로 발생한' 사회정의에 관련된 문제를 전달하는데 사용되었다고 휴 커닝햄(Hugh Cunningham)은 지적했다.[4] 새로운 사회 갈등은 자유 대(對) 전제정이라는 관점에서 묘사되었다; 산업 노동자와 도시 빈민은 새로운 노예였다; 자본가와 지주는 새로운 전제자였다. 정치영역에서 사회영역으로의 애국주의 어휘의 확장은 쉬운 일이었다. 빈곤과 착취는 수세기 동안 애국주의의 근간이 되어왔던 시민권의 가치와 양립할 수 없는 것으로 탄핵당했다.

조금 수정되면서, 애국주의는 새로운 투쟁을 할 준비가 되어갔다. 19세기 정치 사회 현장을 지배했던 모든 정당과 운동은 거기에 의존했다. 차티스트 운동(Chartist Movement ; 보통선거권 획득을 위한 영국 노동자의 정치운동)의 지도자중 하나인 윌리엄 코벳(William Cobbett)은 많은 아버지들이 '자신들의 비참함의 역사 속에 자신의 아이들을 집에서 훈육하고 그들에게 애국주의를 주입하면서 저녁시간을 보낼 수 있어야' 한다고 말했다.[5] 토리당원이고 성직자였던 리차드 오우스틀러(Richard Oastler)는 '강력한 애국자 집단이 그들의 권리를 주장하고 자본의 이마로부터 월계수를 찢어버리도록 영국의 평원에서 들불같이 일어나기를 희망하고 있었다.[6] 구 시대의 애국자들은 정치적 시민적 권리를 위해 투쟁하지만, 산업혁명 시대의 새로운 애국자들은 사회정의를 위해 투쟁한다.

영국은 자신을 자유인의 나라로 선포한다; 빈자들이 권리를 빼앗기고 노예가 된다면, '영국적 특색은 파괴되는 것이다.' '영국인의 본성이 변할 것'이라고 1834년 오우스틀러는 구빈법(Poor Law)에 반대하면서 말한다. 애국자는 영국이 그 자체에 충실하고, 과거 세대가 새로운 세대에 넘겨준 자유의 유산에 충실하기를 원한다.

1830년 9월에 쓴 자신의 『요크셔 노예에 대한 편지 *Letter on Yorkshire Slavery*』에서, 오우스틀러는 자유에 대한 영국의 책임에 대한 해밀튼(R.W. Hamilton) 목사의 연설을 인용하면서, 착취적 아동 노동의 실태에 대한 고발을 시작한다; '노예가 더 이상 우리 땅에 존재할 수 없다는 것은 영국의 자랑이다; 그리고 영국 헌법적 권리의 정신을 살펴볼 때, 노예는 가장 혐오적인 것이고, 브리튼이 숨쉬는 공기는 자유이며, 그들이 밟고 다니는 땅은 자유에 바쳐진 것임을 나는 알게 된다.' 그러나 노예가 바로 영국의 땅에 존재하고 있다; "여성이거나 남성이거나 수천의 우리 동포와 동료 신민들 말이다. 요크셔 지방의 비참한 거주민들은 지금 이 순간 '식민지 노예'라는 지옥 같은 시스템의 희생자보다 더욱 무서운 노예 상태 에서 살고 있다.[7] 오우스틀러는 먹고 쉬는데 30분 정도만 허용받은 채 하루 12시간의 노동을 강요받고 있는 수천의 어린 아이들(주로 7세에서 14세의 여아들)을 보호하라고 전 국가에 요구했다. 자유에 바쳐진 국가는 그 도덕적 기반을 강타한 고발에 부끄러워해야만 한다. 모든 영국은 '이 무고한 자들이 모두 자유로와야 할 것!'을 맹세해야 한다."[8)]

10시간 노동법안(Ten Hour Bill)을 위한 사회운동 중반인 1833년에, 오우스틀러는 공장의 상황을 조사하는 왕립위원회(Royal Commission)의 주장을 논박하기 위해 다시 애국주의에 호소한다. 그는 위원회에 17가지 기소를 제기했고, 모두 아동과 노동자를 노예같이 다루는 것은 '비영국적'이라는 생각으로 제시된 것이다. 오우스틀러의 주장은 새로운 애국주의의 사례가 되었다;

> 5,6천마일 떨어진 곳에서 노예제에 격렬히 반대하는 것이나, 서인도 제도의 저주받은 노예제도에 가장 소리 높여 반대한 바로 그 사람들이 국내에서 행하고 있는 말도 안되게 비겁한 노예제도를 인용하는 것이나 모두 '비영국적'이기 때문이다. 영국 빈곤층의 순진하고 부지런한 아동에게 유죄판결 받은 성인 중범죄자와 한심한 성인 흑인 노예에게 이미 보장되어 있는 동일한 법적 보호를 거부하는 것도 '비영국적'이기 때문이다.[9)]

나라 사랑은 우리 동료의 일부가 잔학행위를 견뎌내고 있는 억압을 우리도 느끼게 한다. 억압은 시민적, 정치적 권리의 부인 또는 작업장이나 사회적 삶에서의 착취, 잔혹행위, 인간 존엄성에 대한 경멸의 형태를 취한다. 희생자는 성인으로, 청년이거나 노인일 수도 있고, 남성이거나 여성일 수도 있다. 애국자는 동료의 고통에 특별한 열정으로 반응한다. 그는 동정이 아니라 분노를 느낀다. 분노는 그에게 변화의 동기를 부여한다; '최대로 불만족을 표출할 수 있는 사람이 최대의 애국자'라고 오우스틀러는 말한다.[10)] 억압자에 대한 분노와 증오는 애국자로 하여금 행동하게 하고 투쟁에 동참하도록 다른 사람들을 불러 모으기도 한다. 여러 측면에서 다르기는 하지만 모든 동포와 억압의 희생자인 특정한 사람들에 대한 자비로운 사랑인 나라 사랑, 공동의 자유에 대한 사랑으로 유지되는 것이기에, 그의 책무는 영속적인 것이다.

그것이 공동의 자유에 대한 사랑이라면, 애국주의는 민족 경계를 넘어서 연대로 변화할 수도 있다. 모든 피억압자들은 애국자의 동료들이다. 나라 사랑은 그 인정의 힘을 강화시킨다. 이는 그들로 하여금 자유를 위한 공동 투쟁에서 외국인을 동료로 인정하게 한다. '우리'는, 런던통신협회의 결의문에 따르면, 궁극적으로 프랑스인에게서 천적 대신에 우리 동료인 세계 시민을 발견하게 한다.[11] 발견한 것은 도덕적 원칙의 결과가 아니라 자유에 대한 사랑이라는 열정의 작업인 것이다.

물론 그곳의 시민이 존재하는 세계는 없지만, 국경을 넘어서는 자유에 대한 의무의 사례는 존재한다. 1823년 『검은 난장이 *Black Dwarf*』*에 기술된 것처럼, 통치자의 전제정에 대항하여, 모든 민족의 애국자들은 '모든 민족적 경계심을 공동 목적을 가진 화합으로 녹여내리고 섞어야 한다.'[12] 민족적 경계심은 강력한 열정이다; 그들을 녹이고 섞을 수 있기 위해 각각에 동등하게 적용되는 다량의 열을 방출한다. 자유에 대한 사랑의 열정만이 그렇게 하기에 충분히 강렬하고, 모든 경계심에 대항할 수 있는 만큼의 강렬함으로 행동한다. 경계심이 일단 녹아내리고 섞이게 되면, 애국주의는 일단 목적을 달성하게 된다. 그래도 모든 민족적 정체성

---

* 월터 스코트 경의 역사소설 『웨이벌리 *Waverley*』 중 하나로서 『내 주인의 이야기 *Tales of My Lanlord*』의 일부이다. 1823년에 출간된 것으로 브리튼과의 패권다툼의 시기 스코틀랜드를 무대로 한다.

을 녹이고 섞어야 하는 것은 아니다. 억압에 대한 자유를 주장하는데 세계주의가 필요한 것은 아니다. 그것은 단순히 애국자를 필요로 한다.

민족 장벽을 넘어선 자유에 대한 의무에 근거한 애국주의라는 이상은 주세페 마찌니(Giuseppe Mazzini)가 주창한 19세기 공화주의적 애국주의의 핵심이 되었다. 그는 공화국을 건설하기 위해서 파트리아라는 고대의 이상에 존재하는 정치적 가치에 호소하는 것이 충분하지 않다고 믿었다; 누군가 그것을 민족의 문화적 가치를 포괄하는 보다 큰 담론으로 통합해야 한다. 그는 그가 익숙한 작품을 통해 독일 민족주의 사상을 진지하게 채택했다. 그는 『독일 국민에게 고함』의 피히테를 칭찬하고, 1835년의 논문에서 프랑스 혁명의 원칙을 집약한 철학자로 그[피히테]를 언급한다.[13] 1828년 발행된 슐레겔의 『강연 *Vorlesungen*』의 이탈리아어 번역본을 검토하면서, 마찌니는 비코의 직관을 발전시키고 '인민'의 지적 삶이 그들의 시민적, 정치적 역사와 분리될 수 없음을 보여주었던 두 명의 독일 사상가로 헤르더와 슐레겔을 인정한다.[14] 헤르더가 인민의 도덕적 재생의 사도였다면, 슐레겔의 고대와 근대 문학사는 모든 '인간 가족'에게 그들은 모두 한 나무에서 나왔음을 배우라는 강력한 권유로서 읽혀져야 하는 것이다.

그가 독일 민족주의자의 민족 문화와 사람들의 정신에 대한 강조를 칭송하는 반면, 마찌니는 그들의 애국주의를 불만족스럽게 생각했다. 그들은 민족의 가치를 옹호했고 그런 의미에서 정당했지만, 그들은 나라를 간과했던 것이다; 즉, 공화국을. 결과적으로 그들의 애국주의는 너무 편협하고 배타적이 되었다. 민족 경계를 넘어서고 진정으로 보편적이 될 수 있는 힘과 추진력이 부족했다.

슐레겔의 문학 작품은 나라에 대한 과도한 사랑으로 부정적으로 작동했다고 마찌니는 설명했다. 민족적 자부심으로부터, 슐레겔은 문학과 예술에 있어 고전적 고대와 근대 르네상스 사이에 있는 지적 공백의 시대로서 중세에 대한 계몽시대의 피상적 비난에 대해 반대한다; 그는 중세를 그 자체로 찬양하고 그것을 이상으로 제시한다. 그는 그것이 기사도 정신, 무한한 신념과 순수한 상상이라는 가장 고귀한 가치를 지닌 독일 문학적 전통의 탄생지라고 생각했기 때문이다. 애국주의를 통해서 그는 인민의 시민적, 정치적 발전에 봉사하는 민족적 시가와 문학의 가치를 인정하게 되었다. 그러나 그의 애국주의에 상처를 주고 중세의 다른 양상을 보지 못하게 하고, 각 민족의 정신적 삶에 가득차 있는 유럽인들의 지적이고 정치적 삶의 공통적 경향의 진가를 인정하지 못하게 한 것도 그의 '비천한 민족적 허영심'이었다.[15] 자신의 애국주의 때문에, 슐레겔은 민족 문화의 가치를 인정한 새로운 시대의 목소리로 인정받을 만하다. 계몽시대에는 중세에 대한 편견이 있었다. 슐레겔은 종교개혁과 근대 세계에 편견을 가지고 있었다. 마찌니에게, 유럽의 정신적 발전의 역사는 여전히 설명되기를 기다리는 주제였다. 민족 문화에 대한 예민함은 그것에 필요한 전제조건이지만, 민족 문화는 자유를 향한 유럽의 정신적 발전이라는 보다 넓은 맥락에서 연구되어야 하는 것이었다. 자신만의 민족 문화와 다른 사람들의 민족 문화를 이해할 수 있기 위해, 역사가는 자유에 대한 임무를 공유하고 민족적 허영심에서 자유로와야 한다. 슐레겔적 의미의 애국자가 아니라, 과업을 수행할 역사가가 필요하다.

슐레겔의 『강연』을 보기 1,2년 전에 작성한 논문 『단테의 나라 사랑에 대하여 *On Dante's Love of Country*』에서, 마찌니는 애국주의의 본질적 내용을 요약했다. 단테는, 그가 보기에, 나라 사랑을 가장 잘 이해한 사례이다; 그의 작품과 그의 인생은 '나라가 무엇이고, 거기에 어떻게 봉사해야 하는지를 아는 사람'의 모델로 볼 수 있다.16) 진정한 나라 사랑은 편견에서 면제되고 단일성과 평화 사상으로 고취된 '무한한 사랑'이다. 그것은 나라의 타락과 노예화를 참을 수 없는 고결한 영혼에 영감을 주고 불타오르게 하는 열정이다. 그들의 동료가 울면서 침묵 속에서 고통받는 동안, 그들은 나서서 말한다. 그들은 나라의 암담한 미래를 예견하고 동포들의 요구, 두려움. 희망을 공유한다. 그들은 그들의 악과 약함은 공유하지 않는다. 고대 예언자처럼, 그들은 비합리적으로 광분하여 말하거나 자부심을 공격하지 않고, 의분(義憤)으로 말한다.17) 그들은 동포들에게 불쾌한 일을 말하기도 한다; 그들은 잘못을 비난하고 행동해야 하는 그들의 책임을 열거한다. 비난은 모욕하려거나, 애국자의 도덕적 우월성을 강조하려는 것이 아니고, 같이 작업하려고 하는 자기 민족의 영혼을 고양시키려는 것이다. 그는 자신의 민족에게서 자신이 느끼는 것과 같은 열정을 자아내기 위해 말한다. 억압과 타락에 함께 대항하기 위해서는 자유에 대한 사랑을 공유할 필요가 있음을 알기 때문이다. 그의 목소리는 강력하고 엄하지만, 결코 오만하지 않다; 그의 말은 울면서 글을 쓰는 사람의 말과 같이 고상한 슬픔을 드러낸다.

단테의 사례가 보여주듯이, 진정한 애국자가 때로 말하는 것이 허사가 되기도 한다. 그들은 당대에서는 거의 영광과 명성을 얻지 못한다; 그들의 보상은 때로 추방이기도하다. 그들은 방랑하면서 그들의 나라 사랑을 가지고 다녀야 한다; 그들은 그것을 정치적 행동으로 변화시킬 수는 없다; 그들은 말로 만족해야 한다. 학자와 해설자가 그들의 작업을 분석할 것이다; 해부학자가 뼈와 신경을 연구하듯이, 각 말이 분석되고 연구될 것이다. 타락에 대한 의분과 노여움을 공유하는 소수의 고결한 영혼만이 그들의 작업에 영감을 준 정신적 삶을 이해할 수 있을 것이다. 위대한 과업으로 가는 첫 걸음은 과거의 위인들을 이해하고 사랑하는 것이라고 마찌니는 강조한다. 애국주의는 기억을 필요로 한다. 그들은 영감과 무적이라는 요새의 끊임없는 원천이다. 아무리 극심한 억압도 사람들에게서 기억을 빼앗을 수는 없다. 가장 값진 기억은 자기 나라와 동포들을 고귀한 사랑으로 사랑했던 사람들에 대한 기억이다. 민족의 헛된 영광이나 편협한 지역주의에 의한 사랑이 아니라. 이탈리아인들은 이제 단테를 연구해야 한다. 자신들의 민족 문화의 위대성을 자랑해서가 아니라 현재의 아픔과 부패에 대항할 동기를 찾기 위해서 말이다. 부모는 자녀들에게, 민족적 자부심이 아니라 자유에 대한 사랑을 키워주기 위해서, 애국주의의 이야기를 전해야 한다.

> 그들에게 그들의 나라에 대해 말해주어라. 그 나라가 과거에 어땠는지, 어떠했어야 하는지에 대해. 우리의 고대 공화국의 공통적 사람들의 위대한 행동을 반복해서 말해 주어라; 이탈리아와 그 사람들을 사랑했고, 나라의 운명을 개선하기 위해 고통, 비방, 박해를 통해 노력했던 훌륭한 사람들의 이름을 가르쳐라. 젊은이들의 가슴 속에 억압자에 대한 미움이 아니라, 억압에 저항하려는 열정적인 결기를 심어주어라. 당신의 입술과 어머니의 조용한 승인을 통해서 미덕의 길을 따르는 것이 얼마나 아름다운지, 진리의 사도로 살아가는 것이 얼마나 위대한 것인지,

> 필요하다면 형제들을 위해서 자신을 희생하는 것이 얼마나 거룩한 것인지 그들이 알게 해 주어라. 힘으로 찬탈되고 유지되어 온 모든 권위에 대항하는 반란의 싹과, 진실하고 유일한 권위, 천상적으로 인정된 미덕의 권위를 위한 존경의 싹을 심으면서, 그들의 어린 마음 속에 불을 붙여라.[18]

마찌니에게, 나라는 헤르더의 민족과 마찬가지로 위계적으로 운명지워진 다른 부분으로 구성된 유기체가 아니라 자유롭고 평등한 개인이 모인 민주적 결사체이다.

> 나라는 하나의 목표를 향하여 형제와 같은 노동 연합으로 함께 묶인 자유롭고 평등한 인간들의 동료의식이다... 나라는 집합이 아니라 결사이다. 동일한 권리 없이 진정한 나라는 없다. 그 권리의 동일성이 계급, 특권, 불평등의 존재로 파괴된 곳에 진정한 나라는 없다.[19]

마찌니는 나라 개념에 민주적 의미를 부여한다. 그는 인민의 나라를 왕의 나라와 반대에 놓고, 진정한 나라에서 모든 시민은 동등한 정치적 권리를 가져야 한다고 강조한다. 빈자, 여성, 흑인을 정치적 권리에서 배제하는 공화국은 원칙상 허위이다.[20] 그는 나라 개념을 시민적이고 정치적 평등 뿐만 아니라 교육과 노동의 권리까지 포괄하는 민주공화국으로 발전시킨다. 진정한 나라에는 그 경계 내에 이방인이 있을 수 없다. 그것이 정치적 권리의 부정에서 오든지, 사회적 억압에서 오든지 간에, 배제는 공화국의 원칙과 양립할 수 없다. 동료애와 사랑의 결속으로 유지되는 공동체라야 하기에, 나라는 시민권으로부터 나오고, 교육과 노동이 보장하는 존중과 자기 존중으로부터 오는 모두의 존엄을 인정한다.

> 나라는 단순한 영토가 아니다; 특정한 영토는 그 기초일 뿐이다. 나라는 그 기초 위에서 발생하는 개념이다; 그것은 사랑의 감정이고, 그 영토의 모든 아들을 함께 묶어주는 동료애의 감성이다. 당신의 형제중 어느 하나도 민족적 삶의 발전에서 자신의 투표로 대표되지 못하는 한 - 하나라도 교육받은 자들 속에서 교육받지 못한채 무위로 지내는 한 - 일 할 수 있는, 일하기를 원하는 어느 하나라도 일을 원하면서 빈곤으로 고통받는 한 - 당신은 있어야 하는 그러한 나라 - 모두의 나라, 모두를 위한 나라 - 를 가진 것이 아니다.[21)]

시민만이 성공적으로 사회정의를 요구할 수 있다. 그들이 시민으로 말하지 않는다면, 그들이 같은 나라의 공동 구성원으로서의 권리에 호소할 수 없다면, 피억압자, 착취당하는 자, 빈자의 목소리는 들리지 않을 것이다. 공화국의 건설은 그래서 노동 계급의 관심사가 되어야 하는 것이다. 그것은 다른 모든 사람들과 마찬가지로 그들의 의무이다. 베니스인들은 자신의 공화국에 대해서 말하곤 했다. '베니스는 우리의 것이다; 우리가 만들었다;' 이탈리아 노동자도 이탈리아에 대해서 마찬가지로 말할 수 있어야 한다. 그들과 그 아버지들이 나라를 애정, 기쁨, 슬픔과 피로써 만들고 가꾸고 신성하게 했기 때문에 그들이 '이 나라는 우리 것'이라고 말할 수 있다면, 그들은 시민으로 인정받기 위해, 민족의 부와 번영에서 그들의 몫을 누리기 위해 정당한 요구를 할 수 있다. 나라는 공화국일 뿐만 아니라, 공동 사업장이다. 시민 노동자의 목소리는 다른 누구의 목소리보다 더 강력하게 울린다. 그들은 공화국에 의무를 완수하고 사업장에서 자신들의 몫을 수행했기 때문에 자신들의 권리를 요구할 수 있는 것이다.

> 나라 없이, 당신은 이름도, 징표도, 목소리도, 권리도, 사람들의 모임에 형제로서의 입장도 할 수 없다. 당신은 인류의 서자인 셈이다. 깃발 없는 군인, 민족들 사이에 있는 이스라엘 민족에서 당신은 신념도 보호도 찾을 수 없을 것이다; 누구도 당신을 위해 보증서지 않을 것이다. 당신이 당신 자신을 위한 나라를 우선 얻지 못하다면, 부당한 사회조건으로부터의 해방이라는 희망으로 자신을 기만하지 말아라; 나라가 없는 곳에, 당신이 호소할 수 있는 공동의 약속도 없다; 자기이익으로 움직이는 이기주의만이 지배하고, 고위층의 힘을 가진 자만이 그것을 지킬 수 있다. 모든 사람의 이익을 위한 공동의 안전장치가 없기 때문이다.[22)]

마찌니에게 파트리아는, 그들이 우리와 닮았고 보다 친근하기 때문에, 다른 사람들보다 더 이해하고 사랑하는 사람들과 함께 우리가 살아가는 공동의 집이다. 그러나 그것은 또한 같은 가치를 지닌 다른 집 중의 하나의 집이기도 하다. 우리가 우리 집에 머물 때, 우리는 시민으로서의 우리의 의무를 완수해야 한다. 삶의 환경이 우리를 다른 집에 있게 한다면, 우리는 인본성을 향한 우리의 의무를 수행해야 하는 것이다. 우리가 외국 땅에서 살아가고, 억압받는 사람들이 우리가 아닐지라도, 자유에 대한 방어는 언제나 우리의 우선적인 의무이다; "당신이 어디에 있든지, 어떤 사람들 속에 당신이 들어가 있는 상황이든지, 그것이 요구되는 순간이 오면 그 사람들의 자유를 위해 싸워라."[23)]

우리의 가장 근본적인 도덕적 의무는 인류에 대한 것이다. 특정 나라의 시민이 되기 전에, 우리는 인간이 되어야 한다. 민족적 장벽이 도덕적 무관심을 정당화하는데 이용될 수는 없다. 압제에 고통받는 사람들의 소리는 어디에서도 들을 수 있어야 한다. 공동의 정치적 이상이 해석을 가능하게 할 것이다.

> 승리하거나 패배하거나 간에 당신이 존경하는 사람들은 외국인이고 아마도 당신이 잘 모르는 사람들일 것이다; 언어가 다르고, 삶의 방식도 당신과는 다른 사람들; 그들이 술탄의 지배를 받거나, 바바리아의 왕, 러시아의 짜르의 지배를 받거나 또는 민족의 공동 의지로부터 형성된 정부의 지배를 받거나 하는 것이 당신과 무슨 관계인가? 그러나 당신의 가슴 속에 한 목소리가 울린다, "그들도 당신의 형제들이다; 기원과 출신의 공동체가 아니라 일과 목적의 공동체에 따른 형제들인 것이다."[24)]

우리는 그들의 고통을 전부 이해할 수는 없을지도 모른다; 분명히 그들에게 어떤 의미를 가진 것이 우리에게는 그것을 의미하지 않을 수도 있다. 그러나 우리는 그들의 투쟁에 참여하기에 충분한 정도로 이해할 수 있다. 사랑은 우리의 이해력의 부족을 지원하게 된다. 우리들의 공동의 자유에 대한 책임을 지원하는 것과 같은 사랑이 인간의 존엄성에 대한 책임을 확인해준다;

> 당신이 당신의 사랑으로 전 인류 가족을 포용하지 않는다면, 당신이 그 단일체 - 하나님의 유일성의 결과 - 에 대한 당신의 신념과 그 단일체를 현실로 옮기려는 사람들의 형제애에 대한 신념을 고백하지 않는다면, 당신의 동포가 어디서 신음하고 있

> 던지, 인간본성의 존엄성이 거짓이나 참주에 의해서 파괴된 곳이 어디든지, 당신이 그 불쌍한 자를 구조하기 위해 즉각 나서거나 그럴 수 없다면, 기만당한 자들이나 억압받는 자들을 구하기 위해 투쟁하도록 부름 받았거나 그럴 수 있다는 것을 느끼지 못한다면, 당신은 인생의 법에 불복종하는 것이거나, 미래를 축복할 종교를 제대로 이해하지 못한 것이다.[25)]

우리가 외국 땅에서 다른 민족의 자유를 위해 싸울지라도, 우리는 애국자로 남아있을 것이다. 우리가 이탈리아인이라면, 우리는 이탈리아인으로 싸워야 한다. 우리가 인간의 존엄성을 지지하기 위해 우리의 애국주의를 포기할 필요는 없다. 오히려 인류의 목적은 우리의 나라를 건설함에 의해서 보다 효과적으로 발전해나갈 수 있는 것이다. 개인으로서, 우리가 우리나라에 속하지 않는 형제들을 도울 수 있는 기회는 매우 적다. 기껏해야, 우리는 우리의 사랑을 그들에게 확장하거나 좋은 이웃과 같은 일상적 호의를 그들과 교류하는 정도일 것이라고 마찌니는 지적한다; 우리는 공동 사업장에서 그들과 함께 일할 수는 없다. 우리는 우리와 인류간의 매개체를 필요로 한다; 그리고 올바른 매개체는 민족이고, 자유로운 나라는 그 위에 건설되는 것이다. 그것[나라]은 인본성 증진 계획을 수행하기 위해 하나님이 선택한 수단이다. 이제 우리는 우리나라를 세우면서 시작해야 하고, 우리가 먼저 나라에 봉사하지 않고 인류에 봉사한다는 것은 꿈도 꿀 수 없게 되는 것이다.

> 우리나라를 위한 원칙에 따라 일하면서, 우리는 인류를 위해 일하는 것이다; 우리의 나라는 우리가 공동선을 위해서 사용해야 할 지레의 받침대이다. 우리가 이 지렛대를 포기한다면, 우리는

우리의 나라에, 인류에 아무 소용이 없게 되는 위험을 감수해야 한다. 인류를 구성하는 민족과 우리자신을 연계시키기 전에, 우리는 일단 민족으로 존재해야 한다.[26]

자유는 국내외적으로 각 나라 정치의 조직 원칙이 되어야 한다. 우리는 내부적으로는 자유를 신성하게 여기지만 외부에서는 그것을 체계적으로 위반하기도 하는 유럽국가의 정치적 제수이티즘(Jesuitism; 예수회주의: 목적을 위해 기만적 수단도 불사함)을 참을 수 없다. 마찌니에게, 진정한 애국주의는 자매 민족에도 충분히 경의를 표하는 것이고, 세계의 주인이라고 선포하는 자가 혹시라도 있다면 그가 누구든지, 그에 대해서 용감하게 나서서 대항할 수 있는 용기를 요구한다. 당신은 인류를 위해 죽을 준비가 되어있기 때문에, '당신 나라의 생명은 영원할 것이다'라고 마찌니는 결론짓는다.[27]

마찌니에게, 다른 형태의 정치적이고 도덕적 사랑과 마찬가지로, 나라 사랑은 보편적인 것으로부터 특수한 것으로 진행한다. 독일 기자에게 보낸 편지에서 그는 다음과 같이 쓴다; "나는 이탈리아 사람이지만, 또한 남성이고 유럽인이다. 나는 추상적으로 나라를 사모하기 때문에, 나의 나라를 사모한다; 나는 이론적인 자유를 믿기 때문에, 우리의 자유를 사모한다; 이론적 권리를 믿기 때문에, 우리의 권리를 사모한다." 여기서 그는 사랑보다 의무를 강조하고 있다; 우리가 하나님의 법을 알아야 하고 수행해야 한다는 의무 말이다. 그는 사실상 '사모하다'라는 동사를 사용하는데, 이는 그의 의무에 대한 종교적 의미에 아주 적절한 용어이다. 편지의 내용에서 알 수 있듯이, 나라 사랑이란 보편적 원칙에의 의무를 통해 확장되고 고귀해져야 한다는 것이 마찌니의 주장이다. 우리 민족은, 그것이 '모두의 선과 진보'를 위한 도구로 남아 있는 한, 우리의 사랑을 받을만한 가치가 있다. 지리적 조건, 역사, 전통, 언어, 관습은 민족이 사랑받을 가치로 충분하지 않다. 자유와 모든 사람을 위한 정의에 대한 의무로부터 나오는 우월한 도덕적 빛으로 밝게 빛나는 것이 필요한 모든 것이다. 우리의 나라가 악을 행한다면, 모든 것이 망가진다; 더 이상 우리의 사랑을 받지 못하고, 사라지게 될 것이다. "그것이 악을 행한다면, 억압에 의존한다면, 한순간의 이익을 위해 부정의의 사도가 된다면, 그것은 존재할 권리도 상실하고 자신의 무덤을 파게 될 것이다. 이것이 민족의식에 대해서 내가 내면에 가지고 있는 생각이다."[28] 그는 독일 친구에게 독일인이 되는 몇 가지 방법이 있다는 것을 설명하고 싶어 했다. 억압하는 독일과 지성의 힘을 위한 독일이 있다; 메테르니히(Metternich)의 독일과 루터의 독일이 있고, '하늘의 왕국이 여기 지구상에서 가능한 한 반영되어야 함'을 선포한 16세기 농부의 독일이 있다. 후자의 독일은 확장이 필요 없었다; 자신만의 정신적 유산을 재발견하고 계발하면 되는 것이었다; '비열한 민족주의'는 필요 없다.[29] 헤르더가 세계주의와 문화적 혼성에 대항하는 건전한 해독제로 지적하곤 했던 동일한 단어 '민족주의'는 마찌니에게는 민족성 원칙의 타락을 의미하는 것이었다.

민족에 대한 의무는, 그것이 '인민의 자유가 모든 사람의 자유에 대한 권리를 선포하는 신념에 의하지 않고는 얻어지고 유지될 수 없다'는 원칙을 잊거나 간과할 때, 비열한 민족주의로 타락하게 된다.[30] 자유와 분리된 상태의 민족주의란 비합법적 권위나 정당하지 않는 정부를 은폐하는 다른 방법이라고 마찌니는 생각한다. 19세기 유럽 혁명을 북돋았던 것은 민족 정신에 정반대되는 것이었다고 마찌니는 믿고 있었다. 민족의식은 힘을 이기는 권리에 대한 승인이고, 사람들의 형제애를 인정하는 것이며, 이러한 원칙에 따라 유럽의 정치지형을 변형시킨다는 약속이다. 문화적 개념으로 태어나서, 그것은 마찌니의 분석을 통해서 유럽 애국자의 정치적 이상이 되었다; 혁명가들은 자신의 나라 - 이탈리아, 독일, 폴란드 - 를 사랑했고, 같은 이상에 헌신한 동료로서 서로를 인정하도록 그들에게 허용한 방법으로 사랑했던 것이다. 각자 자기 나라를 사랑하게 한 방법은 그들을 서로 유사하게 만들었다; 그들의 자유에 대한 고귀한 사랑은 문화적 장벽을 초월했고, 사랑이 언제나 그렇듯이, 인정과 통합을 가능하게 했다. 마찌니는 그들에게 말하고 싶어했다; 그는 그들 대다수에게 용기를 주기 위해서 말했다. 이러한 애국자만이 함께 할 수 있다; 이러한 애국자들과 함께 해야만 그가 꿈꾸어 온 새로운 인류를 만들어낼 수 있는 것이다.

단테와 마찬가지로, 마찌니의 목소리는 동료 이탈리아인들에게는 너무 가혹하고, 그가 말하는 소명은 너무나 높아 도달하기 어려웠다. 단테를 사막에서 소리치는 목소리라고 그가 말했을 때, 그는 이미 자신의 운명에 대해 말하고 있다는 것을 미처 알지 못했다. 1829년에 그가 기록하였듯이, 추방은 인간에게는 최악의 운명이다;

> 추방! 처음으로 그 형벌을 생각한 자는 아버지도, 어머니도, 친구도, 애인도 없었다. 그는 자신이 다음과 같이 말하면서 동료들에게 복수하려고 했다; 내가 본성상 그러하듯이, 추방으로 저

주받아라. 당신은 고아같을 것이며, 영혼의 죽음을 알게 될 것이다. 나는 당신에게서 아버지, 어머니, 애인과 나라, 그리고 숨쉬는 것만 제외하고 모든 것을 빼앗을 것이다; 그래서 당신은 전우주를 가인(Cain)과 같이 방랑할 것이고, 절망의 무정함이 당신의 영혼을 파고들 것이다.

추방당한 자는 외국을 헤매야 하고, 다른 사람들의 희망과 기쁨에서 소외된 채 언제나 이방인이다. 그의 가슴 속에는 언제나 그를 떠나지 않는 공허함만이 있게 된다. 오직 죽음만이 고통으로부터 위안이 될 것이지만, 낯선 곳에서의 죽음은 공포 그 자체이기도 하다;

이방의 흙이 시신을 덮을 때, 그리고 전장에서 영광의 천사같이 나타나고 때로는 혈족의 손에서 숨을 거두는 자에게 위안의 천사 같기도 한 죽음이 외국에서 숨을 거둔 그의 머리 받침대가 흐릿해지면서 끔찍한 해골처럼 빛날 때, 그 무덤은 두 배로 차갑다.31)

다시 한번 그는 예언적이었다. 그는 전 생애 동안 돌아오기를 갈망하면서 망명지에서 보냈다; 그는 1872년 이탈리아 땅에서 사망했지만, 가공의 이름으로 묻혔다. 후기 리소르지멘토(Risorgimento; 19세기 이탈리아의 국가통일운동) 시기의 이탈리아에서 살았다면, 그는 더욱 더 고통스러운 추방을 경험했을 것이다; 즉, 도덕적이고 정치적인 추방을 말이다. 이탈리아는 그가 일생동안 투쟁해 왔던 이상적 나라와는 전혀 달랐다. 그는 투쟁을 계속했을 것이지만, 밀턴과 루소가 자신들의 편지에서 묘사했던 환멸과 차이와 같은 느낌을 아마도 그는 가졌을 것이다. 그의 애국주의의 성격은 그로 하여금 정치적으로 도덕적으로 환멸을 갖기 쉽게 하였다. 그가 열정적으로 사랑했던 나라는 정치적 이상, 문화, 기억과 장소의 조합이었다. 그것은 공화국의 정치적 이상만이 아니었고, 그 이상의 다른 것이었다; 그러나 공화국이 없는 문화, 기억, 장소는 애국자를 편안하게 만들기에 충분하지 않았다. 1848년 10월 조르쥬 상드(George Sand)에게 보낸 편지에서, 그는 그가 이탈리아에 있었던 동안 느꼈던 정신적 고향 상실의 느낌을 설명 한다; "내가 느꼈던 마지막 감정은 성 고타드 지방의 눈 속에 있는 알프스에서였고, 내 나라에서 일어난 감정이 아니었다. 내가 돌아가면서 느낀 동정의 표시에도 불구하고, 이탈리아에서 나는 한순간도 내가 추방상태 있다는 생각을 떨쳐버릴 수 없었다."[32] 같은 해 4월에, 그는 밀라노에서 영웅으로 환영받았다; 수개월 후에 오스트리아에 대항하는 혁명 전쟁을 위한 계획이 실패로 돌아가면서 실망한채, 그는 자신이 자기 나라에서도 망명생활을 하고 있는 것 같다고 말한다. 그것은 그저 정치적 분노가 아니다; 그것은 문화적이고 정신적 소외이다. 그는 고귀한 본능을 가지고 있지만 너무나 무식해서 '최초로 능력있다고 생각되는 사람에게 넘어가는' 대중과 원칙 없이 임기응변에만 능한 엘리트 사이에서 있을 곳을 찾지 못했다.

15년 후에 이탈리아는 완전히 통일되었고 독립하였다. 그러나 마찌니는 그것을 자신이 일생동안 위해서 투쟁해 온 나라로 인정하지 않았다; "아니다; 오늘의 이탈리아는 30년 전에 내가 기대했고 원했던 이탈리아가 아니다. 1849년에 로마의 성벽 내에 초기 상태로 존재했던 [공화국]이 아니다. 이상으로 무장한 사제였으나 지금은 국내에서는 억압받으면서 해외의 전제정과 결탁한 열강의 군인이 되어버린 당신과 사람들로 인해.*[33] "모든 사람의 선을 위해서 위대하고 고귀한 일을 이루어내지 못한다면, 이탈리아는 나에게 별로 중요하지 않다"고까지 그는 말한 바 있다.[34] 장소, 기억, 언어, 관습은 그의 사랑을 받을만한 가치가 있는 나라를 만드는데 충분한 조건이 아니다. 그들은 도덕적이고 정치적 자산의 부족을 채워주지 못한다. 그가 외국에 추방되어 있을 때, 장소와 사람들에 대한 기억은 향수와 함께 거기 있고 싶은 갈망을 불러일으켰다. 그가 자신의 나라에 있을 때, 그것들은 도덕적이고 정치적 거리감을 희석시키지 못했다. 탈출과 추방은 고통스러웠다; 그러나 돌아오는 것도 쉽지는 않았다. 그를 환영하는 것은 공화국이 아니라 기억과 장소뿐이었기 때문이다.

마찌니 자신이 고통스럽게 인정한 바와 같이, 1848년의 교훈과 이상은 1860년대 초 유럽에서 상실되었고 패배했다. 1848년 애국자들에게, '민족'이라는 단어는 '민족이 개인으로서 그 구성원이 되는, 인본성의 작업을 위한 조직'을 의미했다.[35] 따라서 민족을 위해 투쟁한다는 것은 전제정치와 외국의 지배에 대항해서 각 인민의 자유를 위해 투쟁하는 것을 의미했고, '인민의 자유는 자유에 대한 모든 사람의 권리를 선포하는 신념에 의하지 않고는 얻어질 수도 유지될 수도 없다'는 것이 분명해졌다.[36] 리소르지멘토의 다른 반대자로서 카를로 피사카네(Carlo Pisacane)는 1860년에

---

* 1849년 이탈리아 민족주의자들이 교황을 축출하고, 로마 공화국(이탈리아 공화국)을 수립했으나, 프랑스 군대가 파견되어 교황과의 갈등을 중재하는 듯하다가 교황을 복위시키기로 결정하고, 두달간의 교전 끝에 같은해 5월 29일에 로마는 함락되고 교황령이 부활하게 되었다. 1849년 3월에 로마공화국 수상에 취임했던 마찌니는 망명하게 된다.

같은 논조로 기술 한다; 1848년 대부분의 고귀한 영혼을 흥분시켰던 민족의 원칙은 자유의 이상이었다. 민족이란 인민의 집단적 의지의 자유로운 표현이라고 그는 강조 한다; 공동 이익; 완전하고 절대적 자유, 특권 계급, 특권 집단, 왕조의 부존재[등에 대한 집단적 의지 말이다]. 나라 사랑은 자유의 토양에서만 자라날 수 있고, 자유만이 시민을 공화국의 지지자로 만들 수 있다. 왕과 군주의 지배 하에서, 애국주의의 고귀한 열정은 타락하게 마련이다.[37] 마찌니와 피사카네는 뛰어난 비평가였다. 군주정의 유럽에서, '민족의 원칙'은 '비열한 민족주의'로 타락하게 되었다. 순전한 무력과 이익의 정치가 민족의 자유롭고 자발적인 발전의 정치를 대체했다. 그것은 공화국과 애국주의 정치에 대한 국가이성의 또 다른 승리였던 것이다.[38]

애국주의에서 민족주의로의 변화는 이탈리아의 지적 경향으로만 그치지 않았다. 영국에서, 진보와 보수적 애국주의의 구별도 팔머스톤(Palmerston) 정부하에서 점차 사라져갔다. 그는 억압받고 있는 나라를 도와서 세계에서 자유와 권리의 옹호자로서 영국의 역사적 사명을 확인하는 공통의 근거로 인민과 정부의 통일성을 강조하기 위해 애국주의 수사를 자주 사용한 바 있다. 자유주의적 그리고 후일 보수적 애국주의로의 애국주의의 동화 과정은 이탈리아 독립을 주창한 글래드스톤 정부에서도 지속되었고, 토리당을 영국의 민족주의적이고 애국주의적 정당이라고 명백히 선포한 디스레일리 정부에서는 더욱 강화되었다. 1872년 맨체스터에서 행한 디스레일리의 연설은 노동계급의 진보적 애국주의를 힘있는 제국의 신민이 되는데 대한 자부심과 함께 왕에 대한 충성으로 변화시키기 위해 고안된 수사의 중요한 사례가 된다. 그는 이렇게 말했다; "노동 계급은 속속들이 영국인이다. 그들은 세계주의 원칙을 거부한다. 그들은 민족의 원칙을 고수한다. 그들은 왕국과 제국의 위대함을 지키기 위해 존재하고, 그들은 우리의 주권자의 신민이자 그러한 제국의 구성원이라는데 자부심을 가진다."39) 1870년대 말에, 보수주의자들은 소위 애국주의 정당과의 전투에서 승리를 거두었다; 민족의 단합과 보수주의 간의 연계는 공고하게 인정되었다. 보수주의자의 이념적 주장에 반대하면서, 자유주의자와 급진파들은 국제주의와 평화주의의 깃발에 반기를 들게 되었다. 노동계급 정당은 보수주의적 애국주의의 유혹에 넘어갔고, 일부는 냉담하게 반응하거나, 1830년대와 1840년대의 급진적 애국주의를 상기시키면서, 또는 국제적 사회주의 운동을 대신하여 애국주의를 향한 적대감을 선포하면서 저항하기도 하였다.40)

제국주의 시대에, "좌파의 애국주의를 구분해 내는 것은 불가능했다; 언어는 우파에게로 넘어갔고, 그것을 사용한 자들도 역시 그렇게 했다."41) 역사적 상황은 애국주의의 논쟁에 대한 보수파의 이념적 공격에 저항하기에 좌파에게는 너무나 비우호적이었다. 그러나 당시 좌파가 할 수 있는 모든 일을 다 했는지에 대해서 의문을 가질 수도 있을 것이다. 이념적 저항의 다양하고 가능한 방법 중에서, 세계주의나 프롤레타리아 국제주의를 위해 공화주의를 포기한 것은 매우 비효율적인 것이었다. 공화주의적 애국주의라는 오래된 언어는, 공화주의의 수사에 반대하기 위해 순수하게 영국적인 지성적이고 정치적 전통에 근거하여 '영국인이 됨'에 대한 다른 해석을 하게 할 수도 있었기에, 아마도 보다 강력한 수사를 제공했을지도 모른다. 디스레일리가 영국의 노동계급은 '속속들이 영국인'이라고 선포했을 때, 옳은 답변은 아마도 '아니요, 우리는 세계주의자입니다'라거나 '아니요, 우리는 국제주의자입니다'가 아니라, '네, 지당합니다. 우리는 속속들이 영국인이지요. 영국 민족의 창시자들이 자신들을 통해 가르쳐주었던 것처럼, 영국인이 된다는 것은 국내외적으로 자유와 정의에 헌신한다는 것이니까요'였을 것이다. 이러한 일이 일어나지 않았을 수도 있지만, 현장을 떠나버리는 것보다는 더 좋았을 것이다.

프랑스에서도, 민족과 공화국은 결별하였고, 혁명의 유산에도 불구하고 애국주의 언어는 민족주의적이고 군주제적 어조를 유지했다. 혁명군이 '민족 만세'를 외치며 싸웠던 발미(Valmy) 전투 100년후에, 우파가 민족적이고 민족주의적 이슈를 이념적으로 독점하게 되었다. 민족적 권리와 정치적 권리는 동의어가 되었다. 샤를르 모라스(Charles Maurras)에게 있어, 극단적 사례를 언급하자면, 프랑스 애국자가 되기 위해 우리는 공화주의자와 싸워야 했다. 공화주의 정신이 국가안보를 위협하고 전통적 프랑스 카톨릭에 매우 이질적인 종교에 호감을 보이기 때문이다. 애국자의 강하고 완고한 충성은 민족의 자유와 명예, 번영의 진정한 보호자인 군주에게 바쳐져야 하는 것이 되었다.[42] 프랑스인 행동연맹의 창설자들에게, 민족주의는 '내부에 존재하는 외래적인 것'으로부터 민족의 문화적, 종교적 완전성을 보호해야 하는 정치적 책임이었다; 즉, 프랑스의 핵심적 정신과는 이질적인 사상과 가치에 대한 주장으로부터의 보호를 의미했다. 이러한 의미에서, 애국주의는 새로운 종교로 작동해야 하는 것이었다. 민족만이 근대인에게 그들이 필요로 하는 정신적 중심성을 제공할 수 있기 때문이다. 민족은 그러므로 그 순수함으로 돌아가야 했고, 그렇게

회복되기 위해서, 그들은 우선 잘못된 공화국을 추방해야했던 것이다.[43]

공화주의적 애국주의가 결코 중요한 지적 전통이 아니었던 독일에서도 역시, 애국주의는 군주에 대한 충성과 독일의 정신적 특징을 보호하기 위한 책임과 동의어가 되었다. 비스마르크가 자신의 비망록에서 주목했듯이, 군주만이 지역적 충성을 초월하는 보다 큰 충성의 기반을 제공할 수 있기에 독일 애국주의는 군주를 필요로 했다. 역사적으로 인종적으로, 독일은 분열되어 있었다. 그들에게 통일과 힘을 확보해줄 군주와 왕조가 필요했던 것이다.[44] 정치적 통일이 달성되자, 다음 단계는 문화적 통일의 건설이다; 민족국가는 문화 민족에서 완성되어야 하는 것이었다. 예술가, 작가 등 지식인들의 지원을 받아 정치인들은 정신적으로 중심이 되고 문화적으로 순수한 독일을 창조해내기 위해 작업해야 한다. 19세기 후반 독일 애국주의의 지적 계획을 응축한 두 가지 핵심적 개념인 문화(Kultur)와 민족(Volk) 중에서, 전자는 독일 정신의 독특성에 대한 신념을 표현하고, 후자는 독일사람들의 근원적 정신에 마술적이고 신비적인 요소를 덧씌우면서 독일인과 비독일인 간의 문화적 인종 경계를 설정한다. 민족적인 이념으로 찬양되는 민족(Volk)은 순수하고 인종적인 불결함으로 오염되어서는 안되는 것이다; 그것은 향수와 순수하지 못한 세상에 대한 분노와 함께 시도되고 꿈꾸어 온 순수함에 대한 이상이다.[45]

그러나 제국주의 시대에 조차, 민족이 시민의 자유로운 동의에 근거한 정치 공동체로 이해되어야 한다는 생각이 전적으로 사라진 것은 아니다. 사실상, 그것은 19세기 후반 민족의 의미에 대한 가장 영향력있는 해석으로 이어졌다. 즉, 1882년 3월 11일 소르본

느 대학에서 열린 “민족이란 무엇인가?(Qu’est-ce qu’une Nation?)” 라는 제하에 개최된 에르스트 르낭(Ernst Renan)의 강연을 말한다. 민족주의 연구자들에게 인정되어온 바와 같이, 르낭 강연의 중요성은 인종, 언어, 이익, 종교적 친밀성과 지리에 근거한 공동체로서의 민족이라는 교의에 대항하여, 민족이 ‘공동의 삶을 살아가겠다고 명백하게 표현된 사람들의 욕망’에 근거한 정신적 원칙이라는 생각에 반대한다는 사실에 있다; 민족의 존재는 ‘일상적 정치행위’라고 그는 말하고 있다.[46]

별로 주목받지는 않았지만 마찬가지로 중요한 것은 르낭이 자신의 민족 개념을 공화주의적 나라 개념을 사용했던 18세기의 지적 혁명과 연계하고 있다는 점이다;

> 그리고 18세기는 모든 것을 변화시켰다. 인간은 몇 세기 동안의 굴욕이후 고대의 정신으로, 자존감으로, 권리에 대한 개념으로 돌아왔다. ‘나라’와 ‘시민’이라는 단어는 중요성을 다시 회복했다. 그래서 역사에서 시도된 가장 과감한 작업이 완성되었던 것이다; 그 작업은 생리학에서 생명의 선물과 비견되는 것으로, 그 첫 번째 특징은 머리와 가슴이 제거된 육체로의 작업이었다.[47]

르낭이 주목하듯이, 정치적 원칙과 희생과 고통에 관한 사람들의 기억으로 형성된 문화의 조합으로서의 민족의 개념은 18세기 보편주의를 반영한다. 공화국의 정치적 이상보다 문화, 인종, 언어를 우선하는 교의는 반대로 지적이고 도덕적 타락으로 간주되는 것이었다;

> 우리가 그것[언어와 인종의 중요성]을 과장할 때, 우리는 민족적이라고 주장하면서 우리 자신을 제한된 문화 속에 가두어버린다; 우리는 포위되고 갇혀버린다. 우리가 인류라는 거대한 마당에서 우리가 숨 쉬는 광활한 대기를 포기하고, 우리 자신을 동포들의 비밀 집회소에 가두어 버리게 되는 것이다. 정신에 이보다 더 나쁜 것은 없으며, 문명에 이보다 더 해가 되는 것은 없다.[48)]

르낭에게, 민족의 기초가 인민의 의지에 놓여 있다는 원칙은 문화적 개방성을 보장하는 것이고 인민의 자유를 존중할 경계를 넘어선 갈등을 해결할 합법적 표준이다. 그는 지적 명확성을 위한 작업을 시작했고, 정치적 논점을 분명히 하고자 했다. 이 목적을 위해서, 그는 민족의 개념에 18세기 문화로부터 여과된 공화주의적 애국주의의 몇 가지 단상을 주입했다. 그렇게 하면서, 그는 민족이라는 정신적 통합체 내에 나라의 정치적 가치를 용해시키려는 19세기 유럽의 주요 이념적 경향과는 반대방향으로 가게 되었다. 평등한 시민이 자신들의 특정문화에 따라 자신들만의 방식으로 자유롭게 살아가는 자치 공화국이라는 이상은 문화, 언어, 인종 공동체로서의 민족의 이상에 비하여 호소력을 상실하였다. 가장 문제라고 보였던 것은 이탈리아 시민인가, 영국 시민인가, 프랑스 시민인가가 아니라, 이탈리아인, 영국인, 프랑스인이 되는 것이었다; 그것이 곧 군주나 황제의 신민이 되는 것을 의미한다 해도. 공화국과 별도로, 민족의 이상은 더 이상 민주주의자와 급진파를 매료시키지 못했다. 민족과 혼동되어 버린 나라(patrie)는 수세기동안 지켜왔던 자유와의 연계성을 상실해 버린 것이다.

결론

민족주의 없는 애국주의

결론 : 민족주의 없는 애국주의

민족주의의 이념적 승리는 애국주의를 현대 정치사상의 주변부로 추방해버렸다. 그러나 아직도 사람들이 자유를 위한 투쟁을 하게 될 때, 전쟁과 전체주의 체제를 경험하고 민족을 재건하려는 과업에 봉착할 때, 사상가들은 압도적인 민족주의의 수사 아래 오래된 애국주의의 요소들을 회복해내기도 한다. 그들의 노력은 언제나 역사적으로 이론적으로 중요하다. 대부분의 경우에, 그들은 민족주의 없는 애국주의를 재건하기 위해 따라오는 올바른 지적 경로를 제시한다. 그러나 보다 많은 작업이 수행될 필요가 있다. 연구는 아직 끝나지 않았다.

애국주의의 재발견 사례 중 가장 중요한 것은 이탈리아의 반파시스트 순교자 카를로 로셀리(Carlo Rosselli)의 저술에서 발견된다. 그의 주요 저작인 『자유 사회주의 *Socialismo liberale*』는 1929년 망명지에서 작성된 것으로, 여기서 로셀리는 '민족적 삶이 최고라는 가치를 무시하는' 이탈리아 사회주의자의 태도는 심각한 정치적 실수라고 지적한다. 설사 그들이 '원시적이거나 타락한 또는 이기적인 형태의 나라 사랑에 투쟁하기 위해서' 그렇게 했다 할지라도, 사실상 그들의 정치는 '민족적 신화를 성공의 기반으로

하는' 다른 정당을 도와주는 것이 되어 버린다.[1]

로셀리에게 있어, 사회주의자는 민족감정이 추상적인 이론적 구조물이 아니라, 민족적 독립을 뒤늦게 이룩한 이탈리아와 독일 같은 나라에서 특히, 강력한 순수한 인간의 열정임을 이해하는데 실패했다. 민족 감정을 국제주의로 대체하려는 대신에, 사회주의자는 거기에서 국가 통제, 민족주의, 제국주의와 민족 우선이라는 모든 신화를 제거하고, 그것을 유럽의 통일을 위한 건설적인 정치적 힘으로 변형시켰어야 했다.[2]

로셀리는 애국주의와 민족주의 사이에 명확한 경계선을 설정한다. 그는 전자를 다른 사람들의 권리에 대한 존중에 근거한 자유를 위한 주장과 동일시했다; 후자는 반동체제가 추구하는 세력 확장 정치와 동일시한다.[3] 두 이념 모두 민족감정을 설파했고, 강력한 열정을 요구했다. 이러한 이유 때문에, 그들은 서로에 대항하여 사용된 것이라고 로셀리는 믿었다. 반(反)파시스트들은 애국주의를, 편견이라고 거부하는 대신에, 자신들의 계획의 중심에 놓았어야 했다; 반파시스트 혁명은 '애국적 의무'라고 그는 말했다.[4]

그들만의 애국주의를 가지기 위해, 반파시스트들은 파시스트 선동가들이 사용하는 것과는 완전히 다른 나라 개념이 필요했다. 우리의 나라는 '우리의 도덕적 세계와 모든 자유인의 나라'와 일치하는 것이라고 그는 기술하고 있다.[5] 그것은 반파시즘의 다른 가치와도 완벽하게 조화되는 가치이다; 인간의 존엄성, 자유, 정의, 문화, 노동 등. 파시스트는 민족과 이탈리아를 찬양한다; 반파시스트들도 자신들을 민족의 옹호자로 내세우며 이탈리아와 이탈리아인됨을 찬양한다. 그러나 그들의 민족은 유럽과 세계를 향해 열린 자유로운 민족이라야 하고, 그들의 이탈리아와 이탈리아인됨은 이탈리아에서 최고의 것을 융합해야 하는 것이다; 마찌니의 이탈리아, 가리발디의 이탈리아, 피사카네의 이탈리아; 그들의 완전성을 지켜온 문명화된 이탈리아인의, 농부의, 노동자의, 지식인의 이탈리아 등. 이러한 이탈리아에, 여기에만 반시스트의 충성이 바쳐지는 것이다; 우리는 다른 이탈리아에 충성하기 때문에, 우리가 파시스트 나라의 반역자라고 우리는 자랑스럽게 큰소리로 말할 수 있다고 로셀리는 기술한다.[6]

수년 후에, 다른 반파시스트가 애국주의의 내용과 주제를 재발견하고 재조정하기 위해 길을 발견했다; 1943년에 시몬 베유(Simone Weil)는 런던에서 자유 프랑스(Free France)를 위해 일하고 있을 때, 『뿌리내림 *L'Enracinement*』을 저술한다. 프랑스의 개혁 가능성에 대한 글을 요청받고, 시몬 베유는 나라 사랑을 자기 민족의 독특성과의 맹목적 동일시나 자부심으로 돌리지 않으면서, 문화적이고 정신적인 뿌리내림의 필요성을 설명하는 자유에 대한 연민을 가진 애국주의에 대한 강력한 재해석을 제안한다. 우리나라에 대한 우리의 의무는 뿌리내림을 위한 인간의 절대적 필요에 근거하고 있다고 그녀는 기술하고 있다;

> 어떤 미생물을 위해서는 어떤 배양 모판이, 어떤 식물에는 어떤 토양이 있는 것처럼, 모두 안에 영혼의 어떤 부분이 있고 서로 교통하는 사상과 행동의 어떤 방식이 있다. 이는 민족적 구조 안에서만 존재할 수 있으며, 나라가 파괴되면 사라진다.[7]

그녀가 설명하고 있는 프랑스인에게 있어서, 결정적 매개자는 프랑스이다.

[그들 각자는] 영혼의 일부가 프랑스와 밀접하게 연결되어 있다는 것을 알고 있다. 프랑스가 제거될 때에도 그 일부는 거기에 붙은 채 남아있다는 것도 알고 있다. 피부가 불 붙은 물체에 붙어 남아있고 찢겨나가는 것과 마찬가지로. 모든 프랑스인의 영혼의 일부가 붙어있는 무엇인가 있고, 이는 모두에게 똑같이 유일하고, 만져도 감지하기는 어렵지만 사실이고, 인간이 만질 수 있는 어떤 것이라는 의미에서도 사실이다.[8)]

그리고 나라에 대한 그들의 의무 - 프랑스에 모든 것을 주도록 요구하는 의무 - 가 위대하기에, 그들은 프랑스가 역사에 가장 충실하기를 요구할 자격이 있다. 그들은 그녀[프랑스]에 제국을 유지하지 않기를 요구할 수 있다. 애국자로서 그들은 자격도 있을 뿐만 아니라 강제할 수도 있다; 그들의 애국주의가 '그들의' 제국에 대한 자부심과 기쁨으로 말하는 동료 프랑스인들과는 다르다는 것을. 그들은 '리셜리외(Richelieu), 루이 14세, 모라스(Maurass) 방식'을 따르는 애국주의에 반대할 수 있고, 대항해서 싸울 수도 있다; 애국주의가 기독교 윤리와 1789년의 정신으로 충만하기 때문에.[9)] 1789년에 프랑스는 자신 뿐만 아니라 세계를 위해서 자유와 정의에 헌신했다. 프랑스가 인간의 육체와 피를 가진 존재가 된다면, 제국 시절에 그랬던 바와 같이 더 이상 이러한 의무에 충실하지 않게 된 것이다. 프랑스인들이 제국적 프랑스를 상실한다는 것은 그들 영혼의 타락한 일부를 상실하고, 그들의 모든 힘을 다른 부분과 보다 좋은 부분으로 주게 됨을 의미한다. 애국주의는 시민들에게 나라와 그들 자신을 위한 벅찬 요구를 한다. 그들로 하여금 나라의 역사에서 자유에 대한 의무를 강화시키기 위한 암시와 근거를 찾아내도록 촉구하기도 한다. 프랑스가 예외적인 경우는 아니다. 모든 인민의 역사에서, 우리는 여전히 공동의 기억 속에 울림으로 살아있는 자유와 정의를 위한 소리를 찾을 수 있다. 그것을 망각에서 되찾는 것이 자유와 연민의 애국자들이 해야 할 과업이다.

애국주의에는 어떤 배제도 없다. 우리로 하여금 당시에는 고통스럽지만 정신적으로 밀접하게 존재하는 우리나라의 과거, 현재에 확실하게 두 눈을 고정하고 있도록 한다. 모든 것은 순수한 형태로 존재하는 나라 사랑의 결과이다; 우리나라의 위대함과 영광을 위한 흥분과 감탄이 아니라, 그 약점과 허약함에 대한 인식에서 나오는 사랑 말이다. 선택은 세계주의냐 애국주의냐가 아니라, 위대함의 애국주의냐 연민의 애국주의냐인 것이다. 시몬 베유가 설명하듯이, "어떤 사람은 시공간에서 영원히 존재하는 프랑스를 보장하고 싶은 영광을 위해 프랑스를 사랑하고; 혹은 다른 이는 현세에 존재하기에 파괴될 수 있고, 그래서 더욱 고귀한 어떤 것으로 나라를 사랑할 수도 있다."10) 그녀는 두 종류의 애국주의를 아마도 서로 양립할 수 없는 '사랑의 두 가지 독특한 방식'으로 묘사한다. 그리고 자신의 나라의 위대함과 독특함을 찬양하는 자들은 광범위한 수사적 도구를 사용하지만, 연민의 마음을 가진 애국자들은 그들만의 언어를 가지고 있지 않다는 것에 그녀는 또한 주목한다.

연민과 자비(charity)는 나라의 불행에 단순한 참여가 아닌 사랑을 그려낸다;

> 그러한 사랑의 대상이 반드시 불행한 나라에 제한될 필요가 있는 것은 아니다. 행복은 불행만큼이나 연민의 대상이기도 하다.

> 그것이 지구에 - 다른 말로 해서 불완전하고 취약하고 덧없는 세상에 - 속해 있기 때문이다. 게다가, 불행하게도 어떤 나라의 경우에도 불행은 일정부분 언제나 존재하게 마련이다.[11)]

연민의 애국자는 자기 나라의 위대함과 영광스러운 업적을 부정할 필요가 없다. 우리의 연민의 대상에서 좋은 것에 대한 인정은 그것을 '한결 더 약하고, 한결 더 통렬하게' 한다; '기독교인이 십자가 위의 그리스도 앞에 설 때, 그의 연민은 후자의 완전성을 생각한다고 해서 감소되는 것이 아니며, 반대로도 그렇지 않다.'[12)] 시몬 베유가 말한 것처럼, 연민의 애국주의는 '기독교도에게만 합법적인 것이다. 그것만이 겸손이라는 기독교적 징표를 지니고 있기 때문이다.' 연민은 기독교적 가치일 뿐만 아니라, 공화주의적 애국주의의 특징적 성격이다. 기독교도이거나 공화주의자거나, 우리로 하여금 나라가 위대함과 비참함 모두에 눈을 고정하게 만들기 때문에 연민의 애국주의는 올바른 것이다. 우리가 나라의 범죄, 추문, 부정의, 잔인함, 실수와 잘못을 알아도 그것이 감소되는 것은 아니다; 단순히 고통을 더할 뿐이다. 우리가 우리나라에 속한 것을 부끄러워해도 우리는 도망가지 않는다; 우리의 시민권을 포기하지 않는다; 우리는 루소의 편지를 픽테(Pictet)에게 보내지 않는다. '연민이 관계되는 곳에, 범죄 그 자체가 우리를 물러나게 하지 않고 접근하게 하는 이유를 제공한다. 죄의식이 아니라 부끄러움을 공유하는 대상과 관련되어 있기 때문이다.'[13)]

베유(Weil)의 연민의 애국주의는, 그것이 우리의 것이기 때문에, 나라의 문화와 역사를 전체적으로 회복되고 보호되어야 하는 가치로, 독특하고 특별하기 때문에 사랑해야 하는 것들로, 민족주의자의 나라 사랑에 대한 강력한 해독제이다. 애국자와 마찬가지로, 민족주의자도 자기 나라의 역사를 보고 그에 연결되어 있음을 느낀다. 그러나 그는 허약함을 보지 못하고, 수치에 대한 이유도 찾지 못한다; 신성과 영원성은 모든 순간, 모든 곳에 있다. 민족의 문화는 그에게 외국인의 문화적 정치적 침입 또는 동료의 취약함과 타락으로 위협받을 수 있는 자산인 것이다. 애국자는 일시적인 위대함과 영광으로 구성된 보다 다양한 그림을 본다; 과거와 현재의 범죄와 추문; 과거와 현재의 불행과 치욕 등을. 그것은 모두 그의 것이다; 그는 도망가지 않고, 잊어버리고 싶어하지도 않는다. 그는 모든 것을 받아들이지만, 모든 것이 같은 가치를 가지거나 같은 방식으로 그에게 존재하는 것은 아니다. 민족의 역사에서 어떤 순간은 기쁨으로, 다른 순간은 분노와 치욕으로 온다. 이들이 애국자들의 사랑에서 가장 특징적인 감정일 것이다.

시몬 베유의 책은 다시 살아나는 애국주의의 놀라운 능력에 대한 통렬한 증거이다. 지적으로 세련되지는 못했지만 똑같이 놀라운 일은 1943-5년 사이에 이탈리아에서 발생한 애국적 언어의 부흥이다. 그 부흥을 특별히 흥미롭게 만든 것은 이탈리아의 애국주의 언어가 군주제적 또는 파시스트적 수사로 전적으로 바뀌었다는 사실이다. 1943년 로마 일간지에 발표된 글은 애국적 수사에 대한 광범위한 비호감을 잘 보여준다; "우리의 유명한 영토회복운동 (Risorgimento)은 결코 끝나지 않는다. 우리는 에리트리아에서 시작했고, 리비아로 나아가고, 세계 전쟁으로 진행했다. 우리가 가서 아비시니아에서 우리 자신을 혼란스럽게 한 하늘 아래 땅의 일부를 어렵게 획득하기 위해서, 우리는 가서 스페인에서 빈둥거렸고, 러시아에서 마무리 하러 갔다. 도대체 어디에서 우리는 이러한 상황을 끝낼 수 있겠는가!"[14] 거짓이고 허위라고 언제나 널리 알려져 있던 같은 말도 갑자기 진실 되고 좋은 말로 들리게 되었다. 그들은 이제 더 이상 슬픈 식민지 침공과 비열한 민족적 자부심의 이미지를 불러일으키지 못했다; 그들은 자유의 이미지를 불어넣고 고결한 의무를 자극했다. 그것은 가장 순수한 의미에서 피에트로 치오디(Pietro Chiodi)가 집약해서 설명하듯이 지적이고 도덕적인 발견이었다;

> 나는 고등학교가 그렇게 눈부시고 빛으로 가득차 있다고 생각한 적이 없었다. 나는 그것이 나의 나라의 작은 부분 - 내가 그것을 향한 나의 의무를 완수하도록 요구받는 그 부분 - 임을 느꼈다. 처음으로, 나는 나에게 속한 그 무엇, 부분적으로 나와 나의 지성, 나의 용기, 나의 희생정신에 맡겨진 그 무엇으로서의 나라가 있다는 것을 실감하였다.[15]

나라의 재발견은 사랑의 언어에서 기억된다; 지금 가깝고 소중하게 느껴지는 사람들의, 갑자기 의미있게 된 장소에 대한 사랑. 그것을 더 고귀하게 느끼는 사람으로 만들면서, 이해와 연대를 보다 잘 할 수 있게 하면서, 삶을 변화시키는 사랑. 나탈리아 긴스버그(Natalia Ginzburg)는 자신의 훌륭한 책에서 이 모든 것을 집약한다:

> 한때 청소년 권태의 상징으로 최대 경멸의 대상이었던 도시의 거리와 광장은 우리가 지켜야 하는 장소가 되었다. 그것들이 학교 벽보에 나타났을 때 '파시스트'라는 형용사를 동반했기 때문

> 에, 내용이 비어있었기 때문에, 우리 속을 뒤집어 놓았던 파트리아와 '이탈리아'라는 단어가 갑자기 우리 앞에 형용사 없이 나타났고, 우리가 처음으로 그것을 듣고 생각하게 되었던 것처럼 변화되었다. 갑자기 우리의 귀에 사실처럼 들렸다. 우리는 파트리아를 보호하기 위해 거기 있었고, 파트리아는 우리가 사랑하는 자들, 우리의 어린 시절이었고 모든 사람이 지나온 바로 그 거리였고 광장이었다. 진실은 너무나 단순하고 명백해서 우리에게 낯설게 느껴졌다. 우리에게는 나라가 없고, 불행하게도 우리는 무의미한 장소에 태어났다는 확신으로 우리가 성장해 왔기 때문이었다. 훨씬 더 이상한 것은 지나다니던 모르는 사람들 모두를 위한 사랑으로부터, 우리가 멀리서 만들 수는 있었지만 미래의 모르는 사람들을 위한 사랑으로부터, 결핍과 파멸의 한가운데에서, 확실함과 분명함 속에서, 우리의 모두가 자신과 자신의 삶을 상실할 준비가 되어 있었다는 사실이다.[16)]

자신이 보다 부유하다는 것을 알기 위해서 자신을 상실하는 것; 친척도 아니고 단순히 같은 거리를 걸어다닌 사람들의 사랑을 위해 삶을 희생하는 것; 막연하지만 보다 밝은 미래를 위해 그들과 함께 기꺼이 일하려는 것; 도시의 거리와 광장에서 보이는, 지켜야 할 가치가 있는 공동선을 발견하는 것; 이들이 가장 순수한 형태의 애국주의 감정이다. 그리고 이것이 저항운동(Resistance)과 전후 재건 시기에 광범위하게 퍼져있었다. 그러나 그것은 애국주의 공통의 언어로 번역되지 않았다. 이탈리아 지식인들은 그들이 동료 이탈리아인들이 무엇을 느끼는지 즉, 나라가 공통의 자유를 의미하고, 나라 사랑이란 민족주의와 공통점이 전혀 없는 고귀한 의무라는 것을 말하려 하지 않았고 그럴 수도 없었다. 무솔리니

체제의 몰락이후 1943년에 베네데토 크로체(Benedeto Croce)가 애석해했듯이, 이탈리아인들은 자유라는 단어를 다시 찾았지만, 과거에 자유의 자연스러운 동반자였던 그 단어(나라(patria)와 나라 사랑(amore della patria))를 찾은 것은 아니었다. 애국주의가 소위 민족주의로 대체되어 버렸기 때문에 이러한 일이 발생한 것이라고 그는 설명한다. 파시스트가 그들의 정적을 반애국적이라기보다는 반민족적이라고 비난했음에도 불구하고, 그들의 선전은 그것들과 연관된 다른 감정들 뿐만 아니라 민족주의와 애국주의라는 다른 두 개념을 혼동시켜 버린 것이다. 결과적으로 민족주의에 대한 정당한 혐오는 주저하게 되었고 '나라'와 '나라 사랑'에 대해 말하는 것도 꺼리게 되었던 것이다.[17]

이탈리아인들이 꺼리게 된 것은 이해할만하지만, '나라 사랑'은 다시 맹목적이고 둔한 민족주의에 대항해서 사용되어야 했다. 유사한 것이 아니라 사실상 반대인 것으로. '나라 사랑'과 민족주의는 '다른 인간에 대한 인간의 조용한 사랑'과 '짐승같은 욕망, 병적인 사치와 이기적인 변덕' 만큼이나 다른 것이다.[18] 나라 사랑은 우리의 가장 고귀한 이상과 가장 검소한 의무에 특정한 형태와 내용을 부여하는데 도움이 되는 도덕적 개념이다. 그것은 우리가 우리의 이상과 의무를 너무도 철저하게 느껴서 우리가 그것을 위해 일할 수 있고 보다 효과적으로 완성할 수 있게 한다. 그리고 우리의 나라를 위해 일하면서 우리는 인류 전체를 위해 효과적으로 일하게 되는 것이다. 도덕적 이상으로서, 나라는 자유 개념과 밀접하게 연결되어 있다고 크로체는 말한다. 우리가 시민으로서의 우리의 존엄과 인간으로서의 자유를 잃어버리고 슬퍼할 때, 우리는 사실상 이탈리아가 당하는 상처와 모욕을 슬퍼하였던 것이다. 나라 사랑이 이탈리아인들의 가슴 속에서 다시 빛나게 되면, 구조조정 직전에 있는 정당이 충직하고 깨끗한 민주적 갈등에 필요한 높은 이상에 대한 공동의 의무라는 생각의 기초를 그 안에서 발견하게 될 것이다. 이탈리아라는 자산은 이제 정치적 사회적 갈등이 통과할 수 없는 한계가 될 것이다. 잘 이해된 애국주의는 이제 건강하고 역동적이며, 개방적인 자유 사회의 기초가 된다.

크로체가 시도했던 애국주의와 민족주의간의 구별은 역시 현대 담론에서도 드러난다. 애국주의의 언어는 여전히 공공의 이상에 대한 의무를 지지하면서 사용되지만, 민족주의 언어(또는 현재 공동체주의의 이름 하에 진행되는 그 변용)는 문화적, 인종적, 종교적 동질성을 위한 요청으로 사용된다. 언어의 순응성에도 불구하고, 지적 전통은, 우리의 언어를 전혀 제한하지 않고 그것을 보다 풍요롭게 하고 수사적으로 더 강력하게 만드는, 그들만의 경계 설정 방식을 가지고 있는 듯하다.

정치적 애국주의의 지속적 타당성과 애국주의와 민족주의간의 차이의 사례로 위르겐 하버마스(Jürgen Habermas)의 민족 정체성과 시민권 분석이 있다. 유럽 역사에서, 민족국가는 민주적이고 자유주의적인 제도에 필수적 배경이 되었던 인종적이고 문화적 동질성을 형성했다고 하버마스는 분석한다. 민족국가와 민주주의는 민족주의의 그늘 하에 생성된 쌍둥이인 셈이다. 그러나 독일에서, 민족주의는 공화주의 정신과 반대로 나가게 되었고 후일 홀로코스트(Holocaust 유태인 대량학살)를 정당화한 인종주의에 대한 혐오로 진화되었다. 1871년부터 1945년까지, '민족'이라는 단어는 인민의 적을 추방하고 억류하면서 달성되는 단일성과 순수함을 의미했다; 그 적들은 사회주의자, 카톨릭교도, 소수 인종 그리고 유태인, 민주주의 급진파, 좌파, 지식인 등등이었다. 이러한 민족주의 개념에 반대하여, 그는 '헌정적 애국주의(patriotism of the Constitution)'을 제안한다; 즉, 독일 연방 공화국의 헌법에 구현된 자유와 민주주의라는 보편주의적 정치 원칙에 대한 충성에 기초한 애국주의 말이다.[19)]

민족주의와 달리, 헌정적 애국주의는 '시민 국가'의 정치적 이상과 언어와 문화라는 전 정치적 공동체로서의 인민의 개념을 분리한다. 이러한 애국주의 형태는 다른 형태의 삶에 완전한 정통성과 도덕적 가치를 인정하고, 공화국의 체제 내에 다른 문화를 포함시키려 한다. 이러한 이유 때문에, 헌정적 애국주의가 아우슈비츠 사건 이후 독일 사람들에게 여전히 유효하고 가능한 애국주의의 유일한 형태임을 하버마스는 강조한다.

하버마스는 헌정적 애국주의를 민족주의의 전통에서 분리하고, 그것을 독일 역사에서 민족의식과 공화주의적 정신이 서로 뒤얽혀 있었던 마지막 사례인 1848년의 정신과 연결한다.[20)] 그러나, 그는 명백히 헌정적 애국주의에 대한 자신의 해석을 공화주의와 분리하고 있으며, 그는 [공화주의를] 아리스토텔레스로부터 시작된 지적 전통으로 간주하는데, 아리스토텔레스는 시민권을 우선적으로 윤리적이며 문화적인 자치 공동체의 구성원으로서 고려한다.[21)] 하버마스에게 있어서, 이러한 측면에서 현대 공동체주의와 일치하는 공화주의는, 구성원 각각이 공동의 제도와 전통 내에서만 자신들의 개인적이고 사회적 정체성을 발전시킬 수 있다고 생각하는 점에서, 시민을 공동체의 충분히 통합된 부분으로 간주하는 이념이다. 이러한 시민권 이론은 고도로 다원적 사회에서는

작동할 수 없으며, '시민 국가'를 위해 적절한 애국주의의 기초를 제공해 줄 수 없게 된다.[22)]

공화주의를 아리스토텔레스에서 이어지는 지적 전통으로 해석하는 것은 엄청한 역사적 실수이다.[23)] 근대 공화주의, 특히 시민권과 애국주의에 관한 공화주의 이론은 아리스토텔레스보다는 로마 공화주의 사상가의 주장에서 더 많이 드러난다. 시민권 이론을 정립한 법률가들 뿐만 아니라, 공동체의 자치에 대한 이탈리아 전(前)인문주의와 인문주의 사상가의 자료를 꼼꼼히 검토하면, 그들의 이론이 거의 전적으로 로마에 기원을 두고 있다는 점이 아주 명확해질 것이다. 아리스토텔레스의 『정치학』이 번역된 이후에도, 시민권과 애국주의에 대한 인문주의적 이론의 핵심은 로마적이었다. 시민권에 대해 마키아벨리와 후기 공화주의 사상가들의 생각이 그러했듯이.[24)] 그들에게 있어서, 시민권은 자치적인 윤리적, 문화적 공동체의 구성원 자격이 아니라, 공화국(respublica) 또는 도시(civitas)의 구성원으로서의 시민적, 정치적 권리의 향유와 행사를 의미했다. 여기서 공화국이나 도시는 우선적으로 개인이 법의 보호 아래 정의와 자유 속에서 함께 살아가도록 허용하기 위해 설립된 정치 공동체를 의미한다. 내가 이전 장에서 설명하려 했듯이, 공화주의 사상가들에게 자기 나라를 사랑한다는 것은 공화국을 사랑하는 것을 의미했다; 즉, 공동의 자유와 법, 그리고 그것을 가능하게 하는 시민적이고 정치적 평등 말이다.

하버마스의 헌정적 애국주의는 공화주의적 전통과의 결별이 전혀 아니다; 오히려 공화주의의 새로운 해석인 것이다. 그것은 나라 사랑이 무엇보다도 공화국에 대한 사랑을 의미한다는 공화주의적 애국주의의 주장을 재천명하고 있을 뿐만 아니라, 개념적 동요가 일정부분 있을지라도 시민의 사랑의 대상이고 그렇게 되어야 하는 공화국이 그들의 특정한 공화국이라는 점을 인정하는 것이기도 하다; 그냥 민주주의 제도가 아니라, 특정한 역사적 상황에서 설립되었고 그 특정한 공화국 시민의 삶의 방식(즉, 문화)과 연계되어 있는 제도 말이다. 독일 시민의 가슴과 정신 속에 살아가기 위해서, 헌정적 애국주의는 특별한 의미를 지녀야 한다는 데 하버마스는 주목한다. 그것은 민주주의라는 보편적 가치에 대한 애착으로만 제시될 수 없으며, 그들이 연방공화국이라는 정치제도와 문서를 통해 구현되었을 때의 바로 그 민주주의의 가치에 대한 애착으로 제시될 수 있는 것이다. 독일인들에게, 헌정적 애국주의는 나치즘을 견뎌내고 민주 제도를 세울 수 있었고 그 위에 자유 정치 문화를 건설할 수 있었다는 특별한 자부심까지 함축하고 있다. 아우슈비츠의 유해로부터 태어난 민주주의이기에, 민주주의는 독일인들에게 특별한 의미가 있다. 특정한 정체성 없이, 보편적 정치 원칙은 생존할 수 없는 것이다.[25)]

헌정적 애국주의라는 하버마스의 이론은 이탈리아에서 민족적 정체성의 중요성에 대한 중요한 논쟁을 촉발했던 책의 저자인 지안 엔리코 루스코니(Gian Enrico Rusconi)의 비판을 받는다.[26)] 하버마스가 보편적인 정치적, 법적 원칙이라는 관점에서 규정하면서 시민권을 민족의 특정한 역사적이고 문화적 배경과 분리하고 있다는 점에 루스코니는 주목한다. 문화민족 개념에 대한 민족주의적 해석을 드러내기 위한 놀라운 노력이 동기가 되었다고 할지라도, 하버마스의 헌정적 애국주의 이론은 통상적인 서구적 방식의 민족적 정체성이 '시민권의 보편적 원칙과 인종이나 문화와 같은 전 정치적 자료 또는 삶의 형태의 종합'에 근거한 것임을 간과

하고 있다.[27]

근대민주주의의 '헌정적 시민권'은 인종적이고 문화적 요소에 대항하지 않고 오히려 그것을 통하거나 그 안에서 인용하면서 번성하는 것이라고 루스코니는 주장한다. 민족은 생활세계의 부분이고, 따라서 근대 시민의 보편주의적 민주주의 담론을 위한 역사적이고 구체적 배경으로서 작동하는 것이다. '시민의 민족'이 민족 문화에 반대하지도 밖에 있지도 않으면서 그 안에서 살아간다는 점을 우리가 고려하지 않는다면, 하버마스가 그러하듯이 헌법의 형식적이고 법적 개념을 생활세계와의 연계에서 나온 정서를 통해 싹튼 '조국'이나 '애국주의'라는 단어와 연결시키는 것은 아무런 의미가 없게 된다. '헌정적 애국주의'의 정확한 해석은 그러므로 시민적 연대가 공동 문화와 공동 역사 (번거롭기도 하고 비판적 검토의 필요성이 있기는 하지만)에 속함을 인정하게 된 결과로 이해해야 한다고 루스코니는 결론짓는다.

시민권과 민족을 분리하려는 하버마스의 노력에 반대하면서 루스코니는 다음과 같이 강조한다; 모든 나라에서 '인간은 민족의 역사와 민족 문화 안에서, 그리고 그것을 통해서 시민이 된다.' 민족성과 시민권에 반대하는 대신에, 우리는 시민권을 (생활세계라는 의미에서) 구체적으로 정의해야 한다. 우리가 하버마스처럼 '공동의 역사와 공통적 기원'에 따른 논의에 의존하지 않고 보편주의적 이성에만 의존한다면, 우리는 시민적 유대를 이해할 수도 없고, 그것을 장려할 수도 없다. 공동선이라는 동기로 유지되는 정치 문화는 민족적 전통과 정체성에서 뿌리 내려야만 존재할 수 있는 것이다.[28] 민주주의가 작동하기 위해 필요한 시민적 충성과 유대는 시민권이라는 보편적 원칙에서 나오는 것이 아니라, 우리가 '민족'이라고 부른 구체적인 문화적, 정치적 공동체와의 일체감을 요구한다.[29] 민주주의적 민족은 그러므로 인종문화적 뿌리로 형성된 공유하는 충성심과 기억 그리고 함께 살기 위한 정당한 정치적 이유로 동기유발된 시민권의 결속에 기초한다; 그것은 시민(demos) - 정치 공동체에서의 자발적 구성원 - 이자, 민족(ethnos) - 공유된 역사적 문화적 뿌리에 대한 애착 - 인 것이다.

루스코니 분석 - 민주주의가 시민의 편 (그리고 무엇보다도 정치 엘리트의 편)에서의 시민적 미덕이 필요하다는 분석 - 의 기본적 가정은 어떤 민주 정체에도 잘 맞는 것이고, 또 사실로 드러난다.[30] 하버마스에 반대하면서 '시민의 정신과 마음 속에서' 시민적 미덕은 보편적인 정치 가치로 유지되는 것이 아니라 인민의 특정한 문화의 일부인 가치와의 일체감을 통해서 유지되는 것이라는 그의 주장도 역시 옳다.

민주주의가 시민의 편에서(그리고 정치 엘리트의 편에서는 더욱더) 시민적 미덕을 필요로한다는 것은 분명히 사실이지만, 그것이 루스코니가 주장한 종류의 시민적 미덕을 필요로 하는 것이라고 나는 생각하지 않는다. 그가 말한 바와 같이, 충성과 연대라는 시민적 미덕은 민주주의를 지탱하기 위해서 공동의 인종문화적 뿌리와 훌륭한 정치적 이성 모두에 의존한다. 그러나 루스코니가 원하는 듯이 보이는 바와 같이, 우리가 보다 강력한 민주적 시민권 -즉, 공동의 자유를 지지하고 사회적 의무를 공유하기 위한 시민들의 보다 위대한 경향 - 을 원한다면, 공동의 자유에 대한 사랑은 우리가 필요로 하는 모든 것이 되어야 한다. 간단히 말해서, 우리는 애국주의를 필요로 하고, 우리는 동시에 인종문화적 가치와의 일체감을 자극하기보다는 오히려 감소시켜야만 하는 것이다. 우리가 이탈리아인의 이탈리아인됨을 증강시키거나 그들의 인종적이고 문화적 단일성을 강화시켜서는 안되고, 민주적 시민의 정치적 가치에 집중하고 인민의 문화 편에 있는 가치로서 그들을 제시하고 보호해야 하는 것이다. 이탈리아인이 되는 것과 좋은 시민이 되는 것 간의 결합이 필수적 상관관계로 작동하는 것은 아니다; 인종문화적 의미에서 가장 순수하고 진정한 이탈리아인이 될 수 있고 가장 부패한 시민이 될 수도 있는 반면에, 좋은 시민이 되기 위해서 인종문화적 의미로 순전하고 진정한 이탈리아 사람이 될 필요는 없다. 마찬가지로, 이탈리아인이 되는 것과 좋은 시민이 되는 것의 차이를 한편에서는 인종문화적 정체성과 다른 편에서는 정치적 정체성의 차이로 생각하는 것은 잘 생각해보면 잘못된 것이다. 두 가지 정체성은 혼합되어 있다; 정치적 정체성이 문화적이기도 한 반면, 인종문화적 정체성도 정치적 중요성을 가진다. 공통적 문화의 근본 요소인 사람들의 역사적 기억은 복합적이고, 논쟁적이며 언제나 정치적으로 움직이는 지속적인 해석과 재해석에 열려 있다. 동시에 그리고 아마도 더 중요한 것으로, 시민이 공유하는 민주적 시민권의 가치는 무인격적 이성의 보편주의적 구성이 아니라 문화적 가치로 존재하거나 인식되고 살아있는 것이다. 그들은 추상적 자유 또는 추상적 정의가 아니라, 그 원칙으로 특징지워진 삶의 방식에 애착을 가진다. 그들은 그들 문화의 일부이고, 그들에게 특정한 기억과 역사와 연결된 특정한 아름다움, 특정한 기운, 특정한 색감을 가진 자유와 정의를 따르는 것이다. 지적할만한 가치가 있는 것으로 마키아벨리는 '자유로운 삶'에 대해 말한 바 있다. 공동의 자유에 대한 애국적 사랑의 사례를 언급할 때, 그는 특정한 사람들의 공동의 자유에 대한 사랑을 의미했다. 인종문화적 정체성과 정치적 가치는 함축적으로 연결된 것도 아니고, 특정문화 대 보편주의적 원칙이라는 제목 하에 구분되어 있는 것도 아니다. 문화적 정체성과 정치적 가치는 사실상 겹쳐있고, 다양한 조합이 가능하다. 문화적으로 이탈리아인이 되는 방법은 다양하다. 정치적, 문화적 의미에서 이탈리아 시민이 되는 것도 그 중 하나다.

독일 민족주의와 멀리하면서, 하버마스는 시민권을 가능한 한 보편적이고 정치적인 것으로 만들고 싶어 한다. 하버마스적 추상성을 벗어나기 위해, 루스코니는 시민권을 가능한 한 민족적으로 만들려고 한다. 방향이 다르기는 하지만, 두 사람 모두 너무 멀리 나간다. 하버마스의 헌정적 애국주의는 동료들의 관심사 – 민족 정체성을 가진 독일인들 – 에 답하지 않을 위험성이 있다; 독일인이 된다는 것은 정치적 이상에 대한 의무를 넘어서는 그 무엇을 의미했다는 점을 바로 통일 문제가 지적하고 있는 것 같다. 다른 한편으로 루스코니는 더 나은 시민이기 위해서 이탈리아인을 더 이탈리아인으로 만들려고 한다. 위험은 그들이 단순하게 너무나 넘치게 이탈리아인이 된다는 것이다. 즉, 그들의 인종문화적 정체성의 단일성을 확인하고 보호하기 위해 너무나 열심이라는 것이다. 이탈리아인됨에 너무나 열심이지만, 우리는 그 과정에서 시민을 잃어버린다. 그들 모두 공화국에 대한 정치적 사랑과 자신만의 문화적 정체성에 대한 애착을 적절하게 연계하는 애국주의 언어를 드러내는데 실패한 것이다.

인종문화적 단일성은, 시민의 문화가 그 위에 세워질 수 있다면, 시민적 연대로 해석할 수 있다; 혹은 공통의 문화와 공통적인 인종적 혈통에 근거한 소속감이 시민의 문화로 해석된다면. 자유라는 정치적 문화 없이, 인종문화적 단일성은 자신의 문화적 독특성(우월성이 아니라면)에 대한 사랑과 그것을 외부적 오염과 침범으로부터 순수하게 지키려는 욕망을 불러 일으킨다. 우리에게 민족이 있다해도, 그것은 시민의 민족이 아니다. 오늘의 세상에서, 민족의 구성원이 되고자 하는 유혹은 너무나 강력하다. 인종문화적 하나됨에 대한 갈망은 자극할 필요도 없는 것으로 나에게는 보인다. 인종문화적 하나됨을 과시하고 불러내는 대신에, 우리는 민주시민을 교육할 수 있는 정치적 변화를 구상해야 한다. 그리고 사용되는 정치적 수단은 공화주의 애국자들이 이미 제시한 것들이다; 좋은 정부와 다수 시민사회의 사례와 정치적 정책결정 과정에의 질서 있는 참여. 민주 정치는 인종문화적 단일성을 필요로 하지 않는다. 공화국의 삶의 방식에 전념하는 시민이 필요한 것이다.

하버마스와 그의 비판자들이 정치적 시각에서 애국주의를 논쟁하고 있을 때, 다른 학자들은 애국주의가 특정 공동체에서 공유된 도덕적 가치이자 문화에 대한 충성으로 이해되어야 한다는 점을 강조했다. 공동체는 개인의 도덕적 의미를 위한 필수적 배경이기 때문에, 애국주의는 그것이 도덕적 불편부당성이라는 보편적 원칙에 모순된다 할지라도 미덕으로 간주되어야 하는 것이다. 애국주의 언어가 변형된 좋은 사례는 알레스데어 맥킨타이어(Alasdair MacIntyre)의 논문 "애국주의는 미덕인가 *Is Patriotism a Virtue?*"이다. 여기서 그는 애국주의란 '오직 그들만이 특정 민족성이 드러내는 것을 소유할 수 있는 특정 민족에 대한 충성'이라고 주장한다.[31] 특정한 민족에 대한 '분별없는 충성'이 아니라, '우리 민족의 특정한 성격, 장점, 업적에 대한 존중을 포함하는 충성 말이다. 애국적 충성의 본질적 특성은 특수성이다. 애국자는 장점과 업적으로서, 자기 나라의 특성에 가치를 둔다. 그러나 '단순한 장점과 업적'이 아니라 그 특정한 민족의 장점과 업적인 것이다. 다른 민족의 유사한 장점과 업적이 애국자의 가슴에 동일한 애정을 불러내지는 않는다. 자기 나라에 관해서 눈이 가리지 않았다 할지라도, 애국자가 다른 민족의 유사한 업적을 같은 방식으로 생각하도록 준비되어 있는 것은 아니다. 그것은 사랑의 문제이고, 사랑은 언제나 특정한 개인, 사람들 그리고 장소에 대한 사랑인 것이다. 이성의 승인을 요구한 하버마스의 헌정적 애국주의와 달리, 맥킨타이어의 애국주의는 감성이다. 그것은 비합리적이라는 비난에 직면하게 되어 있는 것이다;

> 애국주의의 도덕성은 그것이 일부 특정한 사회적, 정치적, 경제적 구조와 함께 일부 특정한 사회 공동체 구성원의 관점에서 구성되어 있기 때문에, 최소한 그 공동체 삶의 근본적 구조는 비판에서 면제해야 한다는 것이다. 애국주의가 어떤 측면에서 무조건적인 충성이어야 하기 때문에, 바로 그 측면에서 합리적 비판은 배제되어야 하는 것이다. 그러나 그렇다면, 몇몇 근본적 신념과 태도에 대한 조사를 거부하는 것은, 합리적으로 정당하든 아니든, 비합리적인 것을 인정하려고 우기는 것이기 때문에, 애국주의의 도덕성 지지자들은 근본적으로 비합리적인 태도에 대해 자신들을 비난해 왔고 자신을 그 비합리성 내에 가두어버린 것이다.[32]

비합리성의 비난에, 애국주의의 도덕성 옹호자는 그의 도덕성이 개인의 도덕적 삶을 위해 본질적인 결속과 충성의 확실한 근거를 제공한다고 답할 수 있다. '어느 정도 우리 각자 또는 다른 사람은 자신의 삶을 공연된 연극으로 이해한다. 그리고 다른 사람과의 우리의 관계 때문에, 우리는 우리 자신을 다른 사람들의 공연된 연극 속 등장 인물로 이해해야 한다.'[33] 우리의 삶의 이야기를 이해하고 따라서 의미있는 도덕적 삶을 살아갈 수 있기 위해서, 우리는 민족 공동체가 필요하다. 애국자가 합리적 비판에서 면제하는 것은 사실상 '기획(프로젝트 project)으로서의 민족'이라고 맥킨타이어는 우리에게 말한다. 어쨌거나 과거에 만들어져서 진행되어 온 도덕적으로 특징적인 공동체가 다양한 조직과 제도적 표현으로 정치적 자율성 주장을 구현한 존재로 등장하게 된 것이다.[34] 그냥 어떤 민족이 아니라 그 진정한 이야기를 인지하고 진정한 공동체적 결속으로 자라나는 민족 말이다.[35]

맥킨타이어의 해석에서, 애국주의는 민족주의로 판명된다. 자유주의적 도덕성의 보편주의에 대항해서, 그는 특정한 도덕적인 삶을 위해 필요한 환경으로 충성의 권리와 구체적 민족 공동체의 구성원의 가치를 호소한다. 그가 애국적 충성을 합리적으로 만들기 위해 요청하는 유일한 요구는 민족 공동체란 '체계적으로 자신만의 진정한 역사를 인정하지 않거나 그것을 거대한 가공의 역사로 대체하거나' 하는 것이 아니고, '역사에서 유래한 결속이 공동체의 진정한 결속이 결코 아니라는 것'도 아니며, 이 결속이 '상호적 자기 이익의 결속'으로 대체되어야 한다는 것이다.[36] 보존되어야 하는 근본적 가치는 민족의 이야기와 공동체의 문화적 결속의 진정성이다. 애국자의 충성을 얻기 위해서, 나라는 특별하게 정당할 필요가 없으며(그가 설명하기로는 애국주의란 받은 혜택에 대한 우선적 감사의 표시는 아닌 것이다), 시민에게 정치적이고 시민적 자유를 보장해야 할 필요도 없는 것이다. 그것이 그 문화적이고 역사적 정체성과 공동체의 결속을 살아있도록 한다면, 우리의 나라에 충성하는 것이 합리적인 것이라고 맥킨타이어는 주장한다.

충성과 사랑은 부담이 큰 감성이다; 그들은 우리에게 심각한 희생을 요구할 수도 있다. 우리는 다시 우리가 사랑하고 충성을 바치는 것처럼 그럴 권리가 있어야 한다. 도덕적으로 독특한 공동체를 세웠던 프로젝트로서의 민족 내에서, 선택은 우리가 사랑한 것과 우리가 경멸하는 것에서 이루어져야 한다. 선택적이고 부담이 크다해도, 우리의 충성은 여전히 특별하다. 우리나라가 자유와 정의에 대한 의무를 져야 한다고 요구하는 것은 차가운 보편주의적 도덕성을 신봉하는 것을 의미하지 않는다. 문화적으로 독특한 공동체를 신봉하고 다시 그에 의해 포섭되는 사람도 걱정할 필요가 없다. 우리가 잘 된 것에 전념한다해도, 우리는 여전히 우리나라에 헌신하고 있는 것이다.

맥킨타이어가 특정한 문화에 대한 충성으로 이해되는 애국주의의 가치를 주창한 반면, 다른 사상가들은 다문화 사회에서 가능하고 받아들여질 만한 유일한 애국주의는 공화국의 가치에 기반을 둔 애국주의라고 주장한다. 나라 개념은 '미국 같은 사회에 대한 상상을 해본 적이 없었다'고 마이클 왈쩌(Michael Walzer)는 말하는데, 아마도 이는 '우리의 대다수가 다른 땅에서 왔기' 때문이라고도 말한다. 의무와 충성의 근원이 되지 않는 민족; 미국 사회는 민족주의의 충성이 요구하는 문화적, 인종적, 종교적 단일성이 부족하다. 미국 사회의 다원주의와 양립가능한 유일한 의무는 공화국에 대한 의무이다; 그것은 정치적 충성이다.[37]

미국적 애국주의는 내용상 정치적일 뿐만 아니라 정치를 통해서만 유지될 수 있는 것이다; 즉, 정치 참여를 통해서 말이다. 미국 사회의 문화적, 도덕적, 종교적 다원성을 감소시키면서 애국주의를 소생시키려는 시도는 불가능할 뿐만 아니라, 놀라운 것이기도 하다. '우리와 같은 사람들 중에서, 애국자의 공동체는 정치에 의해서만 - 개인적 삶과 자유주의적 가치를 공격하거나 종교적, 문화적 부흥을 꿈꾸지도 않으면서, 정책 결정을 공유하고 시민의 관행을 강화하는 것을 목적으로 하는 정치에 의해서 - 유지되어야한다'고 월쩌는 강조한다. 이상하게 들릴지도 모르지만, 자유주의 사회에서 애국주의로의 길은 민주적 사회주의 정책을 통해서 진행한다.

미국에서 가능하고 바람직한 유일한 애국주의가 정치적 애국주의라는 생각은 존 샤(Joh. H. Schaar)에 의해서도 지지되었다. 왈쩌와 마찬가지로, 그는 미국인들에게 조국에 대한 애착이 없다는데 주목한다:

> 우리는 그리스인들이나 나바호족이 자신들의 땅을 사랑하듯이, 이 땅을 사랑하지 않고 그럴 수도 없다. 우리 조상 일부의 무덤은 확실히 여기에 있지만, 대부분의 경우 찾아내려면 어려워진다; 당신의 조상들의 무덤을 생각해내고 찾아보는 것 자체가 말이다. 땅도 위대한 영혼(Great Spirit 아메리칸 인디언 부족의 주신(主神))에 의해 신탁으로 우리에게 허용된 것이 아니고, 보다 낮은 신들에게 바쳐진 수천의 장소가 이 땅에 있는 것도 아니다. 여러 신들에게 속죄하면서 신성화된 숲과 물이 함께 살아있는 영역에서 우리가 거주하는 것은 아니다. 우리는 우리가 아무것도 아니라고 생각했던 자들로부터 땅을 취했다.[38]

미국적 애국주의는 '도시가 처음부터 신성한 것이나 전통적인 것에는 거의 기인하지 않고, 대체로 이윤과 판매의 충동이 만들어낸 결과'로 생각하기 때문에, 도시의 애국주의도 아니다.[39] 미국적 애국주의는 혈통이나 종교, 전통이나 영토, 또는 도시의 성곽에도 기초한 것이 아니다. 그것은 필라델피아의 시청에 새겨져 있는 링컨의 말에 잘 나타나있는 '정치 이념'이다.

> 나는 여기 이 장소에 내가 서 있는 것이 매우 감격스럽다. 이곳에서 우리는 함께 지혜, 애국심, 원칙에 대한 헌신 등에 대한 마음을 모았고, 거기서부터 우리가 살고 있는 제도가 나오게 되었다... 나는 때로 나에게 질문하곤 한다. 이 연방을 그렇게 함께 하도록 한 위대한 원칙이나 사상은 어떤 것인지! 그것은 이 나라의 사람들에게 만이 아니라, 다가올 미래의 세계에 희망을 선사한 것으로, 자유를 선언한 독립선언서에 있는 그 무엇이다. 적당한 시기에 모든 인간의 어깨에서 부담이 제거되어야 하고 모두가 동등한 기회를 가져야 한다는 약속을 한 바로 그것이다.[40]

그리고 보다 명확하게 7월 4일의 연설에서도 제시된 바 있다;

> 우리에게는 그 밖에도 우리 조상들의 피를 받은 이 사람들이 있다. 우리들 가운데 아마도 절반은 이 분들의 후손이 아닐 것이다. 그들은 독일, 아일랜드, 프랑스, 스칸디나비아 등 유럽에서 온 사람들로 여기 와서 이곳에 정착했고, 모든 면에서 우리와 동등하다는 것을 알게 되었다. 그들이 피 흘렸던 지난날과의 관계를 추적하면서 이 역사를 돌아보면, 그들에게는 아무것도 없었다는 것을 알 것이고, 그들은 그 영광스러운 시대로 자신들을 되돌아가게 할 수 없고 자신들이 우리의 일부임을 느끼게

할 수도 없을 것이다. 그러나 그들이 그 오래된 독립선언서를 살펴보면, 그 분들이 한 말을 알게 될 것이다; "우리는 모든 인간이 평등하게 창조되었다는 진리가 자명함을 믿는다." 그리고 그때 도덕적 감정이 그 날에 가르쳐 주었던 것이 그 사람들에 대한 그들의 관계임을 느끼게 될 것이다; 그것이 그 안에 있는 모든 도덕 원칙의 근본이고, 마치 그들이 그 선언서를 기초한 사람의 피 중의 피요, 살 중의 살인 것처럼, 그것을 주장할 권리가 있다는 것도 알고, 그렇게 될 것이다. 그것은 그 선언서 안에 있는 연결 코드로서, 애국자들의 가슴과 자유를 사랑하는 자들의 가슴을 함께 연결하고, 자유에 대한 사랑이 온 세상 사람들의 마음속에 존재하는 한 그 애국적 가슴을 연결시키게 될 것이다.[41]

링컨의 연설문이 '우리 민족에 대한 엄격한 정치적 정의를 내리면서, 우리를 인종과 종교의 편협성에서 해방시키고, 애국적 헌신을 민족적 힘에 대한 숭배와 절연하게 한다'는 점에 샤(Schaar)는 주목한다.[42] 애국주의에 대한 높은 이상을 되찾기 위해, 월쩌와 마찬가지로 샤도 일, 교육, 소통, 정부 등 사회적 삶의 모든 주요 분야에서 정책결정 과정의 분산과 정치 참여 진작의 필요성을 강조한다.[43]

샤와 월쩌의 생각은 모두 알렉시스 드 토크빌(Alexis de Tocqueville)이 최초로 훌륭하게 설명했던 그 독특한 미국 애국주의를 세련되게 설명한 것으로 이해될 수 있다. 이러한 전통에서, 애국주의는 민주적 시민권을 의미한다. 그것은 시민들이 자신의 일로 자신이 만든 것으로 느끼는 공화국에 대한 사랑을 그려 낸다; 자기이익과 자부심으로 짝을 이룬 사랑, 그러나 정화를 위한 욕망으로가 아니라 참여민주주의의 관행으로 해석되는 여전히 본질적으로 정치적인 사랑 말이다.

미국 민주주의의 토양 위에서 번창한 애국주의는 '법의 조력과 권리의 훈련으로 성장하고, 결국에는 어떤 의미에서는 개인적 이익과 혼합되어 버린' 합리적 애국주의였다고 토크빌은 주장했다. 이 애국주의는 아마도 자신이 태어난 장소에 대한 애착으로부터 발생한 애국주의보다 덜 격렬하고 덜 고결하지만,[44] 보다 창조적이고 영속적일 것이다;

> 인간은 자기 나라의 행복이 자신의 행복에도 미치는 영향을 이해한다; 그는 법이 그로 하여금 이 행복을 만드는데 공헌하도록 하는 것을 알고, 나라의 번영에서 첫 번째로는 그에게 유용한 것, 그리고는 그가 만든 것으로, 이익을 얻는다.[45]

공동체의 공적 활동에의 직접 참여는 시민이 공화국의 일부임을 느끼게 하기 위해 '유일하게 남아있는 방법'이라고 토크빌은 주장한다. 시민정신은 '정치적 권리 행사의 결과'인 것이다.[46] 미국 시민에게는 공통의 문화, 공통의 기억, 공통의 전통이 없다; 그래도 그들은 자기 마을, 자기 지역, 자기 국가의 일에 관심을 가지고 있다. 그들 각각이 '사회의 정부에 적극적으로 참여'하고 일반적 번영과 공동선을 자신의 것으로 간주하는데 익숙하기 때문이다.[47]

토크빌의 분석에서, 미국 애국주의는 의무, 자부심, 욕심에서까지 나오는 나라 사랑이다; 거기에는 고귀하고, 포용적이며, 품어주고 자비로운, 공화주의 사상들이 이론화한 나라 사랑과 공통점이 거의 없다. 냉정하고 자기이익으로 가득차 있음에도 불구하고, 그것은 여전히 정치적 수단을 통해서 달성된 공화국과의 일체감에 기초한 사랑이다; 즉, 좋은 법과 정치 참여를 통해서 말이다. 시민적 미덕을 위한 공화주의적 처방은 19세기 미국에서 작동한 것으로 보인다; 나라가 시민을 정당하게 다룬다면, 그들이 공적 생활에 참여하도록 한다면, 그들은 그녀[나라/국가]를 자신들의 공동선으로 여길 것이고, 열정을 다해, 그리고 이성적으로 사랑할 것이다.

최소한 미국 땅에서, 공화주의적 애국주의는 살아있는 지적 전통이다. 미국인들로 하여금 닉슨(Nixon)의 범죄에 반응하게 했던 '분노의 감정'에 불을 지른 것은 공화주의적 애국주의였다고 찰스 테일러는 기술하고 있다. 그것은 장기적 이익에 대한 계산도 아니고 자유민주주의 원칙에 대한 일반적 의무도 아니며, 특별한 애착, 즉, '독립선언서와 링컨의 게티즈버그 연설에서 명확히 표현된 어떤 이상에 대한 의무'에서 규정되는 '미국적 생활 방식'에 대한 광범위한 확인에 근거하는 것이라고 그는 평가한다.[48] 공화주의적 애국주의는 과거에 자유를 위한 중요한 이념적 지지였을 뿐만 아니라, '미래를 위해서도 대체되지 않고 그렇게 남아있을'[49] 것이라고 테일러는 역설한다. 워터게이트(Watergate: 미국 대통령 닉슨을 사임케한 워터게이트 사건) 사례가 보여주는 바와 같이, 시민의 편에서 '권리의 애국주의'는 법의 지배를 보존하는 데 본질적이다; 즉, 자유민주주의의 바로 그 기초라는 말이다. 그러나 '애국주의적 자유 체제'는 공화주의적 애국주의와 좋은 공화국이 모두 필요로 하는 또 다른 근본적 요구를 빠뜨리고 있다; 즉, 참여적 자치를. 그것을 인식함에도 불구하고, 그것은 자치를 '법의 지배와 평등에 순전히 도구적인 것'으로 간주한다. 절차적인 자유주의 사회에서, 애국주의는 따라서 그 충분한 잠재력에 까지

는 이르지 못하는 것 같다.[50)]

공화주의적 애국주의는 정치적 참여를 가장 중요하게 생각한다는데 테일러는 주목한다. 그것은 근대적 개념의 소극적 자유와 개인적 권리의 동등한 보호가 아니라, '참여적 자치'를 우선적으로 고려한다. 정치 참여는 시민적 친애, 공통의 역사에 대한 의미 그리고 애국주의의 본질을 구성하는 공동의 정치체제에 대한 소속감의 결속을 강화한다. 공화주의의 이론적 문화적 타당성에 대한 다른 평가에 기초하고 달리 논의되고 있기도 하지만, 테일러의 처방은 월쩌나 샤의 처방과 유사하다; 애국주의는 민주주의적 자치 정부를 허용하고 고무시키는 공화국에서 성장하는 것이다.

자기 나라를 사랑한다는 것이 자체의 문화와 생활방식과 함께 공동의 자유 원칙에 근거한 정치 공동체로서의 공화국을 사랑하는 것이라는 생각에 기초한 애국주의를 주장했던 모든 사상가들은 사실상 민족주의 없는 애국주의의 가능성을 지적하고 있는 것이다. 그것은 시민의 사랑이 정치적 수단에 의해 우선적으로 취득될 수 있고 그래야 한다는 것을 강조한다; 즉, 좋은 정부의 관행과 정의를 통해서 말이다. 그리고 그들에게 정의란 시민의 시민적 권리와 정치적 권리의 보호를 의미한다. 시민들의 사랑을 받기 위해, 공화국은 차별과 특권을 참아서는 안되며, 시민들이 공공 생활에 참여하도록 허용해야 한다. 공화국을 사랑하기 위해, 그들은 그것에 친밀하게 되어야 한다. 그들이 그것을 자신의 것으로 느껴야 하는데, 이는 그들이 자신의 동료 시민을 소중하고 존경하고 연민을 가질만한 가치가 있다고 느끼는 것을 의미한다. 시민권에 대한 강조는 법이 공동선을 목표로 하고 있음을 인민주권이 보장한다는 주장 뿐만 아니라, 직접적인 정치 참여가 공화국에 대한 애착을 강화시킨다는 주장에 의해서도 촉발되는 것이다.

이러한 종류의 애국주의는 좋은 공화국이 필요로 하는 시민적 미덕을 가능하게 한다. 적절하게 이해되었다면, 시민적 미덕은 시민들로 하여금 공동선을 위해 행동하게 하고 공동의 자유의 적에 저항하게 하는 도덕적 열정으로 표현된 공화국이나 조국에 대한 사랑이다. 모든 미덕과 마찬가지로, 시민적 미덕에도 노력이 필요하다; 그것은 개인의 삶이 공적인 의무로 해체되지 않고, 풍요로와지기를 원한다. 시민적 미덕이 시민들에게 요구하는 행동은 사적 생활의 성취보다 더 큰 것이다; 그러나 이 또한 모든 시민의 자유를 지킨다는 의미에서만 그러하다. 시민적 미덕이 공적 영역에서 드러나기는 하지만, 사람들의 관습과 사적 생활에도 깊은 영향을 미친다. 공동의 자유에 대한 사랑으로 이해되면서, 그것은 시민성, 질서와 예의에 위협이 될 수 없다. 사실상 시민적 미덕은 시민적 삶이 요구하는 자기규제나 절제를 받아들이지 않으려는 힘있고 제멋대로인 사람들에 대항할 수 있는 무기인 것이다.

내가 논한 바와 같이, 자유의 애국주의는 사회적이나 문화적, 종교적이나 인종적인 동질성을 필요로 하지 않는다. 조국이 계급적 의미에서 공화국보다 못하다면, 시민은 덕있는 시민이 되지 못한다; 그들은 자신들을 부당하게 다루는 국가를 사랑할 수 없다.(사실상 때로는 그렇기도 하지만) 조국이 좋은 공화국 그 이상이라면 - 좋은 공화국이고 종교적 문화적 사회적으로도 좋은 공동체라면, 시민적 미덕은 아마도 최고에까지 이를 것이다. 그러나 그것은 또한 시민의 정치적 사랑이 아니라 광신적인 자들의 하나됨에 대한 사랑으로 타락할 수도 있다. 여기서 우리는 올바른 종류의 애국주의가 성장하는 것을 보기 위해 우리가 해야 하는 일은 동질성과 하나됨의 강화가 아니라 시민권의 행사와 문화에 대한 강화임을 알아야 한다.

고대 공화국의 문화적, 종교적, 사회적 단일성(이 고대 공화국이, 정치사상가들이 믿었던 것처럼, 진정으로 덕있는 나라였는지 여부는 지금 별로 중요하지 않는 논제이다)이 근대 세계에서 다시 만들어질 수는 없다. 그러나 이는 시민적 미덕이 불가능하다는 것을 의미하는 것도 아니다. 공화국이 그들을 사랑하고, 그들의 자유를 보호하고 참여를 진작하며 인간의 삶에서 나타나는 불가피한 어려움에 대처하는데 도움을 준다면, 근대 시민도 자신들의 공화국을 사랑할 수 있다. 열정이 덜하기는 해도, 근대 시민의 정치적 사랑은 공화국과 공동의 자유를 지키는데 충분할 것이다.

공동의 자유에 대한 사랑으로 이해되기에, 정치적 미덕은 위험한 미덕이 아니다. 애국주의가 궁극적으로 편협한 신앙, 불관용과 군국주의로 가게 된다는 견해는 다른 유형의 애국주의에는 맞는 말이지만, 내가 이 책에서 계속 주장하고 있는 자유의 애국주의에는 적용되지 않는다. 자유에 대한 자비로운 사랑은 자유만을 낳는다. 편협한 신앙, 불관용과 전쟁은 다른 사랑의 산물이다; 즉, 하나됨과 독특함에 대한 사랑 또는 갈망 말이다. 시민적 미덕으로 가는 두 가지 - 부분적으로 겹치기도 하지만 - 다른 길이 있는 것 같다; 동질성의 경로와 자유의 경로가 그것이다. 우리의 길은 자유의 길이어야 한다; 즉, 정치적 길 말이다. 우리는 엄청난 열정으로 민족 축제에 참석하는 더 많은 시민을 필요로 하지 않는다; 자기 나라의 종교적, 인종적, 문화적 단일성을 보호하기 위해 생명을 기꺼이 감수할 시민도 필요로 하지 않는다. 대신에 하나 이상의 시민이 부정의나 차별에 희생될 때, 불공정한 법이 통과되고 헌법적 원칙이 침해될 때, 기꺼이 움직이고 움직일 수 있는 더 많은 시민이 우리에게는 필요하다.

애국주의는 영웅적인 자기 포기와는 다르다. 전자는 우리에게 우리의 개인 사업에 참여하는 것 이상의 무엇을 요구한다; 후자는 우리의 개인적 관심사의 희생과 공동선을 위한 우리 생명까지도 희생하기를 요구한다. 덕있는 시민은 자신이 그래야만 할 때, 광장이나 회의장으로 나간다. 그리고 그는 집이나 가게로 돌아와 친구들과 함께 한다. 영웅은 공화국에 모든 것을 희생한다. 그의 공화국에 대한 사랑은 정치적 사랑 그 이상의 것이다; 그것은 종교적 정체성이나 영광을 위한 열정으로 고양되는 사랑이다. 그러나 공화국에는 특별한 경우를 제외하고는 그 이상의 것이 필요없다; 거기에는 시민적 미덕을 사적 삶과 사적 이익의 완성으로 실행할 수 있는 시민이 필요하다.

루소가 제네바의 시민에게 말한 것도 우리에게 적용 된다; 우리는 스파르타인도, 아테네인도, 로마인도 아니다. 그리고 우리는 자유와 관계되어 있고, 그래야 한다. 우리는 우리 사회에서 발생하는 자유에 대한 도전을 막고 물리치기 위해 시민적 미덕을 필요로 한다. 내가 이 책에서 주장하는 애국주의와 정치적 미덕 개념은 우리의 손닿는 곳에 있는 것으로 보인다. 그러나 그렇지 않을 수도 있다; 아마도 근대 시민은 더 이상, 존 스튜어트 밀(John Stuart Mill)의 말을 사용하자면, '보다 고귀한 대상'과 '보다 고상한 이익'에 헌신하지 못할지도 모르다.[51] 아마도 우리는 문화적으로, 사회적으로, 종교적으로 너무나 분열되어 있고, 공동의 자유에 헌신할 수 있기 위해서 우리만의 종족과 일치시키려는 경향도 있다.

많은 경우에, 우리는 사실상 공동의 자유를 위해 싸우지 않고, 공동선을 위해 희생하지도 않고 우리의 개인적 자유와 우리의 복지와 가족의 복지를 보호할 수 있다. 우리는 사회 모든 구성원의 자유를 보호하는데 일조하지 않고도 우리의 자유를 확실히 보호할 수 있다. 계급, 인종, 성별에 의해, 우리는 때로 다른 계급, 인종, 성별에 속한 다른 사람들에 대항해서 저지른 자유의 침해로부터 차단되기도 한다. 우리는 우리의 자유와 다른 사람들의 자유의 관계를 보지도, 느끼지도 않는다. 우리는 더 이상 이들을 불쌍히 여길 수도 없다.

우리가 공동선을 고려하지 않고 우리의 개인적 자유를 지킬 수 있다고 믿는 것은 경솔하다고 답변할 수 있다. 그것은 야심있고 오만한 사람으로 하여금 자신들의 권력을 법과 타락한 공적 제도 위에 놓아서 우리로 하여금 그들의 자비를 기다리게 하기 때문이다. 전적으로 합리적이기는 하지만, 이 논의는 자의에 대한 사랑과 같은 열정을 동원하기에, 보다 중요한 것으로 시민적 미덕에 가장 무서운 장애물인 탐욕과 비겁과 같은 감정과 싸우기에 충분하지 않다.

시민적 미덕에 보다 강력한 추진력은 아마도 필요성일 것이다; 부패와 억압이 참을 수 없게 될 때, 시민은 때로 공적 의무감을 되살린다. 공공의 삶이 극도로 쇠퇴해가는 시기에, 민족적 또는 애국적 존엄성이나 명예가 미덕을 지켜내기도 한다. 그러나 우리는 부패와 억압에 대한 끝없는 인내와 적응이라는 많은 사례를 잘 알고 있다. 시민적 미덕의 부흥으로 이어지는 확실한 길은 존재하지 않는다.

시민적 미덕의 재탄생을 돕는 최선의 방법 - 정치철학자를 위한 최선의 길 -은 우리가 받아들일 수 있고, 우리에게 접근가능한 애국주의 개념을 그려내는 것이다. 공동의 자유에 대한 사랑으로서의 애국주의 개념은 도덕적으로 지속가능한 것이고, 우리 시대에 행해지는 관행의 반영이기도 하다. 우리 사회에, 부정의에 희생당한 다른 시민을 보호하는 시민들이 존재 한다; 부패와 범죄에 대항해서 움직이는 시민들, 모든 사람을 위한 정의를 불러일으키는 다른 족속의 시민들이 그들이다. 그들은 우리를 위해 가능한 미덕과 애국주의의 형상을 최선의 양태로 보여준다. 그것을 가능하게 하는 것은 그 정치적 성격이다. 더 많은 그들이 우리에게는 필요하고, 좋은 사상이 좋은 것을 만들어낼 수 있다. 우리의 애국주의 이해가 바뀌면, 우리는 민주주의가 필요로 하는 종류의 미덕을 강화시킬 수 있고, 보다 중요한 것으로, 불가능하고 위험한 미덕을 찾으려고 정치적이고 지적인 에너지를 낭비하지 않을 수도 있다.

미주

1) 흥미있는 사례로 홉스봄(Hobsbawm)의 『1870년 이후 민족과 민족주의 *Nations and Nationalism since 1870*』(Cambridge, 1992)를 보라: 이 책 46쪽과 75쪽에서, 그는 '민족적 애국주의'라는 용어를 사용하고 튜더 왕조 시대 영국의 '원형(原型)적 민족주의 proto-nationalism'를 '근대 민족주의'에 가까운 것으로 묘사한다; 78쪽에서, 그는 '민족적 또는 국가 애국주의'에 대해 언급 한다; 90쪽과 같은 다른 곳에서, 그는 '정치적 힘으로서의 민족주의'를 국가 애국주의와 구별하고 있다. 또한 다음 글도 참조하라; B.C. Shafer, "Bourgeois Nationalism in the Pamphlets on the Eve of the French Revolution," *Journal of Modern History*, 10(1938), 31-50; H. Kohn, *The Idea of Nationalism* (New York, 1944).

2) 애국주의를 민족주의로 혼동하는 것 그리고 민족주의를 애국주의의 '종류'로 인식하는 것은 우리가 역사의식이 없다는 증거에 다름 아니다. 진정한 애국자들은 특별한 정치적 원칙과 연관된 관행 - 근대 민족주의와는 유사성이 별로 없는 시민권 개념 - 을 고수하고 있다는 분명한 과거에 대한 역사인식 말이다; M.G. Dietz, "Patriotism," T. Ball et. al. (eds.) *Political Innovation and Conceptual Change* (Cambridge, 1989), 191. "우리는 애국주의를 단순한 보수주의와 혼동하거나 광신주의나 맹목적 애국주의에 대한 저주와 경멸적 언어로 뒤집어씌우는 일을 이제 멈출 필요가 있다. 다른 모든 인간의 행위만큼이나, 과거의 애국주의도 유연하고, 감성적이며, 무엇보다도 가공으로 형성된 개념이다": L. Colley, *Britons, Forging the Nation* 1707-1837 (London, 1994), 372. 애국주의를 민족주의와 분리하는 것의 중요성에 대해서는 다음도 참조하라. J. Lucas, "Nationalism and Patriotism," *Freedom Review*, 25 (1994), 78-9.

3) "Notes on Nationalism," in *The Collected Essays, Journalism and Letters of George Orwell* (New York, 1968), iii, 362.

4) 유사한 맥락으로, 루이스 스나이더(Louis L. Snyder)는 이렇게 주장한다; "애국주의가 보다 특징적으로 개인으로 하여금 헌신의 대상 - 침입으로부터 방어하거나 권리를 보호하거나 법과 제도를 열정적으로 그리고 순수하게 유지하려는 국가 - 에 봉사하도록 영향을 주는 열정인 반면에, 민족주의는 우선적으로 민족의 독립과 단일성과 관련되어 있다. 민족주의는 권력 개념과 분리될 수 없다. 반면에 애국주의는 본성상 문화적, 군사적으로는 방어적이다. 그러나 애국주의의 성격이 매우 모호해서 공격을 정당화하는데 쉽게 이용될 수 있다. *German Nationalism: The Tragedy of a People* (Harrisburg, Ⅲ., 1952), 148; 민족주의와 애국주의에 대한 또 다

른 흥미 있는 정의로는 다음을 보라. C.J.H. Hayes, *Essays on Nationalism* (New York, 1926), 29.

5) *Nationalism and Social communication: An Inquiry into the Foundation of Nationality* (New York, 1953), 232 n.40.

6) 헤르더는 '대체로 민족적 존재로 불린 이 프로테우스'에 관해 말한 바 있다. *Kleine Schriften 1791-1796* in *Sämmtliche Werke*, ed B. Suphan (Berlin, 1883), xviii, 57-8. 다음 글도 참조하라. L. Greenfeld, *Nationalism: Five Roads to Modernity* (Harvand, Mass. 1992), 7: "인민, 민족 그리고 민족성 등 다양한 용어로 표현되는 민족 집단은 여러 가지 방법으로 정의되고, 구성원이 되는 기준도 다양하다. 결과로서의 다양한 형상은 개념적으로 포착하기 어려운 민족주의의 프로테우스적 성격의 근원이며 연구자가 절망하게 되는 이유이기도 하다.".

7) *Imagined Communities: Reflections on the Origin and Spread of Nationalism* (London, 1991).

8) 위의 책, 141.

9) 위의 책, 143.

10) 다음 자료에 인용된 자료를 참조하라. H. Kohn, "Arndt and the Character of German Nationalism," *American Historical Review*, 54 (1949), 791과 705.

11) *Nationalism*, 3.

12) 위의 책, 7.

13) "Civility and Civic Virtue in Contemporary America," in *Radical Principles* (New York, 1980). 61-2 and 67-8; 이 글에서 내가 인용한 다른 자료와 마찬가지로, 월쩌는 분명히 미국을 참고로 하고 있다. 그러나 나는 보다 넓은 시각에서 시민적 덕성의 문제를 논의할 것이다. 나는 월쩌와 다른 시각을 "The Liberty of the Ancients compared with that of the Moderns"에서 벤자민 콩스탕(Benjamin Constant)의 말 이래로 현대 정치 문화에서 핵심적 역할을 하고 있는 지적인 입장의 대표로 보고 있다.

14) "법에 복종해야만 하고, 체포되지 않고 억류되지 않을 권리는 한 사람 또는 그 이상의 개인의 자의적 의지에 의해서 어쨌거나 사라졌고 오용되었다. 그것은 자신의 의견을 표현하고, 직업과 그것을 위한 훈련을 선택할 수 있고, 소유를 처분하거나 마음대로 사용할 수 있고, 허락 없이 또는 자신이 그 일을 하는 이유나 방법에 대한 설명 없이도 오갈 수 있는 모든 사람의 권리이다." Constant, "Of the Liberty of the Ancients compared with that of the Moderns," in *Political Writings*, ed. Bianamaria Fontana (Cambridge, 1988). 310-11.

15) M. Sandel, "Morality and the Liberal Idea," *New Republic*, 7 May 1984,

17. 다음 자료도 보라. "The State and the Soul," *New Republic*, 10 June 1985, 39. 미덕, 중심적 미덕이 될 수 있는 애국주의는 특정한 공동체에 대한 충성이라고 알레스데어 맥킨타이어는 설명한다. "애국자는 자기 민족이 아닌 다른 민족의 장점과 업적에 가치를 두지 않는다. 애국자로서, 그들은 장점이나 업적이 아니라 특정 민족의 장점과 업적으로서만 가치를 두는 것이다. "Is Patriotism a Virtue?", Lindley Lecture, University of Kansas, 26 Mar, 1984.

16) 이러한 이유 때문에, T. Todorov가 *On Human Diversity* (Harvard, Mass, 1993), 173에서 말하고 있는 것처럼 '집단에 대한 애착이 한때 연대 행위와 배제 행위라는' 것은 언제나 사실이 아니다.

17) 월쩌는 "연대는 좌파의 애국주의이다. 때로 그것은 시민권 개념과 나라에 대한 사랑까지도 대체한다"라고 설파한다. *Obligations: Essays on Disobedience, War and Citizenship* (Harvard, Mass. 1970), 191.

18) 1960년대 미국의 정치적 급진파의 실패를 분석하면서, 존 샤(John Schaar)는 미국의 급진 정치를 위한 애국주의의 중요성에 대한 중요한 연구를 제시했다; "1960년대 급진파는 함께 나라를 사랑하고 공유하는 그들의 동료 미국인들을 설득하지 않았다. 다른 이를 경멸하는 자는 누구도 그 사람들을 가르칠 수 없다. 부활된 급진주의는 애국주의적 급진주의여야만 한다. 공동의 것을 공유하고 사랑해야 하는데, 이들은 동료 시민들과 싸우기를 즐기기까지 했다." *Legitimacy in the Modern State* (New Brunswick, NJ, 1981), 287. 사회주의자에게 애국주의 이슈를 진지하게 받아들이라는 호소는 휴 커닝햄(Hugh Cunnuingham)의 세미나 발표 논문 ("The Language of Patriotism, 1750-1915," *History Workshop*, 12 (1981))에서 발견된다. "사회주의가 해야 하는 질문은 애국주의 이슈를 제국주의 시대에 그 본질의 일부가 되어버린 우파의 주장에서 제거하는 것이 가능한지, 보수주의자들이 현재 제기하는 역사가 결여된 애국주의로부터 확실하게 충분히 구분하는 것이 가능한지에 대한 것이다." 애국주의를 추방해버린 좌파에 대한 최근의 강력한 논의를 위해서는 다음을 보라; R. Rorty, "The Unpatriotic Left," *New York Times*, 13 Feb. 1994, 15.

1. 공화주의적 애국주의의 유산

1) *The Ancient City*, ed. W. Small (Boston, 1882), 264-273. 고대 문화는 또한 자기 나라의 우수성과 독특성에 대한 신념을 제공했다. 이는 헤로도투스가 페르시아에 관해 서술한 유명한 문구에 잘 나타나 있다: "민족 중에

서 그들은 가장 가까운 이웃을 자신의 바로 다음에 둔다. 이를 넘어서는 사람들을 그들은 제2급으로 삼는다. 나머지도 마찬가지 방식으로 취급한다. 더 멀리 갈수록, 덜 존중하게 된다. 그들은 자신을 인류의 나머지에 비해 모든 면에서 가장 위대하고 우수한 존재로 보았고, 다른 이들은 그들에게 가까이 감에 따라 우수해지는 존재로 간주했다는 것이 그 이유이다. 그러므로 가장 멀리 있는 나라는 인류 중에서 가장 낮을 수밖에 없음을 인정하게 된다."(*Histories*, I. 134)

2) "바로 이 전투는 정당하다; 법이 자유를 위해 싸우고, 나라를 위해 싸우는 것은 적절한 것이다. 4.43.

3) "그리고 군인과 우리는 다르다. 우리는 나라, 자유, 삶을 위해 싸운다. 수천의 남아도는 지원세력이 거기에 있다." 58.11.

4) "그들은 나라를 생각한다. 그들의 자유에 대한 성스러운 방어의 전당을 지키기 위한 무기로서의 나라를." 24. 21. 10-11.

5) "민족은 이방인에게나 우리에게 모두 당대의 관습을 의미하는 것으로 로마인이나 그리스인 등을 말한다; 나라는 법과 규칙으로 존재하며 다양한 견해를 드러낸다."; *Institutio Oratoria*, 5. 10. 24-6.

6) 위의 책, 5.18.

7) "부모와 다른 이들의 의무에 참여하고, 우리로 하여금 그것을 지키라고 하는 사람이 나라에 바치는 경애" Cicero, *De inventione*, 22.66.

8) "시민, 복합체의 모든 사랑" Livy, *Ab urbe condita*, 7.40.

9) "주인의 정의와 경애를 경배하라. 나라에서 가장 위대한 것 뿐만 아니라, 부모와 친척도 큰 소리로 경배하라." Cicero, *De republica*, 6.16.

10) "우리는 그들의 나라와 부모에 대한 (형성되어가는) 사랑이나 배우자로서, 그들의 자녀로서의 사랑에 감동받는다. 또한 미덕이나 무엇보다도 인간의 공동체라 불리는 것들의 관대함에 줄 수 있는 명예에도 감동을 받기 때문이다." Cicero, *Partitione condita*, 16. 56.

11) *Ab urbe condita*, 2. 2.

12) 아우구스티누스를 보라. "그리고 그는 그 길에서 수고할 것이며, 나는 우리의 나라에서 기뻐할 것이다." *Enarratio in Psalmum CII*, in *Opera Omnia*, ed J. P. Migne (Patrologia Latina, 37; Paris, 1845), 1331.

13) E. Kantorowicz, *The King's Two Bodies* (Princeton, 1957), 234.

14) 십자군의 용사들에게 하는 다음 권고를 참조하라: "그러한 것이 당신을 감동시킨다면, 당신의 조국을 위해 싸우고 죽음의 고통도 마다하지 마시오. 승리는 그 자체로 영혼을 구원하는 의미가 있다. 형제를 위해 죽음을 감수하는 모든 이는 자신을 하나님께 산 제사로 드리는 것이며 분명히 형제들을 위해 자신의 생명을 내려놓으신 그리스도를 따르는 것이다.[요

한 1서 3장 16절; I John 3:16] 그러므로 이 전쟁에서 죽어가는 이가 있다면, 그 죽음은 그의 모든 죄에 대한 속죄와 사면이 되리라." Geoffrey of Monmouth, *Historia Regum Britanniae*, 앞의 책 241에서 인용.

15) Sancti Thomae Aquinatis opera omnia (Rome, 1897), 2a, 2ae, CI, a. I, p.368. 아퀴나스가 언급한 키케로의 자료는 *De inventione*, 2. 53.이다: "의무는 친족과 나라의 관직 그 이상의 것이며, 봉사를 사랑하는 것이다."

16) *Summa theologiae*, 2-2ae, q. CI, a.iii, p.370.

17) *De regimine principum at regem Cipry*, in R. Spiazzi (ed.), Divi Thomae Aquiatis, *opuscula philosophice* (Turin, 1954), 299.

18) "사랑의 힘은 말로 표현할 수 없을 만큼 위대하며, 죽음만큼 강력하다. 누가 죽음에 저항하겠는가, 형제이겠는가? 당신의 주장에 주의하라. 그것은, 불도, 물도, 철도 이겨낸다; 권위도 이겨내고 왕도 이겨낸다. 그것을 이길 수 있는 유일한 것으로 죽음이 있을 뿐이다. 어느 것도 더 강하지 않다. 그 강력함으로 인해, 사랑은 세워지고 죽음만큼 강하다. 우리가 우리가 아니었던 것처럼 우리가 우리이기 위해서 우리가 죽어야 하는 것, 바로 그것이 사랑이기 때문이다." *Enarratio Psalmum CXXI*, *Opera Omnia*, 1627.

19) *De officiis*, I. 17. 57.

20) *In Catilinam*, I, II; 영어 번역판 L.E. Lord in *The Speeches* (London, 1937), 40-1.

21) Tractatus de bono communi, in M.C. De Matteis, *La theologia politica communale di Remigio de Girolami* (Bologna, 1977), 8.

22) 위의 책, 18.

23) "Et si non est civis non est homo, quia homo est naturaliter animal civile," secundum philosophum in VIII *Ehtic*, et in I *Polit*"; ibid.

24) "Oratio domini Andreae magistri Hugonis de Senis", in *Reden und Briefe italienischer Humanisten* (Munich, 1970), 250.

25) *Vita civile*, ed. G. Belloni (Florence, 1982), 103-5.

26) *Dialogus de libertate, in Atti e memorie dell' Acccademia toscana di scienze e lettere La Colombaria*, 21 (1956), 265-303. 영역본. Renée Neu Watkins, *Humanism and Liberty* (Columbia, SC, 1978), 202.

27) *I primi tre libri della famiglia*, in *Opere volgari*, ed. C. Greyson (Bari, 1960), 281.

28) 위의 책, 282.

29) 위의 책, 284.

30) 나라 사랑은 또한 비인간적 잔인성을 요구하기 위해 사용될 수도 있었

다; "조국을 사랑하는 것이 얼마나 달콤한 것인지 당신은 모른다; 그것이 조국의 방어 또는 확장을 위해서 필요하다면, 아버지의 머리에 도끼를 꽂는 것도, 형제를 짓밟는 것도, 아내의 자궁에서 아직 덜 자란 태아를 칼로 끄집어내는 것도 부담스럽거나 어려운 일이 아니고 범죄도 아니다"; Salutati, *Epistolario di Coluccio Salutati*, ed. F Novati (Rome, 1891) Kantorowica, *King's Two Bodies*, 245에서 인용.

31) In Hans Baron (ed.), *From Petrach to Leonardo Bruni* (Chicago, 1968), 259, trans. in G Groffith, et al., *The Humanism of Leonardo Bruni* (Binghamton, NY, 1987), 169.

32) 위의 책, 262 (영역본, 174).

33) 위의 책, 251 (영역본, 159).

34) 위의 책, 232 (영역본, 135).

35) 위의 책, 239 (영역본, 143).

36) 위의 책, 248 (영역본, 154).

37) Id, 'Oratio in Funere Johannis Strozzae', in E. Baluze and G. Manzi, *Miscellance novo ordine digesta... et aucta* (Lucca, 1764), 2-7; 영역본 Groffith et. al., *The Humanism of Leonardo Bruni*, 123.

38) 위의 책, (영역본, 124).

39) vii, 4. in *Opere di Niccolò Machiavelli*, ed. A. Motevecchi (Turin, 1986).

40) 앞의 책, II.2; *Discorsi sopra la prima deca di Tito Livio*, I. 49, In *Il Principle e i Discorsi*, ed. S. Bertelli (Milan, 1983).

41) "이러한 것을 이전에 알았더라면, 라디슬라오 왕과의 전쟁도, 필립공과의 전쟁도 없었을 것이다; 그들은 필요가 아니라 시민들의 잇속을 채우기 바빴다." *Istorie fiorentine*, IV. 14.

42) Letter to Francesco Gucciardini, 17 May 1521, in *Opere di Niccolò Machiavelli*, ed. F. Gaeta (Turin, 1984), iii, 520.

43) *Arte della guerra*, in *Arte della guerra e scritti politici minori* (Milan, 1961), 519.

44) *Istorie fiorentine*, Proem in *Opere*, ed. Montevecchi, 281-2.

45) *Discorsi*, I. 10.

46) 위의 책, 9.

47) 위의 책, 58.

48) 위의 책, III. 8.

49) 앞의 책.

50) 위의 책, I. 37.

51) "인간은 사적인 것과 공적인 것을 경쟁적으로 생각하도록 태어났고, 양자는 놀랍게도 모두 성장한다." 위의 책, II. 2.

52) "나의 부담이나 위기는 차치하고, 내가 나의 모국을 영예롭게 할 수 있는 한, 나는 기꺼이 그리 할 것이다; 인간은 자신의 삶에서 그 이상의 위대한 의무를 가지고 있지 않기 때문에, 우선 거기에 의존하면 모든 행운과 자연스러운 것이 우리에게 주어진다; 그래서 보다 고귀한 모국을 만드는 사람들이 그렇게 위대한 것이다; 마음을 다해, 힘을 다해 진실로 자신의 모국이 되는 자는, 그것으로 범죄자가 될지라도, 반역자로 불릴만한 가치가 있다." *Discorso o dialogo intorno alla nostra lingua*, in *Opere Letterarie*, ed. L. Blasucci (Milan, 1964), 212.

53) *Istorie fiorentime*, IV. 33.

54) *Discorsi*, I. 2.

55) 위의 책, 55.

56) "무절제한 공화국이 지속되는 동안, 겸손하게 봉사하지도 않고 당당하게 지배하지도 않았다. 자신의 규칙과 관료와 함께, 그는 명예의 정도를 유지했다; 그리고 권력을 가진 자와 맞설 필요가 있을 때에는 그렇게 했다. 그것을 억압하려 했던 만리오와 십대관과 다른 사람들에게 한 것처럼 말이다. 그리고 공공안녕을 위해 독재관과 집정관에 복종해야 할 때는 또 그렇게 했다." 위의 책, 58.

57) 위의 책, 55.

58) 위의 책, 10.

59) 위의 책, 5와 58; Discursus florentinarum rerum, post morten iunioris Laurentii Medice, in *Arte e scritti politici minori*, 272.

60) *L'idea di nazione* (Bari, 1962), 60.

61) [게르만 자유도시]는 프랑스 복장도, 스페인 복장도, 이탈리아 복장도 할 수 없었다. "이들 민족 모두 타락한 세상이었기 때문에." *Discorsi*, I. 55.

62) "그리고 이러한 선함이 없는 곳, 어떤 좋은 것도 바랄 수 없는 곳에서; 이탈리아와 같이 현재 타락한 것으로 보여지는 지방에서는 희망이 없기 때문에; 그리고 다시 이렇게 타락한 프랑스와 스페인도 그 일부를 구성한다." 앞의 책.

63) "그들의 작업이 다른 곳에서 보다 이 지방에서, 여기보다는 저기에서, 보다 덕스러운 것이 사실이다. 그 사람들이 자신들의 방식대로 해나가는 교육의 형태에 따라 달라진다." 위의 책, III. 43.

64) *Il Principe*, ch.3; 영역본. *The Prince*, ed. Q. Skinner and R. Price (Cambridge, 1988).

65) "이 외에도, 자신을 다른 언어로 생각하도록 권유하고자 한다. 그러나 그

언어는 다른 사람들에 의해 사용되어 온 단어를 변화시킨다. 물론 그 단어가 기본을 어지럽히지는 않을만큼 강력하지만, 그 언어를 폄하하게 된다. 그것이 다른 사람으로부터 이어지는 것이기에, 그는 그것을 그렇게 끌어 당겨서 자신에게 속하게 한다." *Discorso*, p.223.

66) *Arte*, 328.

67) *Istorie fiorentime*, III. 7; 영역본 *Florentine Histories*, trans. by L. Banfield and H.L. Mansfield. (Princeton, 1988).

68) *Discorsi*, III. 41; 영역본 *The Discourses*, ed. B. Crick (London, 1970).

69) "인간이 가질 수 있는 최고의 영예는 그들이 자발적으로 모국에서 받는 것이라고 나는 믿는다. 행해진 최고의 선과 하나님에게 가장 감사하는 것은 자신의 나라에 행한 일이라고 나는 믿는다." *Discursus florentinarum rerum*, 220.

70) *Istorie Fiorentine*, III. 5 (영역본, 109).

71) 위의 책, VII. 23 (영역본, 302).

72) *Il Principe*, ch. 36. (영역본, 88).

73) Sebastian de Grazia, *Machiavelli in Hell* (Princeton, 1990), 21.

74) "세상이 아무리 여성화[약화]되고 하늘도 힘을 잃은 것처럼 보일지라도, 이는 확실히 우리의 종교를 미덕이 아니라 게으름으로 해석한 힘없는 자들의 비겁함에 기인하는 것이다. 종교가 우리에게 조국을 찬양하고 보호하라고 허락한다는 것을 그들이 명심하고 있다면, 그것은 그것을 사랑하고 영예롭게 하라는 것이며, 우리가 그것을 보호할 수 있도록 우리 자신을 훈련시키라는 것임을 그들도 알게 될 것이다." *Discorsi*, II. 2 (영역본, 278).

2. 소퇴와 부흥

1) "그러나, 어떤 경우에도 이러한 성스러움이 파괴되어서는 안 되며, 조국의 이름은 공경 받아야 한다.... 우리의 인본성에서 조국보다 더 귀하고 값진 것을 찾을 수 없기에... 조국에 대한 사랑이 파괴되면, 모든 시민의 삶의 존엄성이 무너지고 미덕의 모든 노력이 헛될 것이기 때문이다." In *Opere politiche di Paolo Paruta* (Florence, 1825), i. 216.

2) "모국에 우리가 지켜야 하는 의무는 너무나 위대하다. 위의 책, 215.

3) "그러므로 자연은 그 피조물인 인간의 건강을 위하여 그들을 도시에 모여 살게 하고, 그들에게 명령하고 복종하며, 아이와 인척, 친구를 사랑하는 것을 가르치기를 원했다; 그 중에 무엇보다도 중요한 것은 조국이었다." 위의 책, 219.

4) 다음을 보라: M. van Gelderen (ed.), *The Dutch Revolt* (Cambridge, 1993), introd.

5) 위의 책, 165에서 인용.

6) 위의 책, 173에서 인용.

7) 위의 책, 224에서 인용.

8) R. Villari, *Per il re o per la patria* (Bari, 1994). 70.

9) "이 사람들은 자유보다는 나라에 대한 사랑으로 형성되었다. 나라는 그 자체로 많은 자산과 감미로운 애정을 품고 있어, 그 아래서 살아가는 사람과 군주도 모국을 사랑하고, 많은 이들은 그것을 위험에 처하게 하여 고통을 당하기도 하였다." in *Dialogo e discorsi del reggimento de Firenze*, ed. R. Palmarocchi (Bari, 1932), 39.

10) 메디치 가문의 국가를 보다 잘 확보하기 위한 정부 개혁방안 *Del modo di riformare il Governo per meglio assicurare lo Stato alla Casa dei Medici*, in *Opere inedite*, ed. F. Canestrini (Florence, 1858), ii. 323-4.

11) "모든 사람을 이끄는 주인이 되는 그들이 특정한 이익을 넘어서 나아가라." 위의 책, 333.

12) *Ragguagli di Parnaso e pietra del paragone politico*, ed. G. Rua (Bari, 1910), 2 vols. C. II, Adv. 31; 영역본 *The New-found Politicke*, ed. W. Vaughan (London, 1626).

13) 앞의 책.

14) 그러나 또 다른 신스토아 철학자는 애국주의에 대해 다른 관점을 가진고 있다. 예를 들어, 기욤 드 배어(Guillaume de Vair)는 이성이 우리의 나라 숭배를 명령한다고 주장했다. 이는 그것이 삶에서 모든 좋은 것을 포함하고 있기 때문이며, 나라에 대한 사랑이 가장 고결한 인간 행위의 원천이 되기 때문이다; "이 나라[우리가 세상으로 들어가는 통로로서]에서 우리는 무엇보다도 먼저 가상적이고 만들어진 이름 아래 진정으로 자연스러운 사랑을 포함하는 모국을 발견한다. 우리는 이 세상에 존재하는 어떤 다른 것보다 더한 애정을 [모국에] 보내야 한다. 그것[모국]이 나머지 모든 것을 포괄하고, 우리가 사랑하고 소중히 여기는 모든 것을 그 구원에 포함하고 있기 때문이다; 그리고 반대로 모국과 함께 모든 것은 상실된다. 이러한 관대한 애정으로부터, 나라를 지키기 위해 생명을 희생한 사람들, 공적인 것을 희생하면서까지 자신들에게 되갚으려는 공포에 자신의 모욕을 감수한 사람들, 그리고 나라의 안정을 위해 자발적으로 어렵고 비참한 삶을 선택한 사람들의 아름답고 영광스러운 수많은 행위가 있었다." *De la sainte philosophie: Philosophie morale de stoïques* (1599). ed. G. Michaut (Paris, 1946), 103-4. 후기 르네상스 신스토아 철학에 대해서는

다음을 참조하라. R. Bodei, *Geometria delle passioni* (Millan, 1991)

15) Lipsius, *De constantia*, ed. Lucien du Bois (Brussel, 1873), 164: 영역본 *Two Books of Constancie*, ed. R. Kirk (New Brunswick, NJ, 1939), 85.

16) 위의 책, 184 (영역본, 93).

17) 앞의 책, (영역본, 93).

18) 위의 책, 186 (영역본, 93).

19) 위의 책, 190 (영역본, 96).

20) 위의 책, 196 (영역본, 97).

21) 위의 책, 192 (영역본, 96).

22) 위의 책, 198 (영역본, 98).

23) 위의 책, 175 (영역본, 89).

24) 위의 책, 175 (영역본, 98).

25) 뒤 배어(du Vair)에 따르면, 우리나라는 우리의 동정을 정당하게 요구할 수 있다; "당신은 그 나라를 매일같이 대표하는가? 당신을 이 세상에 놓아두고 이 세상에 당신을 있게 한 당신의 나라가 존경의 권리를 요구하고, 선하고 신실한 시민의 의무를 요구하며, 당신이 살아가는 땅에서, 당신의 나라의 법으로, 시민사회의 신념으로, 당신의 아버지와 아이들과 친구에 대한 구원을 통해서 당신에게 간청하는 그러한 나라를." *De la sainte philosophie*, 104.

26) Lipsius, *De constantia*, 200 (영역본, 99).

27) 위의 책, 200 (영역본, 101).

28) 위의 책, 266 (영역본, 124).

29) 위의 책, 266 (영역본, 124).

30) 위의 책, 270 (영역본, 126).

31) 위의 책, 274 (영역본, 127).

32) W. Haller (ed.), *The Levellers Tracts* (New York, 1944), 277.

33) "그리고 (군대의 가치있는 애국자) 당신은 공동의 권리와 자유를 위한 동일한 원칙으로, 웨스트민스터에서 억압 세력에 대항하여 이 현존하는 영예롭고 거룩한 작업에 들어섰다." *An Appeale from the Degenerate Representative Body of the Commons of England Assembled at Westminster* (London, 1647), in D.M. Wolfe (ed.), *Leveller Manifestoes of the Puritan Revolution* (New York, 1944). 160.

34) W. Walwyn, *England Lamentable Slaverie*, in W. Haller (ed.), *Tracts on Liberty in the Puritan Revolution* (New York, 1934), iii. 317.

35) Haller (ed.), *Leveller Tracts*, 455.

36) *The Readie and Easie way to Establish a Free Commonwealth* (1660), in *Complete Prose Work of John Milton* (New Haven, 1980), vii, 355-6.

37) 위의 책, 443.

38) *The Complete English Poetry of John Milton*, ed. J.T. Shawcross (New York, 1963), 174.

39) *The Works of John Milton* (New York, 1932), vii. 455.

40) *Works*, viii. 7.

41) "철학자들은 이 미덕[나라에 대한 사랑]을 신중하게 보아야 한다. 나라에 대한 맹목적이고 세속적인 사랑이 우리로 하여금 우리나라를 권력, 부, 영광으로 확장하기 위하여 약탈 행위와 살육과 인접국가에 대한 증오로 쓸어 넣지 않도록 해야 하기 때문에; 그것은 이교도들의 행위이기에, 기독교인은 평화를 증진시키며 다른 사람들의 소유를 탐내서는 안된다." *Commonplace Book*, in *Works* (New York, 1938), xviii. 164-5.

42) 『피터 하임바하에서 보내는 편지 *Letter to Peter Heimbach*』, 15 aug, 1666. in *Works* (New York, 1936), xiii, 112-15.

43) (London), 1699, 15; 모범적 애국자로서 제임스 해링톤(James Harrington)에 대한 톨란드의 설명은 다음을 보라; *The Oceana an other Works of James Harrington Esq. Collected, Mothodiz'd and Review'd, with an Exact Account of his Life Prefix'd by John Toland* (London, 1747), p.vii.

44) *A Letter concerning the Roman Education*, in *A Collection of Several Pieces of Mr. John Toland* (London, 1726), ii. 6-7.

45) 위의 책, 6-7.

46) ed. P. Laslett (Oxford, 1959), 55.

47) 위의 책, 61.

48) (Gloucester, Mass., 1963), p.248.

49) 위의 책, 244 n.4.

50) 위의 책, 245.

51) 위의 책, 250.

52) 앞의 책.

53) "The Principles and Practice of Opposition; The Case of Bolingbroke versus Walpole", in N. McKendrick (ed.), *Historical Perspectives* (London, 1974), 93-128.

54) *The Works of Lord Bolingbroke* (London, 1967), xi. 358-9.

55) 위의 책, 360.

56) 앞의 책.

57) “그러므로 그러한 헌법의 자유를 옹호하고 유지할 의무가 애국자 왕에게서 가장 신성한 것으로 나타날 것이다.” *The Idea of a Patriot King*, in *Works*, xi, 391.
58) 위의 책, 388.
59) 위의 책, 357.
60) 위의 책, 389.
61) 앞의 책.
62) 위의 책, 395.
63) 위의 책, 396.
64) H. Cunningham, “The Language of Patriotism, 1750-1914,” *History Workshop*, 12 (1981), 8-33.
65) 위의 책, 12.

3. 애국주의와 고대 정치

1) F. Venturi, *Utopia and Reform in the Enlightenment* (Cambridge, 1971), 21.
2) (Naples, 1729), II,i.2.
3) “나라 사랑은 인간의 행복만을 고려한다; 모국에 대한 안전과 종교의 자유를 통해서, 삶과 자신의 가정과 아이들의 안전이 보장되는 것이다. 그 자체의 모습으로, 식물이 대지를 사랑하듯이, 자신들의 뿌리가 고착되어 있는 살아있는 사람들이라 부르는 바로 그 나라. 요약하자면, 나라가 파괴되고 자신이 안정되지 못한다면, 생명도 안전하지 못하고 모든 것이 상실될 수 있다는 점에서, 생명에 대한 사랑보다 나라에 대한 사랑을 선호한다.” 앞의 책.
4) “좋은 정치가는 나라를 위해 사람들의 열정을 이용한다.” 위의 책, 147.
5) 위의 책, 148.
6) “사랑은 자부심을 불러일으키고, 위대함과 관대함은 이 자부심을 불러일으키는데 가장 효과적이다.” 앞의 책.
7) 위의 책, 152.
8) “결과적으로 조국은 여전히 사랑받을 것이다; 무엇보다도 사람들은 영광스러운 조국의 자녀들을 사랑하고, 생기있고 강력한 정신력으로, 그들은 미덕의 차이로 인해 발생하는 나쁜 정부의 가능성이라는 어려움을 견뎌낼 것이기 때문이다.” 앞의 책.
9) 위의 책, 155.

10) 위의 책, 157.

11) "지금까지 고대의 영웅들의 행동은 지식인들과 철학자들의 존경의 대상이 되었다; 그들의 주권자에게 향하는 너무나 특정한 애정 때문에 자신들의 가정과 모국을 넘어서고 그래서 찬양받았던 고대 영웅들의 행동은 이성적이라고 할 수 없다. 그것은 아버지의 이익으로, 그 이래로 민중국가에서도 그것은 전 인민의 이익을 의미하는 공화국으로 불리게 되었다." *Principi di una scienza nuova* (1725), II. 22, ed. G. Ferrari (Naples, 1859), 52.

12) Giambattista Vico, *Seconda scienza nuova* (1744), ed. G. Ferrari (Naples, 1859), 213; 영역본. *The New Science of Giambattista Vico*, ed. Th. G. Bergin and M.H. Firsch (Ithaca, NY, 1968), 254.

13) 위의 책, 214.

14) 앞의 책.

15) "인간은 자기 모국을 사랑해야 함에도 불구하고, 자신의 아내, 출생, 그리고 자신의 것들과 같은 편견을 가지고 그것에 대해 언급하다는 것은 매우 우스꽝스러운 일이다." *Mes pensées*, in *Œuves compètes*, ed. R. Caillois, i(Paris, 1949), 1287; "나는 나의 나라만을 사랑한다. 나는 하나님만을 두려워한다. 나는 미덕만을 소망한다." 위의 책, 1003.

16) "거의 모든 미덕은 서로 특별한 관계를 맺고 있다. 예를 들어, 우정, 나라사랑, 연민은 특별한 연관성이 있다. 그러나 정의는 미덕이 아닌 일반적인 것들과 연합되어 있다." 위의 책, 1304.

17) "그러나 우리가 보다 일반적 미덕에 특정한 미덕을 희생하기 때문에, 조국에 대한 사랑이 언제나 커다란 범죄의 원천이라면, 그것은 그래서는 안된다. 적절히 수정되지 않는다면, 그것은 국가를 영예롭게 할 수 없는 것이다." 위의 책, 1143.

18) *L'Esprit des lois*, 'Advertisement,' in *Œuvres complètes*, ii (Paros, 1951).

19) 위의 책, viii. 3.

20) *Considérations sur les causes de la grandeur des Romains et de leur décadence*, ch. IX, in *Œuvres complètes*, ii.

21) Esprit des lois, VIII. 3.

22) 위의 책, 3, 2.

23) "고대인들은 그들이 그들의 나라와 생사를 같이 했기 때문에, 우리보다 나라에 대한 애착이 더욱 강했다; 도시가 탈취되었는가? 그들은 노예가 되거나 살해당했다. 우리는 오직 군주만 바꿀 뿐이다." *Mes pensées*, 1353.

24) 위의 책, 1364.

25) Esprit des lois, II. 2.

26) 위의 책, III. 3.

27) 위의 책, IV. 5.

28) 위의 책, V. 2.

29) "공화국을 지배하는 일반정신이 있었다. 사치가 거기에 자리잡게 되자마자, 개별주의도 바로 자리잡는다. 사는데 필요한 것만이 있으면 되는 사람들에게, 남아있는 욕망은 오직 조국과 자신의 영광일 뿐이다." *Mes pensées*, 1434.

30) *Esprit des lois*, VIII. 16.

31) 위의 책, V. 6.

32) 위의 책, XX. 1.

33) 위의 책, 3.

34) 위의 책, XX. 4.

35) *Encyclopédie* (Newchatel, 1765), xii. 178.

36) 위의 책, 179.

37) 위의 책, 178.

38) 키케로의 정의가 나타내듯이, *respublica*(공공의 것)는 *respopuli*(대중의 것)를 의미한다; 즉, 그들이 동의한 법 아래 공동선을 위하여 함께 살아가는 개인들의 집합이다. 진정한 공화국에서, 주권적 권력은 인민에게 속하고, 이는 공동의 자유를 최대한 보장하는 것이다. Cicero, *De republica*, I. 25. 39 그리고 31, 47.

39) *Encyclopédie*, 178.

40) 위의 책, 180.

41) Œuvres complètes (Paris, 1826), lvii, 289.

42) 위의 책, 285-6.

43) Discours dus les sciences et les arts, in *Œuvres complètes* (Paris, 1964); 영역본 J. Rousseau, *The Basic Political Writings*, ed. D.A. Cress (Indianapolis, 1987), 12.

44) *Économie politique*, in *Œuvres complètes*, iii. 255; 영역본 *Basic Political Writings*, 122.

45) *Discours, sur les seicneces*, 8-9; 영역본, *Basic Political Writings*, 4-5.

46) 위의 책, 22 (영역본, 15).

47) 위의 책, 15 (영역본, 9).

48) *Dernière résponse de J.J. Rousseau de Genève*, in *Œuvres complètes*, iii, 72.

49) 위의 책, 88.

50) *Discours, sur les sciences*, 30 (영역본, 21).

51) *Économie politique*, 254 (영역본, 121).

52) *Considération sur le gouvernment de Pologne*, in *Œuvres complètes*, iii. 970; (영역본, *The Government of Poland*, ed. W. Kendall (Indianapolis, 1985), 25).

53) *Économie politique*, 255 (영역본, 121).

54) "나라는 자유없이 존재할 수 없고, 자유는 미덕없이 존재할 수 없으며, 미덕은 시민없이 존재할 수 없다." 위의 책, 259 (영역본, 124) patrie와 pays의 차이에 대해서는 『에밀 *Émile*』을 보라. in *Œuvres complètes*, iv, 858, 여기서 루소는 이렇게 기술한다: "모국이 없는 자도 최소한 나라는 있다." 『신엘로이즈 *La Nouvelle Héloise*』에도 중요한 내용이 있다; "내가 이 작은 나라를 생각할수록, 모국이 아름답다는 것을 더욱 생각하게 된다. 하나님은 하나를 가지고자 하는 모든 사람들에게 해를 끼칠지라도, 나라만을 가지고자 하는 데에는 그렇지 않다." in *Œuvres complètes*, ii. 657.

55) p.966, 1754 (b) (영역본, 19).

56) *Discours sur l'origine de l'inégalité*, in *Œuvres complètes*, iii. 112.

57) '나는 자유롭게 살아가기를 원한다. 말하자면, 나도 그 어느 누구도 영예로운 부담을 흔들지 않을 법을 통해서, 이러한 유익하고 달콤한 멍에는 가장 자랑스러운 지도자가 더 이상 다른 이에게 부담지우려 하지 않으면서 보다 더 부드럽게 할 수 있다.' 앞의 책.

58) 위의 책, 115.

59) 앞의 책.

60) "그것은 나라도 아니고 나라를 만드는 사람들도 아니다; 그것은 법, 습속, 관습, 정보, 헌법과 이 모든 것의 결과로 형성되는 것이다. 나라는 구성원이 있는 국가의 관계 속에 존재한다. 이러한 관계가 변화하거나 멸망할 때, 나라는 사라진다." Rousseau to lieut.-col. Charles Pictet, in *Correspondance complète de Jean-Jacques Rousseau*, ed. R.A. Leigh (Voltaire Foundation, Oxford 1965), xix. 190.

61) *Économie politique*, 258 (영역본, 123-4).

62) *Contrat social*, III. 15, in *Œuvres complètes*, iii.

63) 앞의 책.

64) M. Walzer, "Civility and Civic Virtue in Contemporary America," in *Radical Principles* (New York, 1980), 64.

65) 위의 책, 69.

66) *Contrat social*, II. 8: 루소는 여기서 마키아벨리의 『로마사 논고』 제1권 17

장의 논리를 따른다. ("타락한 인민에게 자유가 주어지면, 자유를 지키기 매우 어려워진다.").

67) *Économie politique*, 256.

68) *Du Contrat social*, III. 4; 영역본. *Basic Political Writings*, 180.

69) *Œuvres complètes*, iii. 881.

70) 앞의 책.

71) 앞의 책.

72) "공공의 이익은 누구의 것도 아니고, 그것만으로도 노예상태가 형성된다는 점을 모든 사람에게 설득하라. 모든 사람이 멍에 아래 있을 때, 공동의 자유가 어디에 있겠는가?" 위의 책, 893.

73) *Lettre à d'Alembert*, ed. L. Brunel (Paris, 1927), 65.

74) 위의 책, 48.

75) *Discours sur la vertu la plus nécessaire aux héros*, in Œuvres complètes, ii. 1271.

76) *Lettre à d'Allembert*, 199-201.

77) *Émile*, in *Œuvres complètes*, iv. 248-9.

78) "모든 경우에 의무와 미덕의 이익을 위해서 가슴의 권리와 자유의 권리를 지속적으로 주장하라." *Discours sur l'inégalité*, 120.

79) "그러나 당신이 이 체제를 받아들이건 아니건 간에, 언제나 폴란드인들에게 그들 자신과 나라에 대한 위대함을 각인시키면서 시작하라." *Considérations*, 961.

80) 위의 책, 960 (영역본, 11).

81) 다음을 참조하라. F. Chabod, *L'idea di nazione* (Bari, 1962), 128; Derathé, "Patriotisme et nationalisme au XVIIIe siècle," *Annales de philosophi politique*, 8 (1969), 78.

82) *Considérations*, 959-60 (영역본 11); 또한 민족적 관습에 대한 루소의 옹호를 참조하라; "이러한 고대의 용례를 유지하고 재사용하는 것과 폴란드인들에게 적절한 용어를 소개하려는 노력도 필요하다. 차이가 별로 없고, 때로 어떤 측면에서는 좋지 않을지라도, 이러한 용례는, 그것이 본질적이지 않다는 가정하에, 언제나 제 자리에 있는 폴란드인들을 칭찬하는 것과 그들에게 외국인과 섞이는데 대한 자연적인 반감을 조성하는데 도움이 된다." 위의 책, 962.

83) 위의 책, 960 (영역본, 11).

84) "시민적 질서에서 자연의 본능적 감정의 우선성을 보존하고자 하는 사람은 그가 원하는 것을 알지 못한다. 언제나 자신과 모순을 일으키면서, 본

능과 의무 사이에서 방황하면서, 그는 인간도 아니고 시민도 아니게 된다. 그렇게 해도 좋지 않고, 다른 것도 좋지 않다. 바로 그것이 오늘날의 인간들이다." *Emile*, 249-50.

4. 민족주의의 탄생

1) 『우리에게 자유를 달라!』 또는 『미들섹스와 메트로폴리스의 당시 유권자에게 보내는 편지』 (London, n,d. [1782]), 9.
2) (London, 1790), 6-7.
3) 위의 책, 8.
4) 위의 책, 8-9.
5) 위의 책, 9.
6) 위의 책, 12.
7) 위의 책, 17.
8) 위의 책, 26.
9) 위의 책, 39.
10) 위의 책, 38.
11) (London, 1804), 110.
12) 위의 책, 116.
13) 위의 책, 117-18.
14) 위의 책, 128.
15) 위의 책, 144-5.
16) 위의 책, 149-50.
17) 위의 책, 138-9.
18) 위의 책, 156.
19) 위의 책, 159.
20) 위의 책, 164.
21) 위의 책, 167.
22) 위의 책, 175.
23) 위의 책, 208.
24) 위의 책, 216-17.
25) "모든 사람의 이익을 지향하는 법이 없는 곳에, 공동의 이익을 배려하는 아버지같은 정부는 없다... 거기에는 나라, 인민, 사람들 집단은 있을지

모르나, 조국은 없다." in *Annales historique de la Révolution Française*, 43 (1971), 506.

26) 위의 책, 507.

27) 위의 책, 508.

28) 위의 책, 509.

29) *Saggio storico*, ed Fausto Nicolini (Bari. 1929).

30) 위의 책, 102-3.

31) 위의 책, 103.

32) "인류의 불행은 때로 가장 유용한 진리의 명백한 구현에 있기도 하다. 사랑하지 않는다면 결코 거기서 이익을 얻을 수 없고, 민족으로 평가되지 않는다면 당신은 모국을 사랑할 수 없다. 본성상 귀를 기울이게 되어 있는 이성의 우월성으로 인해 권위로나 모범사례로서 자신의 평가를 외국에 팔아치우는 부분이 있는 나라의 사람들은 자유로울 수 없다. 그때 나라 전체는 이미 절반 가량 독립을 상실한 것이기 때문이다." 위의 책, 91.

33) "애국자." 애국자는 누구인가? 이 말은 나라를 사랑하는 사람을 지칭한다. 지난 십년동안, 그것은 공화주의자와 동의어였다. 그러나 모는 공화주의자가 애국적인 것은 아니라고 이해된다. 위의 책, 90. n. 1.

34) "이 개념을 현실화하는 과정에서, 이탈리아인들은 민족과 함께 민족 정신을 획득하였다. 정부를 통해서 그들은 정치인과 전사가 되었다. 모국과 함께, 그들은 자유와 거기서 얻어지는 모든 것을 획득하게 되었다." F. Lomonaco, "Patriota Napoletano," *Rapporto al cittadino Carnot*. 위의 책에서 인용, 327.

35) R.R. Ergang, *Herder and the Foundations of German Nationalism* (New York, 1931), 30.

36) "나는 세계에서 유일하게 중요하지 않는 시민이고, 나는 그것을 즐긴다. 신께 감사한다." *Kosmopolitische Addresse an die französische Nationalversammlung*, in *Gesammelte Schriften*, ed. W. Kurrelmeyer (Berlin, 1987), x. 316; 다음 자료도 참조하라. *Ueber deutschen Patriotismus*. 위의 책, 586-95.

37) *Gottlob Ephraim Lessing to Gleim*, 16 Dec. 1758, in *Sämmtliche Schriften*, ed. W. von Maltzahn (Leipzig, 1857), xii. 150.

38) "나는 조국에 대한 사랑이라는 개념을 가지고 있지 않다... 그리고 그것은 내가 감내해야만 하는 엄청난 약점인 것 같다." *Lessing to Gleim*, 14 Feb. 1759. 위의 책, 152.

39) *Sämmtliche Werke*, xxxvi, 67; Ergang의 *Herder*, 32에서 인용.

40) Beherzigungen (Frankfurt, 1761), 268; Ergang, *Herder*, 45-6의 영어 번역

참조.

41) 다음을 보라; C. Antoni, *La lotta contro la ragione* (Florence, 1942).

42) *Haben wir noch jetz das Publikum und Vaterland de Alten?* in *Frühe Schriften 1764-1772*. ed. U. Gaier (Frankfurt am Main, 1985), 50; 영역본 "Do We Still Have a Public and a Fatherland of Yore? 우리에게 여전히 예전의 공공성과 조국이 있는가?" in *Selected Early Works 1764-1767*, ed. E. A. Menze and K. Menges (Pennsylvania, 1992), 61.

43) 위의 책, (영역본, 61).

44) "피오트르 대제는 애국자가 아니었는가? 그 이름과 금세기의 경이로움으로서 그는 시대의 아버지가 되었고, 새로운 조국의 창조자가 되었다." 위의 책, 51 (영역본, 62).

45) 위의 책, 51 (영역본, 61).

46) 위의 책, 50 (영역본, 60).

47) *Vom Tode für dass Vaterland* (Berlin, 1770), 16.

48) "조국은 무엇인가? 출생 장소만으로 이해할 수는 없다. 출생이나 나의 최종 결정이 나를 내가 복종하고자 하는 치유의 법률을 가진 나라와 연합하게 한다면(더 이상 나에게서 전 국가에 필요한 이상의 자유를 박탈하지 않는 그러한 법률이 있는 나라와), 그때 나는 이 나라를 나의 조국이라 할 것이다." 위의 책, 17.

49) 위의 책, 16.

50) "우리는 우리의 복지와 연결되어 있지 않는가? 그리고 이러한 복지 개념은 조국의 복지와 너무나도 밀접하게 연결되어 있다. 즉, 법을 지키거나 내가 향유하는 것 등과 말이다." 위의 책, 18.

51) 앞의 책.

52) *Auch eine Philosophie der Geschichte zur buildung der Menschheit, in Sämmtliche Werke*, ed. B. Suphan (Berlin, 1891), v. 551; 영역본 *J. G. Herder on Social and Political Culture*, ed. F. M Barnard (Campbridge, 1969), 209.

53) *Schulbücher* (1787-98), in *Sämmtliche Werke* (Berlin, 1889), xxx. 391; 영역본, Ergang, *Herder*, 114.

54) 헤르더의 반 정치적이고 문화적인 민족주의에 대해서는 다음을 보라. I. Berlin, "Herder and the Enlightenment," in *Vico and Herder* (New York, 1976), 184.

55) *Auch eine Philosophe*, 551 (영역본, 209).

56) *Kritische Wälder*, in *Sämmtliche Werke* (Berlin, 1878), iii, 29.

57) Briefs zu Geförderung der Humanität, in *Sämmtliche Werke* (Berlin, 1883), xviii. 337.

58) *Auch eine Philosophie*, v. 551 (영역본, 181).

59) *Idee zur Philosophie der Geschichte der Menschheit*, in *Sämmtliche Werke* (Berlin, 1887), xiii. 258: 영역본, Ergang, *Herder*.

60) *Briefe zu Beförderung der Humanität* (Berlin, 1971), ii. 218.

61) "고대 공화국과 그 시대의 감각적인 강력한 유대감," *Auch eine Philosophie*, 579 (영역본, 222).

62) 위의 책, 524-5 (영역본, 192).

63) 위의 책, 510 (영역본, 186-7).

64) *Journal meiner Reise im Jahr 1769*, in *Sämmtliche Werke* (Belin, 1884), iv. 349; 영역본. *J.G. Herder on Social and Political Culture*, 66.

65) *Idee zum ersten Patriotischen Institute für den Allgemeingeist Deutschlands*, in *Sämmtliche Werke* (Berlin, 1887), xvi. 600; 영역본, in Ergang, *Herder*, 130.

66) *Idee zur Philosophie*, 261-2 (영역본, 90).

67) *Kleine Schriften* 1791-1796, 384 (영역본, 149).

68) *Briefe zur Befördeurung der Humanität* (Berlin, 1971), I, 297; 영역본, Ergang, *Herder*, 150.

69) *Auch eine Philosophie*, 547 (영역본, 207).

70) *Idee zur Philosophie*, 26 (영역본, 122).

71) 그의 초기 논문에서 그는 다음과 같이 기술한다. '내가 외국 민족의 음성을 더듬거리면서 흉내낼 수도 있다. 그러나 그 독특성의 핵심에 접근하지도 못하면서. 내가 많은 노력을 거쳐 그 기록에서 단어를 배워가며 사멸된 언어를 배울 수도 있다. 그러나 그들의 정신은 사라져버린다.' *Ueber den Fleiss in mehreren gelehrten Sprache*, in *Frühe Schriften 1764-1772*, 23; 영역본, *Selected Early Works*, 30.

72) '모국어보다 더 좋은 표현 수단이 어떤 것이겠는가? 조국의 매력과 마찬가지로, 그 매력은 모든 다른 언어를 넘어선다. 심장의 아들이고, 가슴의 자녀인 그의 의견으로, 그에게 그녀[모국어]는 지금 최고 시절의 기쁨이고 그의 노년의 희망이자 명예가 되어야 하는 것이다.' *Ueber die neure deutsche Litteratur* (1767), in *Sämmtliche Werke*, I, 400; 영역본, Ergnag, *Herder*. 150.

73) '그녀[자연]은 우리의 마음 속에 다양성을 향한 경향성을 심어놓았다; 우리 주변의 밀접한 집단에서 다양성의 부분을 놓기도 했다; 그녀는 인간의 시각을 제한하고, 습관의 힘을 통해서 그 집단은 이제 그가 볼 수도 없고 거의 생각할 수조차 없는 것을 넘어 지평선이 되었다. 나의 본성에 가까운

모든 것, 그것에 의해 동화될 수 있는 모든 것을 나는 갈망하고 추구하며, 차용한다; 그 이상으로 친절한 자연은 나에게 경멸과 혐오로까지 변할 수 있는 무감각, 냉정함, 맹목성을 장착시켰다.' *Auch eine Philosophie*, 509-510 (번역본, 186).

74) *Idee zur Philosophie*, 384-5 (영역본, 243-4).

75) *Vorlesungen über schöne Litteratur und Kunst*, iii, *Geschichte der Romantischen Litteratur* (Stuttgart, 1883), 36; cf. X Léon, *Fichte et son temps* (Paris, 1922-7), ii (2). 74.

76) *Vorlesungen*, 95; cf, Léon, *Fichte*, 76.

77) *Reden an die deutsche Nation, in Schriften zur Gesellschaftsphilosophie*, ed. H. Riel (Jena, 1928), 355; 영역본. *Addresses to the German Naton*, ed. G.A. Kelly (New York, 1968), 123.

78) 위의 책, 356 (영역본, 123-4).

79) 위의 책, 312 (영역본, 89).

80) 위의 책, 313 (영역본, 89).

81) 위의 책, 314 (영역본, 90).

82) 위의 책, 315 (영역본, 91).

83) 위의 책 (영역본, 91).

84) 위의 책, 365 (영역본, 131).

85) 위의 책, 428 (영역본, 177).

86) 위의 책, 325-6 (영역본, 99).

87) 위의 책, 337 (영역본, 108).

88) 위의 책, 490 (영역본, 225).

89) 위의 책, 490 (영역본, 225).

90) 위의 책, 491-2 (영역본, 226).

91) 위의 책, 492 (영역본, 227).

92) 위의 책, 337 (영역본, 108).

93) 위의 책, 350 (영역본, 119).

94) 위의 책, 352 (영역본, 120).

95) 위의 책, 352 (영역본, 120).

96) 위의 책, 347 (영역본, 117).

97) 위의 책, 348 (영역본, 117).

98) 위의 책, 353 (영역본, 121).

99) 위의 책, 346 (영역본, 116).

100) *Philosophie der Mauerei* (Brief an Konstant), ed. W. Flitner (Leipzig, 1923); 영역본. H.C. Engelbrecht, *Johann Gottlieb Fichte; A Study of his Political Writings with Special Regerence to his Nationalism* (New York, 1933), 74-5.

101) 위의 책 (영역본, 98).

102) *Grundlinien der Philosophie des Rechts*, sect. 268. ed. Helmut Reichelt (Frankfurt, 1972), 225-6; 영역본. *Hegel's Philosophy of Right,* ed. T.M. Knox (Oxford, 1967), 163-4.

103) 위의 책, 260 (영역본, 189).

104) *Le Peuple* (Paris, 1974, edn). 219; 영역본. *The People*, ed. C. Cocks (London, 1846), 139.

105) 'Quelle est la première partie de la politique? L'éducation, a seconde? L'éducation, Et la troisième? L'éducation.' 위의 책, 244 (영역본, 162).

106) 위의 책, 199 (영역본, 121).

107) 위의 책, 140.

108) 위의 책, 240 (영역본, 158).

109) 위의 책, 224 (영역본, 143-4).

5. 애국주의의 민족주의화

1) 다음에서 인용. Linda Colley, *Briton's, Forging the Nation 1707-1837* (London, 1994), 328.

2) 위의 책, 336-7.

3) 위의 책, 340.

4) 'Language of Patriotism, 1750-1915),' *History Workshop*, 12 (1981), 16.

5) 앞의 책.

6) C. Driver, *Tory Radical; The Life of Richard Oastler* (New York, 1946), 302.

7) 위의 책, 42.

8) 앞의 책.

9) 위의 책, 232.

10) Cunningham, "Language of Patriotism," 17.을 보라.

11) 위의 책, 19.

12) 앞의 책.

13) *Fede e avvenire*, in *Scritti politici,* ed. T. Grandi and A. Comba (Turin, 1972)

14) *Storia della letteratura antica e moderna di Federico Schlegel,* in *Scritti editi ed inediti di Giuseppe Mazzini* (Imola, 1906), I. 11.

15) 위의 책, 123-4.

16) "그는 영원히 회자되는 시인들 사이에 위대하다고 평가되었고, 그럴 것이라고 우리는 말할 것이다. 그래서 그의 삶은 모국에 대한 충성과 모국에 봉사하는 방법에 대한 충실함으로 묘사된다." *Dell'amor patrio di Dante,* in *Scritti editi ed inediti di Giuseppe Mazzini* (Imola, 1906), vol. i. 20.

17) "땅이 전부였기 때문에 그는 고통스럽게 부르짖었다. 그러나 비합리적인 분노도 불쾌한 자부심도 발생하지 않았다. 그것은 비통함을 기술하는 자로서의 최고의 슬픔의 소리이다. 그는 잘못된 상황에 비통해 하고 진창으로 나라를 쓸어버렸던 자들에 대해 몸서리친 사람으로 모국의 자유를 위한 수호신이었던 것이다." 위의 책, 14-15.

18) *Dei doveri dell'uomo*, in *Scritti politici*, 892; 영역본. "Faith and the Future" (1835) in *The Duties of Men and Other Essays by Joseph Mazzini*, introd. T. Jones (London, 1936), 65-6.

19) 위의 책, 884 (영역본, 56-7).

20) 선거권의 확대를 위한 '용감하고 진지한 영국 여성'의 투쟁은 어떤 논리적이고, 예민하며, 대담한 남성에 의해서 승인되어야 한다고 그는 1870년 5월 2일 에밀리 벤투리(Emilie Venturi)에게 쓴 편지에서 언급한다. (Mazzini's Letters, ed. Bolton King (Westport, Comm, 1979), 201) 미국에서 유색인종의 투표권에 대한 문제에 대해 그의 의견을 구한 영국 통신원에게 한 그의 답변도 마찬가지로 솔직하다; "당신은 노예제를 폐지했다. 노예제 폐지는 영광스러운 투쟁의 절정이고, 그렇지 않았다면 비참한 도살장에 불과했을 당신의 전투의 경건한 결과이다. 공화국의 태양은 모두의 위에서 자유롭게 빛날 것임을 당신은 선포했다; 하나님이 한분이시듯, 그곳의 자유가 단순히 우연한 사실이 아니라 신념이며 복음인 축복받은 땅 위에서, 인본성의 종류도 하나일 것이다. 당신은 이러한 위대한 원칙을 불구로 만들 수 있는가? 당신은 군주정의 반(半)자유의 비율로 그것을 자르고 축소할 수 있는가? 당신은 당신들 중 어떤 사람이 그 자신의 절반뿐인 것을 참을 수 있겠는가? 당신은 반(半) 책임성의 원칙을 선포할 수 있는가? 당신은 아메리카라는 공화주의의 땅에 중세에서와 같은 정치 노예 계급을 조성할 수 있는가? 투표 없이 자유가 존재하는가?" 위의 책, 196.

21) *Dei doveri dell'uomo,* 885 (영역본, 58).

22) 위의 책, 881 (영역본, 53-4).

23) 위의 책, 882 (영역본, 55).
24) 위의 책, 872 (영역본, 44).
25) 위의 책, 878 (영역본, 51).
26) 위의 책, 882 (영역본, 55).
27) 위의 책, 886 (영역본, 59).
28) *Mazzini's Letters*, 175.
29) 위의 책, 168.
30) 앞의 책.
31) *Life and Writings of Joseph Mazzini* (London, 1905), ii. 3.
32) Letter to George Sand, 7 Oct. 1848. in *Mazzini's Letters*, 123.
33) Letter to Ernst Haug, Apr. 1863, 위의 책, 184.
34) Letter to Daniel Stern, 24 Oct. 1864. 위의 책, 194.
35) 위의 책, 169.
36) 위의 책, 168.
37) "어떤 집단의지의 자유로운 표현에 어떤 장애도 저지하지 않고, 보편적 이익을 넘어서 파급되는 민족이 되기 위해서, 그것은 충분하고 절대적인 자유로부터 해방될 수 없으며, 특권계급이나 왕조를 받아들일 수도 없고, 압도적으로 유행할 것으로 예상되는 사회질서의 정체성임을 인정해야만 한다. 그것이 절대 왕권이라는 멍에 하에 당신이 향유하는 민족이란 말인가?" *La rivoluzione*, in F. della Peruta, *Scrittori politici dell'Ottocento* (Milan, s.d.), i. 1181; 다음 자료도 참조하라. 위의 책, 1184; "민족이 없는 전제와 함께, 언어는 참주를 말하고, 모든 장소는 그가 태어난 곳이다."
38) *Mazzini's Letters*, 169.
39) 다음을 보라. Cunningham, "Language of Patriotism," 22.
40) "애국자는 국제적 사기꾼이므로, 너희는 애국자가 되어서는 안된다." 위의 책, 27.
41) 앞의 책.
42) 프랑스인 행동 연맹(League d'action française)의 호소는 다음과 같다: "출생, 가슴, 이성과 의지의 프랑스인으로, 나는 양심적인 애국자의 모든 의무를 수행할 것이다. 나는 모든 공화주의 체제를 위해, 프랑스의 공화국과 외국인의 지배를 위해, 싸울 것을 선서한다. 공화주의 정신은 국방을 혼란시키고 전통적 가톨릭에 직접적으로 적대적인 종교적 영향력을 선호한다. 우리는 프랑스인들의 정체인 프랑스로 돌아가야 한다. 우리의 유일한 미래는 그러므로 천년동안 프랑스를 만들어 왔던 40여명의 왕의 후계자로 의인화된 군주정이다. 군주정만이 공공 안전을 보장하고, 질서에 의

거하여 반유대주의와 민족주의가 비난하는 공공의 악을 방지할 수 있다. 모든 일반적 이익을 위해 필요한 기구로서, 군주정은 권위, 자유, 적극성과 명예를 드높일 것이다." J. Plumyène, *Les Nations romantiques* (Paris, 1979), 265-6.

43) 그러한 작업을 너무 자주 반복할 필요는 없다. 군주제의 첫 번째 이점은 그 회복 프로그램을 가동하는 것이 아니라, 공화국을 우선 없애고 국가를 그 영원하고 뿌리 깊은 반역성으로부터 떼어 놓는 것이었다. 정부의 해악은 보살피고 살아있게 하는 대신에 파괴하는 데 있었기 때문이다. 위의 책, 270.

44) 위의 책, 276.

45) 위의 책, 283-8.

46) *Œvres complètes*, ed. H. Psichiari (Paris, 1847), i, 904; 영역본. "What is a Nation?" in *The Poetry of te Celtic Races, and Other Studies* by Ernest Renan (Port Washington, 1970), 81.

47) 위의 책, 900 (영역본, 69-70).

48) 위의 책, 894 (영역본, 77).

6. 결론 : 민족주의 없는 애국주의

1) "원초적이고 타락한 형태 또는 나라에 연결된 그러한 이익과 싸우기 위해, 사회주의자가 민족적 삶에서 최고의 가치를 무시하기를 고집한다면, 그들은 민족적 신화라는 측면에서 그들의 자산을 감소시키는 상황만 드러나게 할 가능성이 있다." (Turin, 1979), 135; 영역본. *Liberal Socialism*, e. N. Urbinati (Princeton, 1994), 123.

2) 같은 저자. "La lezione della Sarre," in *Scritti dell'esilio* (Turin, 1992), ii. 96; 그리고 "Discussione sul Risorgimento," 위의 책, 154-5.

3) 'Irrendentismo slavo,' 위의 책, 46-9.

4) 'Opposizione d'attacco,' 위의 책, 233.

5) 'Fronte verso I'Italia,' 위의 책, 4.

6) 'Realismo,' 위의 책, 341.

7) S. Veil, *L'Enracinement; Plélude à une déclaration des devoirs envers l'être humain* (Paris, 1949), 138; 영역본. *The Need for Roots* (New York, 1952). 159.

8) 위의 책, 138 (영역본, 159).

9) 위의 책, 145 (영역본, 168).
10) 위의 책, 148-9 (영역본, 172).
11) 위의 책, 149 (영역본, 172).
12) 위의 책, 149 (영역본, 173).
13) 위의 책, 149 (영역본, 173).
14) 다음에서 인용; C. Pavone, *Una guerra civile* (Turin, 1991), 181.
15) 위의 책, 171에서 인용.
16) 위의 책, 172에서 인용.
17) *Una parola desueta; L'amor di patria*, in *L'idea liberale; Contro le confusioni e gli'ibridismi* (Bari, 1944), 21.
18) 위의 책, 22.
19) *Die Nachholende Revolution* (Frankfurt, 1990), 151.
20) 위의 책, 158-9.
21) *Fakizität und Geltung* (Frankfurt, 1992), 640.
22) *Die Nachholende Revolution*, 208.
23) 하버마스의 실수의 기원은 아마도 시민적 인문주의 전통의 중심 주제 중 하나가 '자유 사회를 위한 조건'이라고 주장했던 찰스 테일러(Charles Taylor)일 것이다; 소극적 자유라는 근대적 개념에서가 아니라 '전제적(despotic)'인 것에 반의어로서의 '자유'로 그는 설명한다. 또한 그는 시민적 인문주의 전통의 핵심 사안은 '참여적 자치'였다고 주장한다; "Cross-Purposes; The Liberal - Communitatian Debate", in N.L. Rosenblum (de.), *Liberalism and the Moral Life* (Cambridge, Mass, 1989), 165와 177. 리비우스(Livy)의 『로마사 *Ab urbe condita*』 II권 2장, 마키아벨리의 『로마사 논고 *Discorsi sopra la prima deca di Tito Livio*』, II권 2장, 그리고 루소의 『사회계약론』, I권 8장과 같은 고대와 근대 공화주의의 고전적 자료를 읽어보면, 사실상 공화주의 사상가들이 정당한 법의 방패 아래 '소극적' 자유로 이해되는 자유에 최고의 가치를 부여했다는 것을 쉽게 알 수 있다.
24) 다음을 보라. Q. Skinner, "Ambrogio Lorenzetti; The Artist as a Political Philosopher," *Proceedings of the British Academy*, 72 (1986), 1-56; 앞의 책. "Machiavelli's Dicorsi and Pre-Humanist Origins fo Republican Ideas," in G, Bock et.al(eds), *Machiavelli and Republicanism* (Cambridge, 1993), 121-41; M. Viroli, *From Politics to Reason of State* (Cambridge, 1992), 11-70.
25) "보편적 원칙의 뿌리박기를 위해서, 우리는 언제나 특정한 정체성을 필요로 한다." *Die nachholende Revolution*, 152.

26) *Se cessiamo di seere una nazione* (Bologna, 1993).
27) 위의 책, 127.
28) 위의 책, 131.
29) 위의 책, 13.
30) 다음을 보라. R. Putnam, *Making Democracy Work* (Princeton, 1993).
31) Lindley Lecture, University of Kansas, 26 Mar. 1984, p.4.
32) 위의 책, 12-13.
33) 위의 책, 16.
34) 위의 책, 13-14.
35) 위의 책, 16.
36) 앞의 책.
37) *What is Means to be an American* (New York, 1993), 82.
38) *Legitimacy in the Modern State* (New Brunswick, NJ, 1981), 288.
39) 위의 책, 290.
40) 위의 책, 292에서 인용.
41) 다음에서 인용. G. Wills, *Lincoln at Gettysburg* (New York, 1992), 86-7.
42) Schaar, *Legitimacy in the Modern State*, 296.
43) 위의 책, 307.
44) *Democracy in America*, ed. J.P. Mayer (New York, 1969), 235. 토크빌은 합리적 애국주의와 '인간의 가슴을 자신이 태어난 장소와 묶어두는 무관심하고, 막연하고, 갇혀있지 않는 감정으로부터 솟아나오는 애국주의를 대비시킨다. 이 본능적 사랑은 오래된 습관에 대한 기호, 조상에 대한 존중, 과거에 대한 기억과 섞여 있다; 그것을 느끼는 사람들은 자신의 나라를 아버지의 집처럼 사랑하게 된다.' 그러나 이 애국주의는 때로 민족의 개인화로서의 군주에 대한 헌신과 함께 가기도 한다.
45) 위의 책, 235-6.
46) 위의 책, 236.
47) 위의 책, 236-7.
48) 'Cross-Purposes; The Liberal-Communitarian Debate,' 174.
49) 위의 책, 175.
50) 위의 책, 175-8.
51) *De Tocqueville on Democracy in America*, ii, in *Collected Work,* ed. J. M. Robson (Toronto, 1977), xvii, 168-9.

참고문헌

참고문헌

Abbt, Thomas, *Vom Tode für dass Vatermand* (Berlin, 1770).

Alberti, Leon Battista, *I Primi tre libri della famiglia in Opere volgari,* ed. c. Greyson (Bari, 1960).

Altan, Carlo Tullio, "Identità etnica e religione civile," *Storia contemporance in Friuli*, 22 (1922), 9-26.

Anderson, Benedict, *Imagined Communities: Reflections on the Origin and Spread of Nationalism* (London, 1991).

Antonio, Carli, *La lotta contro la ragione* (Florence, 1942).

Aquinas, Thomas, *Summa theologiae*, in *Sancti Thomas Aqinatis opera omnia* (Rome, 1897).

Augustine, Saint, *Enarrationes in Psalmos*, in *Opera Omnia,* ed. J. P. Migne (Patrologia Latina, 36-7; Paris, 1845).

____________, *De Civitate Dei*, ed. George E. McCracken (London, 1957).

Battaglia, Felice, *L'opera di Vincenzo Cuoco e la formazione dello spirito nazionale in Italia* (Florence, 1925).

Berlin, Isaiah, *Vico and Herder* (New York, 1976).

Bianchi, Daniela and Rutto, Giuseppe, *Idee e concezione di patria nell'Europa del Settecento* (Turin, 1989).

Boccalini, Trajano, *Ragguagli di Parnaso e pietra del paragone politic*, ed. E. Rua (Bari, 1910), 2 vols; 영역본, *The New-found Politicke*, ed. W. Vaughan (London, 1926).

Bodei, Remo, *Geometria delle passioni* (Milan, 1991).

Bollingbroke, Henry St. John, First Viscount, *The spirit of Patriotism*, in *the Works of Lord Bolingbroke* (London, 1967), xi, 352-71.

__________________________, *The Idea of Patriot King*, in *Works*, xi, 372-438.

Bonanate, Luigi, "Abbiamo piu doveri verso I più vicini? Universalismo patriottico," *Teoria politica*, 9 (1993), 7-29.

Bruni, Leonardo, "Oratio in funere Johannis Strozzae," in E. Baluze and G. Manzi, *Miscellanea novo ordine digesta... et aucta* (Luca, 1764); 영역본, C. Groffith, J. Hankins, D. Thompson, *The Humanism of Leonardo Bruni* (Binghamton, NY, 1987).

______________, "Laudatio florentinae urbis," in Hans Baron (ed.), *From Petrarch to Leonardo Bruni* (Chicago, 1968); 영역본. G. Groffith, et al., *The Humanism of Leonardo Bruni.*

Cartwright, John, *Give us our Rights! Or, a Letter to the Prescent electors of Middlesex and the Metropolis* (London, n.d. [1782]).

Chabod, Federico, *L'idea di nazione* (Bari, 1962).

Cicero, *De inventione*, ed. H. M. Hubbell (London, 1949).

_____, *De officiis,* ed. W. Miller (London, 1947).

_____, *De partitione oratoriae*, ed. H. Rackham (London, 1948).

_____, *De republica and De legibus*, ed. Clinton W. Keynes (London, 1970).

_____, *In Catilinam*, trans. L.E. Lordin, *The Speeches* (London, 1937).

Colley, Linda, *Britons: Forging the Nation 1707-1837* (London, 1994).

Constant, Benjamin, "Of the Librty of the Ancients compared with that of the Moderns," in *Political Writings* ed. Biancamaria Fontana (Cambridge, 1988).

Coyer, Abbé, *Dissertation pour être lues, la première sur le vieus mot patrie, la seconde sur la nature du peuple* (Paris, 1755).

Croce, Benedetto, *Uma parola desueta; L'amor di patria*, in *L'idea liberale: Contro le confusioni e gl'ibridismi* (Bari, 1944).

Cunningham, Hugh, "The Language of Patriotism, 1750-1915," *History Workshop*, 12 (1981), 8-33.

Cucoco, Vincenzo, *Saggio storico sulla rivoluzione napoletana del 1799*, ed. Fausto Nicolini (Bari, 1929).

Derathé, Robert. "Patriotisme et nationalisme au XVIIIe siècle," *Annales de philosophe politicque*, 8 (1969), 69-84.

Deutsch, Karl, *Nationalism and Social Communication; An Inquiry into the Foundations of Nationality* (New York, 1953).

Dietz, Mary, G., "Patriorism," in Terence Ball, James Farr, Russell L. Hanson (eds.), *Political Innovation and Conceptual Change* (Cambridge, 1989).

Doria, Paolo Mattia, *La vita civile* (Naples, 1729).

Driver, Cecil, *Tory Radical: The Life of Richard Oastler* (New York, 1946).

Ergang, Robert R., *Herder and the Foundations of German Nationalism* (New York, 1931).

Fichte, Johann Gottlieb, *Reden an die deutsche Nation, in Schriften zur Gesellschaftsphilosophie*, ed. Hans Riel (Jena, 1928): 영역본. *Addresse to the German Nation*, ed. George A. Kelly (New York, 1968).

____________________, *Philosophie der Mauerei* (Briefe an Konstant), ed. W. Flitner (Lepzig, 1923); 영역본, H.C. Engelbrecht, *Johann Gottlieb Fichte: A Study of his Poltical Writings with Special Reference to his Nationalism* (New York, 1933).

Filmer, Robert, *Patriarcha*, ed Peter Laslett (Oxford, 1959).

Frend, William, *Patriotism: or Love of our Country* (London, 1804)

Fustel de Coulanges, *The Ancient City*, e. Willard Small (Boston, Mass. 1882).

Gelderen, Martin van (ed.), *The Dutch Revolt* (Cambridge, 1993).

Gerbi, Antonello, *La politica del romanticismo* (Bari, 1932).

Godechot, Jacques, "Nation, patrie, nationalisme et patriotisme en France au XVIIIe siècle, in *Annales historiques de la Révolution Française*, 43 (1971), 481-501.

_______________, *La Grande Nation: L'Expansion révolutionnaire de la France dans le monde 1789-1799* (Paris, 1956).

Gooch, G.P., *Germany and the French Revolution* (New York, 1966).

Grazia, Sebastian de, *Machiavelli in Hell* (Princeton, 1990).

Greenfeld, Liah, *Nationalism: Five Roads to Modernity* (Harvard, Mass., 1992).

Guarini, Battista, *Trattato della politica libertà*, in *Operre*, ed. M. Guglielminetti (Turin, 1971).

Guicciardini, Francesco, *Del modo di riformare il Governo, per meglio assicurare lo Stato alla Casa dei Medici*, in *Opere inedite*, ed. F. Canestrini (Florence, 1858), ii.

__________, *Dialogo del reggimento di Firenze*, in *Dialogo e discorsi del reggimento di Firenze*, ed. R. Palmaricchi (Bari, 1932).

Guicciardini, Niccolò, *Quemadmodum civitas optime gubernari possit*, in Rudof von Albertini, *Firenze dalla repubblica al principato* (Turin, 1970).

Habermas, Jürgen, "Cittadinanza e identità nazionale," *Micromega*, 5 (1991), 123-46.

__________, *Die Nachholende Revolution* (Frankfurt, 1990).

__________, *Faltizität und Gektung* (Frnakfurt, 1992).

Haller, W. (de.), *Tracts on Liberty in the Puritan Revolution* (New Yokr, 1934), iii.

__________, *The Levellers Tracts* (New York, 1944).

Hayes, Carlton, J.H., *Essays on Nationalism* (New York, 1926).

Hegel, George Wilhelm Friedrich, *Grundlinien der Philosophie des Rechts*, ed. Helmut Reichelt (Frankfurt, 1972); 영역본. *Hegel's Philosophy of Right*, ed. T. M. Knox (Oxford, 1967).

Herder, Johann Gottfried, *Kleine Schriften 1791-1796*, in *Sämmtliche Werke*, ed. Bernard Suphan (Berlin, 1887), xviii. 600-16.

__________, *Idee zom ersten Patriotischen Institut für den Allgemieigeist Deutschland*, in *Sämmtliche Werke*, ed. Suphan (Berlin, 1887), xvi.

__________, *Ueber den Fleiss in mehreren gelehrten Sprache*, in *Frübe Schriften* 1764-1772, ed. Ulrich Caier

(Frankfurt am Mein, 1985).

__________, *Ueber die neure deusche Litteratur* (1767), in *Sämmtliche Werke*, ed. Suphan (Berlin, 1877), i. 131-456.

__________, *Schulbücher* (1787-98), in *Sämmtliche Werke*, ed. Suphan (Berlin, 1889), xxx. 293-394.

__________, *Kritische Wälder*, in *Sämmtliche Werke*, ed. Suphan (Berlin, 1878), iii.

__________, *Selected Early Works 1764-1767*, ed. Ernest a. Menze and Karl Menges (Pennsylvania, 1992).

__________, *Auch eine Phiosophie der Geschichte zur buildung der Menschheit* (1774), in *Sämmtliche Werke*, ed. Suphan (Berlin, 1891), v. 475-586.

__________, *Journal meiner Reise im Jahr 1769*, in *Sämmtliche Werke*, ed. Suphan (Berlin, 1884), iv.

__________, *Idee zur Philosohie der Geschichte der Menschheit*, in *Sämmtliche Werke*, (Berlin, 1887), xiii, 3-441.

__________, *Briefe zu Beförderung der Humanität* (Berlin, 1971), 2 vols.

__________, *Briefe zu Beförderung der Humanität*, in *Sämmtliche Werke* (Berlin, 1883), xviii.

__________, *Haben wir noch jetz das Publikum und Vatermand der Alten?*, in *Frühe Schriften 1764-1772*; 영역본. *"Do We Still have a Public and Fatherland of Yore?,"* in *Selected Early Works 1764-1767*.

__________, *J. G. Herder on Social and Political Culture*, ed. F.M. Barnard (Cambridge, 1969).

Heyndrix, Jacob, *Political Education* (1582), in Gelderen (ed.), *The Dutch Revolt, 167-226.*

Hobsbawm, Eric J., *Nations and Nationalism since 1870* (Cambridge, 1992).

Jaucourt, Chevalier de, "Patrie," in *Encyclopédie*, xii (Neuchatel, 1765).

Kantorowicz, Ernst, *The King's Two Bodies* (Princeton, 1957).

Kedourie, Elie, *Nationalism* (London, 1960).

Knight, Frida, *University Rebel: The Life of William Frend 1757-1841* (London, 1971).

Kohn, Hans, "The Genesis and Character of English Nationalism," *Journal of the History of Ideas*, 1 91940), 69-94.

__________, *Prelude to Nation-States, the French and German Experiences 1789-1815* (New York, 1968).

__________, "Arndt and the Character of German Nationalism,' *American Historical Review*, 54 (1949), 787-803.

__________, *The Idea of Nationalism* (New York, 1944).

Lapo of Castiglionchio, "Oratio domini Andreae magistri Hugonis de Senis," in *Reden und Briege italienischer Humanisten* (Munich, 1970).

Lasserre, Pierre, *Les Origins du Pangermanisme,* in *Le Germanisme et L'esprit humain* (Paris, 1915).

Léon, Xavier, *Fichte et son temps* (Paris, 1922-7), 2 vols. in 3.

Lepsius, Reiner M., *Nation und Nationalismus in Deutschland*, in *Interessen, Ideen und Institutionen* (Opalden, 1990).

Lessing, Gottlob Ephraim, *Sämmtliche Schriften*, ed. b Wendelin von Maltzahn (Leipzig, 1857), xii.

Lestovquoy, Jean, *Histoire du partiotisme en France des origines à nos jours* (Paris, 1968).

Lipsius, Iustus, *De constantia*, ed. Lucien du Bois (Brussels, 1873): 영역본. *Two books of Constancie*, ed. R. Kirk (New Brunswick, Nj, 1939).

Livy, *Ab urbe condita*, ed. B.O. Foster (London, 1922).

Lomonaco, Francesco, *Rapporto al cittadino Carnot*, in Cuoco, *Saggio storico*.

Lukas, John, "Nationalism and Patriotism": *Freedom Review*, 25 (1994), 78-9.

Machiavelli, Niccolò, *Opere di Niccolò Machiavelli*, ed. Franco Gaeta (Turin, 1984), iii.

____________, *Discorso o dialogo intorno alla nostra lingua*, in *Opere letterarie*, ed. L. Blasucci (Milan, 1964).

____________, *Istorie fiorentine*, in *Opere di Niccolò Machiavelli*, ed. A. Montevecchi (Turin, 1986).

____________, *Il principe e i Discorsi*, ed. S. Bertelli (Milan, 1983).

____________, *Discursus florentinarum rerum post morten iunioris Laurentii Medice*, in *Arte della guerra e scritti politici minori* (Milan, 1961).

____________, *Arte della guerra*, in *Arte della guerra e scritti politici minori*.

____________, *The Prince*, ed. Q. Skinner and R. Prive

(Cambridge, 1988).

__________________, *Florentine Histories*, trans. L. Banfield and H.C. Mansfield (Princeton, 1988).

__________________, *The Discourses*, ed. B. Crick (London, 1970).

MacIntyre, Alasdair, "Is Patriotism a Virtue?" *Lindley Lecture*, University of Kansas, 16 Mar. 1984.

Mazzini, Giuseppe, *Dell'amore patrio di Dante, in Scritti editi e inediti di Giuseppe Mazzini* (Imoa, 1906), I.

________________, *Dei doveri dell'uomo*, in *Scritti politici*, ed. Terenzio Grandi and Augusto Comba (Turin, 1972).

________________, *Mazzini's letters*, ed. Bolton King (Westport, Conn., 1979).

________________, *Storia della letteratura antica e moderna di Federico Schlegel*, in *Scritti editi ed inediti*, i.

________________, *Fede e avvenire*, in *Scritti politici.*

________________, *The Duties of Men and Other Essays by Joseph Mazzini*, with introd. by Thomas Jones (London, 1936).

________________, *Life and Writings of Joseph Mazzini* (London, 1905), 6 vols.

________________, *Mazzini's Letters*, ed. Bolton King (Westport, Conn, 1979).

Meinecke, Friedrich, *Cosmopolitanism and the National State* (Princeton, 1970).

Michelet, Jules, *Le Peuple* (Paris, 1974); 영역본. *The People*, ed. C. Cocks (London, 1846).

Mill, John Stuart, *De Tocqueville on Democracy in America*, ii, in *Collected Works*, ed. J.M. Robson (Toronto, 1977), xvii.

Milton, John, *Commonplace Book*, in *The Works of John Milton* (New York, 1938), xviii.

__________, *Samson Agonists*, in *The Complete English Poetry of John Milton*, ed. John T. Shawcross (New York, 1963).

__________, *Defense of the People of England*, in *The Works of John Milton*, (New York, 1932), vii.

__________, *The Readie and Easie way to Establish a Free Commonwealth* (1660), in *Complete Prose Work of John Milton* (New Haven, 1980), vii.

Montesquieu, *Mes pensées, in Œvres complètes*, ed. Roger Caillois, i (Paris, Gallimard, 1949).

__________, *L'esprit des lois*, in *Œuvres complètes*, ii (Paris, 1951).

__________, *Considérations sur les causes de la grandeur des romains et de leur décadence*, in *Œuvres complètes*, ii.

Moser, Friedrich Karl von, *Beherzigungen* (Frankfurt, 1761).

Namier, L.B., *Nazionalità e libertà*, in *La rivoluzione degli intellettuali e altri saggi sull'Ottocento europeo* (Turin, 1957).

Orwell, George, "Notes on Nationalism," in *The Collected Essays, Journalism and Letters of George Orwell* (New York, 1968), iii.

Palmieri, Matteo, *Vita civile*, ed. G. Belloni, (Florence, 1982).

Paruta, Paolo, *Della perfezione della vita politica*, in *Opere politiche di Paolo Paruta* (Florence, 1852).

Passerin D'Entrèves, Alessandro, "Il patriottismo di Alfieri," in

Dante politico e altri saggi, (Turin, 1955).

Pavone, Claudio, *Una guerra civile* (Turin, 1991).

Pisacane Carlo, *La rivoluzione*, in *Franco della Peruta, Scrittori politici dell'Ottocento*, (Milan, s.d.), I.

Plumyène, Jean, *Les Nations romantique* (Paris, 1979).

Pocock, J.G.A., *The Varieties of British Political Thought, 1500-1800* (Cambridge, 1993).

Post, Gaines, "Two Notes on Nationalism in the Middle Ages," *Traditio*, 9 (1953), 281-320.

Price, Richard, *A Discourse on the Love of our Country* (London, 1790).

Ptolemy of Lucca, *De Regimine Principum ad regem Cipry*, in R. Spiazzi (ed.), *Divi Thomae Aquinatis, opuscula philosophice* (Turin, 1954).

Putnam, Robert, *Making Democracy Work* (Princeton, 1993).

Pyta, Donate Kluxen, *Nation und Ethos: Die Moral des Patriotismus* (Freiburg, 1991).

Quintilian, *Institutio Oratoria*, ed. H.E. Butler (London, 1921), 4 vols.

Remigio de Girolami, *Tractatus de bono communi*, in Maria C. De Matteis, *La teologia politica comunale di Remigio de'Girolami* (Bologna, 1977).

Renan, Ernest, "Qu'est-ce qu'une nation," in *Œuvres complètes*, ed. Henriette Psichiari (Paris, 1947), i. 887-906; 영역본. "What is a Nation?" in *The Poetry of the Celtic Races, and Other Studies by Ernest Renan* (Port Washington, 1970).

Rinuccini, Alamanno, *Dialogus de livertate*, in *Atti e memorie dell'Accademia toscana di scienze e lettere La Colombaria*, 21 (1956), 265-303; 영역본. Renée Neu Watkins, *Humanism and Liberty* (Columbia, SC, 1978).

Rorty, Richard, "The Unpatriotic Left," *New York Times*, 13 Feb. 1994.

Rosselli, Carlo, *Socialismo liberale* (Turin, 1979); 영역본. *Liberal Socialism*, ed. Nadia Urbinati (Princeton, 1994).

__________, *Scritti dell'esilio* (Turin, 1992), ii.

Rousseau, Jean-Jacques, *La Nouvelle Héloïse*, in *Œuvres complètes* ed. B. Gagnebin and M. Raymond (Paris 1964), ii.

__________, *Letters écrites de la montagne*, in *Œuvres complètes*, iii.

__________, *Du contrat social*, in *Œuvres complètes*, iii.

__________, *Discours sur les sciences et les arts*, in *Œuvres complètes*, iii.

__________, *Économie politique*, in *Œuvres complètes*, iii.

__________, *Émile*, in *Œuvres complètes*, iv.

__________, *Considérations sur le gouvernement de Pologne*, in *Œuvres complètes*, iii.

__________, *Discours sur l'origine de l'inégalité*, in *Œuvres complètes*, iii.

__________, *Discours dur la vertu du héros*, in *Œuvres complètes*, ii.

__________, *Letter à d'Alembert*, ed. L. Brunel (Paris, 1922).

__________, *Dernière résponse de J-J. Rousseau de Genève*, in *Œuvres complètes*, iii.

__________, *The Basic Political Writings*, ed. D.A. Cress (Indianapolis, 1987).

__________, *The Government of Poland*, ed. W. Kendall (Indianapolis, 1985).

Rusconi, Gian Enrico, *Se cessiamo di essere una nazione* (Bologna, 1993).

Russo, Luigi, *Tramonto del letterato* (Bari, 1960).

Sallust, *De coniuratione Catilinae*, ed. Charles Anthon (New York, 1836).

Samuel, Raphael, *Patriotisme: The Making and Unmaking of British National Identity*, i. *History and Politics* (London, 1989).

Sandel, Michael, "Morality and the Liberal Ideal," *New Republic* (7 may 1984), 15-17.

__________, "The State and the Soul," *New Republic* (10 June 1985), 37-41.

Schaar, John, *Legitimacy in the Modern State* (New Brunswick, NJ, 1981).

Schlegel, August Wilhelm, *Vorlesungen über Schöne Litteratur und Kunst*, iii. *Geschichte der Romantischen Litteratur* (Stuttgart, 1883).

Schochet, G.J., *Politics, Politeness and Patriotism* (Washington, D.C, 1993).

Seton-Watson, Hugh, *Nation and States; An Inquiry into the Origins of Nation and the Politics of Nationalism* (London,

1977).

Shafer, Boyd, *Faces of Nationalism: New Realities and Old Myths* (New York, 1972).

__________, *Nationalism; Myth and Reality* (New York, 1955).

__________, "Bourgeois Nationalism in the Pamphlets on the Eve of the French Revolution," in *Journal of Modern History*, 10 (1938), 31-50.

Skinner, Quentin, "Ambrogio Lorenzetti; The Artist as a Political Philosopher," *Proceedings of the British Academy*, 72 (1986), 1-56.

______________, "The Principles and Practice of Opposition: The Case of Bolingbroke versus Walpole," in Neil McKendrick (ed.), *Historical perspectives* (London, 1974), 93-128.

______________, "Machiavelli's Discorsi and Pre-Humanist Origins of Republican Ideas," in G. Bock, Q. Skinner, M. Viroli (eds.), *Machiavelli and Republicanism* (Cambridge, 1993), 121-41.

Smith, Anthony, *The Ethnic Origins of Nations* (London, 1986).

Snyder, Louis, *German Nationalism: The Tragedy of a People* (Harrisburg, IL., 1952).

Sterberger, Dolf, *Verfassungspatriotismus* (Frankfurt am Main, 1990).

Taguieff, Pierre-André, *Théories du nationalisme* (Paris, 1991).

Tamir, Yael, *National Liberalism* (Princeton, 1994).

Taylor, Charles, "Cross-Purposes: The Liberal-Communitarian Debate," in Nancy L. Rosenblum, *Liberalism and the Moral Life* (Cambridge, Mass., 1989).

Tocqueville, Alexis de, *Democracy in America*, ed. J.P. Mayer

(New York, 1969).

Todorov, Tzvetan, *On Human Diversity* (Harvard, Mass, 1993).

Toland, John, *The Oceana and other Works of James Harrington Esq. Collected, Mothodiz'd and Review'd, with an Exact Account of his life Prefix'd by John Toland* (London, 1747).

___________, *A Letter concerning the Roman Education, in A Collection of Several Pieces of Mr. John Toland* (London, 1726).

___________, *The Life of John Milton* (London, 1699).

Vair, Guillaume du, *De la sainte philosophie: Philosophie morale des stoïques* (1599), ed. G. Michaut (Paris, 1946).

Venturi, Franco, *Utopia and Reform in the Enlightenment* (Cambridge, 1971).

Vico, Giambattista, *Principi di una scienza nuova* (1725), ed. Giuseppe Ferrari (Naples, 1859).

________________, *Seconda scienza nuova* (1744), ed. Guiseppe Ferrari (Naples, 1859); 영역본. *The New Science of Giambattista Vico*, ed. Th. G. Bergin and M. H. Fisch (Ithaca, NY, 1968).

Vierkandt, Alfred, "Patriotismus," in *Handwörterbuch der Sozioligie* (Stuttgart, 1931).

Vilar, Pierre, "Patrie et nation dans le vocavulaire de la guerre d'Indépendance espagnole," in *Annales historiques de la Révolution Française*, 43 (1971), 503-34.

Villari, Rosario, *Per il re o per la patria* (Bari, 1994).

Viroli, Maurizio, *From Politics to Reason of State* (Cambridge, 1992).

Walzer, Michael, *Obligations: Essays on Disobedience, War and*

Citizenship (Harvard, Mass., 1970).

______________, *What it Means to be an American* (New York, 1993).

______________, "Civility and Civic Virtue in Contemporary America," in *Radical Principles* (New York, 1980).

Weil, Simone, *L'Enracinement: Prélude à une déclaration des devoirs envers l'être humain* (Paris, 1949): 영역본. *The Need for Roots* (New York, 1952).

Wieland, Christoph Martin, *Ueber deutschen Patriotismus*, in *Gesammelte Schriften*, ed. Wilhelm Kurrelmeyer (Berlin, 1987), 586-95.

________________________, *Kosmopolitische Addresse an die französische Nationalversammlung*, in *Gesammelte Schriften*, 316-35.

Wills, Garry, *Lincoln at Gettyburg* (New York, 1992).

Wolfe, D.M. (ed.), *Leveller Manifestoes of the Puritan Revolution* (New York, 1944).

Zernatto, Guido, "Nation: The History of a World," *Review of Politics*, 6 (1944), 351-66.

찾아보기

찾아보기

ㅈ

ㅊ

ㅋ

저자 마우리지오 비롤리(Maurizio Viroli)

마우리지오 비롤리는 이탈리아 출신 정치학자로서, 미국 프린스턴 대학교 명예교수이며, 미국 텍사스주 오스틴에 있는 텍사스 대학교 정치학과 교수이다. 정치사상가로서 비롤리는 마키아벨리와 루소 전문가로서 고전 공화주의 연구의 대가이다. 다음과 같은 저서들이 있다: *Jean-Jacques Rousseau and 'Well Ordered Society'* (1988), *From Politics to Reason of State* (1992), *Republicanism* (1999), *How to Read Machiavelli* (2008) *Redeeming the 'Prince'* (2013)

역자 박의경

현재 전남대학교 정치외교학과 교수로 재직하고 있으며, 주요 관심사는 서양근대정치사상과 여성정치이고, 궁극적 지향점은 여성정치사상의 정립과 민주주의의 사상적 완성이다. 저서로 『여성의 정치사상』과 『현대정치의 위기와 비전』(공저), 『루소를 말하다』(공저), 『인권의 정치사상』(공저)이 있으며, 번역서로 『정치사상과 여성』, 『지하드 맥월드』, 『고백록』(역해) 등이 있다. 논문으로는 「다문화주의와 민족주의, 민주주의의 삼각구도」, 「한국 민족주의와 민주주의」, 「참여민주주의의 지속 가능성에 대한 고찰」, 「전쟁의 길과 평화의 나무」등 다수가 있다.

나라 사랑을 말하다
애국주의와 민족주의
For Love of Country
An Essay on Patriotism
and Nationalism

인 쇄 2020년 9월 21일
발 행 2020년 9월 25일

저 자 마우리지오 비롤리(Maurizio Viroli)
역 자 박의경
발행인 정병석

발행처 전남대학교출판문화원
등 록 1981. 5. 21. 제53호
주 소 61186 광주광역시 북구 용봉로 77
전 화 (062) 530-0571~2
마케팅 (062) 530-0573
팩 스 (062) 530-0579
홈페이지 http://www.cnup.co.kr
이메일 cnup0571@hanmail.net

값 17,000 원

ISBN 978-89-6849-738-4 (93300)

이 도서의 국립중앙도서관 출판예정도서목록(CIP)은 서지정보유통지원시스템 홈페이지(http://seoji.nl.go.kr)와 국가자료종합목록 구축시스템(http://kolis-net.nl.go.kr)에서 이용하실 수 있습니다.
(CIP제어번호: CIP2020040148)